新时代高校
协同育人路径研究

Research on the Collaborative Education Pathway
of Universities in the New Era

申晓晶 —— 著

台海出版社

图书在版编目（CIP）数据

新时代高校协同育人路径研究 / 申晓晶著. -- 北京：
台海出版社, 2024.7. -- ISBN 978-7-5168-3917-1

I. G649.21

中国国家版本馆CIP数据核字第20248LQ829号

新时代高校协同育人路径研究

著　　者：申晓晶		
责任编辑：员晓博	装帧设计：孙　波	
策划编辑：王晓彩		

出版发行：台海出版社

地　　址：北京市东城区景山东街 20 号　　　邮政编码：100009

电　　话：010 － 64041652（发行，邮购）

传　　真：010 － 84045799（总编室）

网　　址：www.taimeng.org.cn/thcbs/default.htm

E － m a i l：thcbs@126.com

经　　销：全国各地新华书店

印　　刷：大厂回族自治县德诚印务有限公司

本书如有破损、缺页、装订错误，请与本社联系调换

开　　本：710mm×1000mm　　　　　　　1/16

字　　数：200 千字　　　　　　　　印　　张：15.25

版　　次：2024 年 7 月第 1 次印刷　　　印　　次：2024 年 8 月第 1 次印刷

书　　号：ISBN 978-7-5168-3917-1

定　　价：46.00 元

目　录

绪　　论

党的二十大报告指出:"教育是国之大计、党之大计。培养什么人、怎样培养人、为谁培养人是教育的根本问题。育人的根本在于立德。全面贯彻党的教育方针,落实立德树人根本任务,培养德智体美劳全面发展的社会主义建设者和接班人。"这为做好新时代高校思想政治工作提供了根本的遵循、指明了前进的方向。新时代新使命,当前我国教育改革和发展的主要任务是满足人民群众对多样、特色、优质教育的需求。大学生思想政治教育作为高校人才培养的重要内容和重要环节,对新时代大学生的思想政治教育工作提出了更高的要求。因此,构建有效的高校思想政治教育协同机制十分重要,它能够有力推动高校思想政治教育工作科学化、高质量发展,有效提升高校治理体系和治理能力的现代化。

站在新的历史方位上,遵循高校思政工作因事而化、因时而进、因势而新的特征,积极构建高校思想政治教育的有效机制,激发各机制之间的耦合性,加强各层级之间的沟通交流,提升各管理部门之间的协作能力,改变当前大学生思想政治教育各归属机构独立疏离运行的局面，将有利于破解固有机制简单相加、先分后总等针对性和实效性不强的问题。积极构建高校思想政治教育协同机制，还有利于各层级、各管理部门、各研究对象一体化合力运行，促使他们发挥整体协同作用。这不仅是落实立德树人根本任务的重要举措，也是适应世界教育改革发展趋势、提升我国教育国际竞争力的迫切需要。

一、高校思想政治教育协同机制的时代价值

高校思想政治教育协同机制是思想政治教育学理论体系的重要组成部分，也是思想政治教育活动中重要的实践问题，对高校思想政治教育协同机制进行研究，有助于丰富思想政治教育协同机制理论体系，更好地发挥思想政治教育协同机制的作用，提高高校思想政治工作的实效。

（一）丰富高校思想政治教育协同机制理论

在 20 世纪 80 年代，国内学术界就开始了对高校思想政治教育协同机制的理论研究和探索，但限于当时的具体情况，研究工作进展不大，成效甚微。近年来，思想政治教育协同机制问题重新进入学者们的视域，逐渐成为一个重点关注的研究课题。笔者在借鉴学术界最新研究成果的基础上，经过长期的工作实践和深入思考，提出了自己的学术观点和工作方法。在研究中，笔者运用了系统思维的方法，把思想政治教育协同机制看作一个完整的系统工程，对思想政治教育协同机制的科学内涵、构成要素及各要素的功能和规律进行研究。机制是自然科学领域的概念，20 世纪 70 年代被引入社会科学领域，80 年代被引入思想政治教育领域，因此，理论界对思想政治教育协同机制的研究时间还比较短，研究理论不够充分和完善，比较浅显。目前的研究中，学术观点分歧比较大。学界对思想政治教育协同机制的研究还处

于发展阶段，不够成熟，需要持续加强研究和探索。笔者尝试对思想政治教育协同机制的科学内涵、主要特征、价值定位、结构模型、现实困境和解决路径开展研究，希望能够丰富思想政治教育协同机制的理论内涵，引发更多学者关注机制问题，推动思想政治教育协同机制理论体系逐步完善和发展。

（二）认识和发挥好思想政治教育协同机制的功能

研究思想政治教育协同机制的根本在于认识思想政治教育的规律，并运用规律发挥思想教育功能。思想政治教育协同机制的功能是什么？如何运用思想政治教育的规律来提高思想政治教育的效果？针对这两个问题的研究，当前还不够深入，学界也没有得出满意的结论。因此，笔者尝试通过对思想政治教育协同机制的科学内涵、主要特征、价值定位进行研究和探索，同时就如何发挥好思想政治教育协同机制的功能提出思考，希望将研究成果运用到实践中，在具体工作中使思想政治教育协同机制的功能得到更好的发挥。

（三）提高高校思想政治教育活动的实效

思想政治教育是一个不断运动、变化、发展的连续过程，也是一个复杂多样的系统。在实践中，思想政治教育的效果受到多种因素的影响，思想教育机制就是重要影响因素之一，加强对思想政治教育协同机制的研究，有利于充分发挥高校思想政治教育活动的作用。因此，本书将为思想政治教育理论等相关领域的学者们提供一定的理论参考，根据研究成果所提出来的学术观点和工作方法，可为强化高校思想政治工作队伍建设提供新的思路与路径。构建高校思想政治教育协同机制可有力地推动高校思想政治教育工作科学化、规范化、高效化发展，促进高校思想政治教育工作的有效性引领，有利于发挥思想政治教育各元素之间的协同效应，使高校思想政治教育工作呈现出一体化合力运行的效果。因此，探索构建新时代高校思想政治教育协同机制对高校开展大学生思想政治教育工作具有重要的借鉴意义。

二、高校思想政治教育协同机制的研究动态

目前，我国对高校思想政治教育协同机制的研究成果相对较少。思想政治教育协同机制是思想政治教育学科体系的重要组成部分，也是高校思想政治工作元问题的关键内容。近年来，高校思想政治教育协同机制研究逐渐引起了学者们的广泛关注，呈现出"纵向深化、横向拓展"的研究状态。根据学者研究的侧重点不同，可将相关的理论研究大致分为以下三个方面。

（一）基本理论方面

研究者们根据思想政治教育协同机制发展的不同历史时期，对思想政治教育协同机制的概念界定和内涵进行了阐释。例如：邱伟光认为"思想政治教育机制是思想政治教育运行过程中的各主要要素由于某种机理形成的因果联系和运转方式"（《思想政治教育学原理》，高等教育出版社，1999）；陈淑丽、罗洪铁在强调思想政治教育协同机制与各组成要素之间的关联性的同时，又提出"思想政治教育协同机制是指思想政治教育系统各构成要素在遵循一定机理的基础上相互作用所形成的比较稳定的关系及其内在运行过程和方式"（《思想政治教育机制及相关概念辨析》，《思想理论教育导刊》2012年2月）；吕会霖从思想政治工作实践的角度进行研究，认为"思想政治教育协同机制是思想政治工作者在一定决策机构指挥下，在一定目标指引下，在一定动力驱动下，在一定体制条件保障下，共同协调，实现思想政治工作整体目标和功能的工作程序与工作方式"（《新世纪思想政治工作》，上海人民出版社，2005）。

（二）构成要素方面

学者们从不同角度对思想政治教育协同机制的构成要素进行了多维探索，包括特征、类型、原则、功能等。马奇柯提出八要素论，即思想政治教育协同机制包含"运行主体、运行目的、运行动力、运行环境、运行控制、

运行方式、运行程序、运行保障"（《思想政治教育协同机制要素及其特性分析》，2008）八个要素，又提出八特性说，即思想政治教育协同机制具有"目标性、规律性、整合性、层次性、主观性、复杂性、弱结构性、适应性"（《思想政治教育协同机制要素及其特性分析》，2008）八个特性。陆树程提出"理性认同、情感认同、利益互动、自律转化和制度保障"相协调（《思想政治教育协同机制新论》，2010）的协同型机制。其他学者又补充了文化型、长效型、系统型、接受型、关怀型、优化型、实践型等类型的思想政治教育协同机制，在此不再赘述。罗洪铁、陈淑丽认为，思想政治教育协同机制应具有导向功能、协调功能、整合功能、规范功能，并发挥作用（《论思想政治教育机制的内涵、功能及价值》，2014）。

（三）路径、对策等方面

曾令辉从心理学的角度出发，从思想政治教育的受众的心理需求方面提出了机制建构策略，他指出"要关注学生需求，实现思想政治教育协同机制供给平衡"（《网络思想政治教育受众主体心理机制探析》，《学校党建与思想教育》2005年）。钟久辉等认为"应当从建立组织领导体制、加强阵地建设、增强吸引力、强化监控管理、完善保障体系等方面，优化整合资源，发挥思想政治教育协同机制合力作用"（《试论高校网络思想政治教育运行机制的构建》，《学校党建与思想教育》2004年）。米华等学者提出"要通过运用大数据技术，搭建学校社会信息资源大数据平台，构建'大思政'网络思想政治教育实施体系，实现大数据助力高校网络思想政治教育创新的长效机制，构建科学的网络思想政治教育质量评价体系，促进学生全面发展与个性成长"（《大数据时代的高校思想政治教育网格机制研究》，《河南理工大学学报》2014年12月）。

综上所述，关于高校思想政治教育协同机制构建的研究成果，目前国内普遍存在先分后总、机械相加等实效性不强的问题。作为思想政治教育元问题的重要内容，思想政治教育协同机制对高校思想政治教育工作有着至关重要的作用，思想教育机制已经成为非常重要的研究领域，学者在概念范畴、构成要素、功能作用、实践路径等方面对其展开了深入细致的研究，取得了一定的成绩，积累了较为丰富的经验，但现有研究在主题和研究内容方面同质化倾向比较严重，研究成果多属于一般性描述，存在空泛而谈、重复论述的问题。

三、高校思想政治教育协同机制的发展历程

高校思想政治教育协同机制的运行发展与国家政治、经济及社会发展紧密相连，体现着党和国家的意志，具有鲜明的时代特征。高校思想政治教育协同机制的发展历程可划分为以下四个阶段。

（一）初步探索阶段（1949—1966 年）

中华人民共和国成立初期，高校思想政治教育工作主要围绕新中国建设来开展，这个时期的高校思想政治教育协同机制具有国家统筹性、强制性，要求为无产阶级政治、经济发展和社会建设服务。因此，这一时期的思想教育围绕培养"又红又专"的人才来开展。在组织机制上，开始出现"政治辅导处"，主要针对学生的教育管理，主要职责包括进行政治理论教学、掌握学生思想动态、建设意识形态、鉴定在校生思想行为等。在内容上，主要运用导向机制，批判资产阶级、封建阶级思想，主张以马克思列宁主义、毛泽东思想为指导，不断进行思想改造。在形式上，主要以指示、说服和灌输为主，通过实践劳动、思想政治理论课、报告会等，实现理论与实践、课内与课外、社会教育与学校教育的结合。在教学机制上，高校按照国家要求，以政治经济学、辩证唯物主义与历史唯物主义、新民主主义论为内容建立公共必修课教育体系。

这一时期，高校思想政治教育激励表彰机制开始有效运行，高校在开展三好学生评选活动时，开始以毛主席提出的"三好"，即思想品德好、身体好、学习好为标准。此时，高校在组织学生参加生产劳动、社会实践时，开始重视榜样机制，树立榜样，宣传典型模范事迹，如雷锋、王杰等英雄模范人物，以人物榜样力量对青年的思想道德培养产生重大影响。

（二）社会教育机制取代学校教育机制的阶段（1966—1976 年）

这一时期，因"文化大革命"的影响，高校教学秩序被破坏，相关机制无法正常运行，高校思想政治工作几乎瘫痪。高校思想政治教育的目标机制由"又红又专"改变为"以红代专"的阶级斗争"左"倾路线。高校思想政治教育也由原来的以专业课为主改变为以开展阶级斗争和生产劳动为主。因此，这一阶段的思想政治教育主要表现为社会教育。

（三）高校思想政治教育协同机制恢复、调整和重建阶段（1976—1991 年）

1976 年以后，党和国家的工作重心逐渐转移到了经济建设上来，高等教育也进入一个新的发展时期。高校思想政治教育的目标机制重新把"又红又专"定为发展目标，重新恢复了高校思想政治教育协同机制的重要地位。

这一时期，高校恢复了大学生马克思主义政治理论课，把大学生思想政治教育正式纳入教学规划，思想政治教育成为大学生的必修课程。教育部、共青团中央提出，思想政治工作的宗旨是为现代化建设培养人才，要"对学生进行系统的马克思列宁主义、毛泽东思想基本原理的教育、革命理想教育、共产主义教育、共产主义道德品质教育"。这一时期，高校逐步恢复了相应的榜样教育机制和激励机制。高校思想政治教育工作和各项运行机制仍然以恢复为主，不断使高校思想政治教育的机制运行走向正式化和规范化的道路。

（四）多元化思想政治教育协同机制阶段（1992 年至今）

1992 年以后，社会主义市场经济体制不断深化，高校思想政治教育协同机制也开始进入多元化发展阶段。高校思想政治教育的目标不断明确，国家也开始不断探索和完善其制度保障机制，同时更加强调思想政治教育的道德性、专业化和人性化建设。

从1993年开始，党和国家提出一系列教育改革方案，在高校思想政治教育课程设置、教材编写和使用上都制定了统一的规范机制。思想政治教育队伍也逐步开始加快专业化建设，高校思想政治教育领导机制不断丰富，多部门协同育人，实现了教育与社会实践相结合。

在思想政治教育方面，高校改变了过去粗暴的灌输机制，坚持民主和疏导相统一的原则。在领导机制方面，高校开始推行党委领导下的校长负责制，高校以思政理论课为主要阵地，充分发挥学生管理部门、高校教师和学生组织的力量，形成育人合力，建立协同育人机制。同时，为更好地满足学生全面发展的需要，高校也开始建立学生资助、心理咨询、学业指导、就业指导等思想教育辅助机制。

进入新时代以来，高校思想政治教育不断体现出科学性和人文性的统一，素质教育理念和服务思想使教育真正体现管理与服务的内在统一。多元化的教育机制丰富了高校思想政治教育协同机制的内容和形式，使高校思想政治教育向着贯彻落实立德树人根本任务、培养社会主义事业的合格建设者和可靠接班人的目标不断前进。

思想政治教育协同机制是按一定方式有规律运行的动态系统，是思想政治教育各构成要素的总和。思想政治教育协同机制的功能不仅依赖于各相关因素功能的耦合，也依赖于各构成要素之间的相互衔接、协调运转及各要素功能的健全。新时代高校思想政治教育协同机制构建及运行的关键因素在于：制定正确的决策方向，汇聚高效的协同合力，实施规范的过程管理，设置科学的评价指标。

本书对新时代高校思想政治教育协同机制进行深入研究的思路是通过基础理论研究，厘清思想政治教育协同机制的内涵，准确把握其新时代的价值定位；开展比较研究，梳理不同时期国家的有关教育政策及相关文献资料，总结研究现状和发展趋势，对高校思想政治工作模式和存在的问题进行实证研究；通过定性、定量分析，建立高校思想政治教育各层次要素及系统结构模型；运用规范研究方法构建高校思想政治教育的科学决策机制、协同推进机制、过程管理机制和质量评价机制，在实践中通过模拟应用加以完善。

围绕高校思想政治教育协同机制构建这一主线，从理论基础、模型构建、机制构建三个层面展开研究。其中，理论基础为构建高校思想政治教育协同机制提供理论依据。模型构建主要研究高校思想政治教育的各要素及系统结构模型。机制构建主要依据核心素养结构模型，建立起高校思想政治教育的科学决策机制、协同推进机制、过程管理机制与质量评价机制。其中，重点要解决两个问题：

（1）针对高校思想政治教育工作的"时、度、效"三维度，对高校思想政治教育工作的质量和水平进行合理测评，为衡量高校思想政治教育各构成要素协调运行状况提供评判依据，建立质量评价机制，构建可量化、可操作、系统性的评价指标体系，并加以模拟应用、反馈完善，持续推进高校思想政治工作的可持续发展。

（2）把握高校思想政治教育系统性、全局性、科学性的战略高度，设计高校思想政治教育各层次、各方面的要素，建立科学决策机制，进而优化高校思想政治教育工作的全过程，以切实做到工作决策中的科学组织、资源整合、信息共享。

以上重点问题试图从顶层设计上解决高校思想政治教育协同机制的构建难题，使高校思想政治教育工作更具实效性、针对性，这也是难点所在。

第一章

新时代高校思想政治工作的重要内容

第一节　新时代高校思想政治工作的基本内涵

　　"培养什么人、怎样培养人、为谁培养人"是习近平新时代中国特色社会主义思想指引下，高等教育工作的"时代之问"。进入新时代以来，高校思想政治工作始终是高校一项非常重要的工作。国家高度重视高校思想政治工作，先后在全国宣传思想工作会议（2013年）、文艺工作座谈会（2014年）、全国党校工作会议（2015年）、哲学社会科学工作座谈会（2016年）、全国高校思想政治工作会议（2016年）、全国宣传思想工作会议（2018年）、全国教育大会（2018年）、学校思想政治理论课教师座谈会

（2019年）等会议，对高校思想政治工作提出了新的要求，做出了新的部署，深刻地阐明了事关高等教育改革发展和高校思想政治工作的一系列重大理论和现实问题。

党的十八大以来，各高校党委高度重视高校思想政治工作，认真贯彻"立德树人"的根本任务，科学谋划，超前部署，强化学理化支撑，开展品牌化营造，加强督导化检查，初步完成了新时代高校思想政治工作布局，做到了覆盖广、方法新、效果好。从总体上看，从政府部门到高校，都不断地深化对高校思想政治工作的重要性认识，不断地增强工作措施的针对性，全社会关心、关注高校思想政治工作氛围空前良好，发展态势持续向好。但面临百年未有之大变局，高校思想政治工作仍存在发展不平衡、不充分的问题，如思想政治工作在不同层次高校、不同学段、不同学科、不同专业之间的不平衡问题；体制机制不够完备、评估督导有待健全、"三全育人"格局未完全形成等不充分问题。这些需要加强的薄弱环节和亟待突破的重点难点，迫切需要从工作体系、体制机制、育人理念、教育模式、队伍建设、条件保障等方面进行系统设计，切实推动"立德树人"这一根本任务得到贯彻落实。本书旨在梳理新时代高校思想政治工作的时代背景、思想内涵、价值维度、逻辑理路等，坚持问题导向和目标导向，依据"由教育大国向教育强国转变"的阶段性特征，把握高校思想政治工作规律、教书育人规律、学生成长规律，建立多元多层、科学有效的高校思想政治工作机制，形成上下联动、同频共振、齐抓共管的工作合力，不断提高思想政治工作的针对性、实效性，持续促进高校思想政治工作内涵发展，以期促进大学生全面发展和健康成长，推动高校思想政治工作和人才培养质量再上新台阶。

一、新时代高校思想政治工作的理论基础

在当前意识形态复杂化的新形势下，高校作为马克思主义理论的主要宣传阵地，在争夺主流意识形态的激烈斗争中占据重要地位。我国高校是中国共产党领导下的高校，是中国特色社会主义的高校。做好高校的育人工作，应坚持以马克思主义为指导，全面贯彻党的教育方针。要坚持不懈地传播马克思主义科学理论，抓好马克思主义理论教育，为大学生一生的健康成长奠定科学的思想基础。新时代高校思想政治工作应继承马克思主义的优良品质，坚持科学性和革命性的有机统一。其中，科学性揭示马克思主义对自然和社会发展规律的卓越认识，革命性揭示必须将马克思主义应用于实践并且指导实践，且只有在革命实践中才能获得活力，实现价值。新时代高校思想政治工作应基于对中国基本国情的把握，揭示中国高校发展规律、学生成长规律及思想政治教育规律，并提出有针对性和实效性的方法措施。高校工作者要学习马克思主义，掌握科学的方法论，保证高校思想政治工作始终有科学的遵循，有科学的世界观和方法论指引。

马克思主义是发展着的科学理论，它不是教条主义的行动指南，是继承性和创造性的紧密结合。马克思曾说："新思潮的优点就恰恰在于我们不想教条式地预料未来，而只是希望在批判旧世界中发现新世界。"马克思主义继承了19世纪最先进的国家的进步思想，并对它们进行继承和发扬，形成了具有科学的思想根基和创新的思想新见为基础的理论体系。做好高校思想政治工作，要依据"因事而化、因时而进、因势而新"的特征。从继承的角度看，新时代高校思想政治工作应继承马克思主义的精神和品质，沿着马克思主义开辟的分析问题、解决问题的路线，在探索中前进，要坚持马克思

列宁主义、毛泽东思想、邓小平理论、"三个代表"重要思想、科学发展观，全面贯彻习近平时代中国特色社会主义思想。从创造的角度看，新时代高校思想政治工作应积极反映新时代马克思主义的理论创新，既要发扬马克思主义内在的解放思想、实事求是的精神品格，又要落实和贯彻一系列新理念、新思想、新观点，以及众多符合时代特点、着眼现实和未来的发展理念，体现创新性的理论品格。

马克思主义是关于无产阶级解放的学说，彰显了始终对社会底层劳动人民的价值关怀。时间和空间锁定的是马克思主义产生与存在的时空维度，对受到剥削和压迫的劳动者的关怀体现的则是马克思主义存在和发展的价值尺度。也就是说，马克思主义是实践的科学。马克思主义想要扎根中国，就需要切实解决好中国的社会问题，反映中国人民意志，体现中国人民和中华民族的价值追求。高校思想政治工作的核心问题在于高校培养什么样的人、如何培养人及为谁培养人。要坚持把"立德树人"作为中心环节，把思想政治工作贯穿教育教学全过程，实现全程育人、全方位育人，努力开创我国高等教育事业发展新局面。作为高校思想政治工作者，应紧扣时代脉搏，深入了解新时代高等教育的主体价值、精神追求，把握当下中国高等教育的发展方向。

二、新时代高校思想政治工作的理论内核

国家高度重视高校思想政治工作，围绕培养什么人、怎样培养人、为谁培养人这个根本问题，形成了独特的高校思想政治教育理论。这些理论观点符合新时代大学生新的思想特点，贴近大学生学习、生活的方方面面，为我们改进高校思政教育理念、创新高校思政教育方式提供了坚实的理论基础和宝贵的实践价值。

第一，理想信念教育。心有所信，方能行远。加强信念教育是为了教育

广大青年用初心砥砺信仰。党的十九大报告指出"要以培养担当民族复兴大任的时代新人为着眼点",要"深化马克思主义理论研究和建设""广泛开展理想信念教育,深化中国特色社会主义和中国梦宣传教育,弘扬民族精神和时代精神""培育和践行社会主义核心价值观",引导青年"有理想、有本领、有担当",更好地"构筑中国精神、中国价值、中国力量"。从全国教育工作会议到党的全国代表大会,从与青年座谈到与师生座谈,都强调要把理想信念教育作为首要任务,揭示了理想信念对教育强基固本、铸魂育人的重要作用。

第二,社会主义核心价值观教育。青年时期是价值观形成的关键时期,我们要扣好人生的第一粒扣子。大学生正处于价值观形成的关键时期,这个阶段会受到各种价值观的影响,很多大学生存在对价值观念认识模糊、价值选择无所适从的问题。因此,加强社会主义核心价值观教育,并将其贯穿到高等教育的一切活动中,为青年学生提供国家层面的价值目标、社会层面的价值取向、个人层面的行为准则,为高校思想政治教育指明方向,对青年学生的成长成才和高校教育工作者制订教育方案具有重要意义。它有利于调动学生价值观念培育的积极性和主动性,使学生在学习和工作实践中不断进行价值提升,进而提升社会主义核心价值观培育和践行的自觉性。

第三,中华优秀传统文化教育。进入新时代,社会思潮更加多元化、复杂化,迫切需要主流价值观念的引领。深刻领会中华优秀传统文化的深刻要义、科学内涵,对于新形势下高校落实"立德树人"根本任务,引导大学生厚植爱国主义情怀、拓宽人文视野、树立正确价值观念、坚定"四个自信"——特别是文化自信,具有长远的战略意义和重要的时代价值。"大学之道,在明明德,在亲民,在止于至善。"中华优秀传统文化教育要求高校深挖中华优秀传统文化温润隽永的人文精神要义,认真领悟中华优秀传统文化根植于实践的思想精髓,坚持把中华优秀传统文化教育融入教育教学的全过程，努力培养德智体美劳全面发展的优秀人才。

第四，"四史"教育。"四史"教育不仅仅是讲历史，更是要理解我们党、国家和社会的发展历程，理解中国共产党的初心和使命。中国共产党是马克思主义的政党，成立之初就肩负为中国人民谋幸福、为中华民族谋复兴的历史使命。长期以来，我们党一直坚持马克思主义信仰，并取得改革发展的重大成就，带领中华民族从站起来、富起来，走向强起来。当前社会，西方意识形态对我国冲击剧烈。面对严峻的国际形势，我们要做到：把历史思维运用到解决重大现实问题中来，因时而进、因势而新，提高高等教育的针对性、有效性、时代性，引导大学生更从容地应对社会急速变动中的新挑战、新机遇；引导大学生把"回首过去"和"展望未来"相结合，用初心砥砺信仰，用信仰守护初心，不断从历史中汲取智慧和勇气，补足精神之钙，练就过硬本领，为实现中华民族伟大复兴而奋斗。

三、新时代高校思想政治工作的关键因素

高等院校是党领导下的高校，是中国特色社会主义高校。办好我国高等教育，必须坚持党的领导，牢牢掌握党对高校工作的领导权，使高校成为坚持党的领导的坚强阵地。高校思想政治教育工作是一项战略工程、固本工程、铸魂工程。做好高校思想政治教育工作，关键因素是坚持党性原则，坚持中国共产党的领导。

党的思想政治工作直接为贯彻党的路线、方针、政策服务，是一项具有鲜明党性原则的极富光荣使命的工作。作为一名高校思想政治工作者，必须在实际工作中坚持思想政治工作的党性原则，充分发挥思想政治工作在高校的应有作用。以身作则是共产党人的本色，是思想政治工作的优良传统。要

实现高校思想政治工作目标，高校各级领导干部以身作则是关键。高校党政干部，尤其是党政领导干部要大公无私，时刻把党性原则放在首位，要开创高校思想政治工作的新局面，充分发挥高校思想政治工作的功能。

高校思想政治教育工作必须坚持党的领导，保证思想政治教育的正确方向。在马克思主义的指导下，始终坚持社会主义办学方向，努力践行中国特色社会主义教育理念，培养合格的社会主义建设者和接班人，推进中国特色社会主义事业蓬勃发展。只有坚持党的领导，才能保证高等教育事业不断迸发活力，不断改革创新。思想政治教育内容丰富、博大精深，但其中最为重要的内容就是坚持和加强党的全面领导。党的领导为思想政治教育指引方向、丰富内容、提供支撑。多年来，正是在党坚强有力的领导之下，思想政治教育工作才取得长足的进步，无论是教育目标的完成、教育成果的取得，还是人才质量的提升，都取得了十分显著的成效。

第二节　新时代高校思想政治工作的方法论

根据辩证唯物论的观点，世间万事万物都有自己的发展规律，高校思想政治教育也是如此。新时代高校思想政治工作的方法论是：遵循规律，找到最适合事物发展的方法，最大限度发挥高校思想政治教育的效度。

一、坚持"三因"

做好高校思想政治工作，要遵循"因事而化、因时而进、因势而新"的特征。这是新形势下做好高校学生思想政治工作的总要求。

做好高校思想政治教育工作要因事而化。要把握学生思想动态，积极回应学生实际关切，主动帮助学生答疑解惑，积极引导学生成长成才。当前，高校思想政治教育工作者要以"改革实际进展"和"丰富的发展事实"来引导大学生理解、支持并积极参与社会主义建设的伟大事业，拓宽国际视野，努力开辟中国特色社会主义发展新境界，充分彰显社会主义制度的优越性，引导广大青年成为共产主义远大理想和中国特色社会主义共同理想的坚定支持者。做好高校思想政治教育工作要因时而进。当前，高校思想政治教育工作者要及时捕捉适当时机，在广大学生中深入开展中国梦教育实践活动，厚植学生理想信念，激励学生敢于有梦、勇于追梦、勤于圆梦，调动每位大学生干事创业的积极性，让每位大学生在逐梦旅程中经历磨炼、接受教育、增长才干、作出贡献，为实现国家富强、民族振兴、人民幸福的伟大中国梦凝聚青春力量。做好高校思想政治教育工作要因势而新。要适应社会发展新变化，结合国际国内发展形势，推进高校思想政治教育工作创新发展。目前，网络意识形态安全已经成为国家政治安全的前沿阵地，高校思想政治教育要主动占领网络意识形态教育阵地，创新思想政治教育工作"新话语"，运用新方法，推动思想政治教育传统优势与网络信息技术深度融合，形成线上线下思想政治教育工作合力。

二、遵循"三大规律"

立足我国高校思想政治工作实际。高校思想政治工作要"遵循思想政治工作规律，遵循教书育人规律，遵循学生成长规律"。这三大规律为高校思想政治工作提供了基本遵循，遵循这三大规律对做好新时代高校思想政治工作具有重要意义。遵循思想政治教育工作规律，就要遵循张弛有度的规律，遵循大学生教育与自我教育相统一的规律，遵循协调各种影响因素相互作用的规律，重视主流意识形态的引导与传达。遵循教书育人规律，坚持立德树人的根本任务。"教书"是"育人"的重要手段和途径，"育人"是"教书"的根本目的，二者是教育过程的两个方面，相互联系，不可分割。遵循教书育人规律，就要坚持理论教育与价值观教育相结合，以理服人，以情感人；坚持思想政治理论课与高校各科专业课相结合，加快课程思政建设进程；坚持教师课堂教育与课外实践相结合，引导学生在社会实践中不断成长；坚持言传与身教相结合，切实承担教书育人责任。遵循学生成长规律，坚持以促进大学生成长成才为落脚点。新时代的大学生是有思想、有个性的群体，思想政治教育要想取得有效成果，需要立足学生实际，遵循学生成长规律。坚持阶段性与连续性相结合，既要针对不同发展阶段，又要着眼于未来发展；坚持共性与个性相结合，既要注重共性特征又要尊重独特个性。

三、做好"三真"

高校思想政治教育的力量在一个"真"字，要增强思想政治教育的时代性和感召力，做到用真理说服人、用真情感染人、用真实打动人。真理是正确反映客观事物的规律。对于共产党来说，真理就是马克思列宁主义、毛泽东思想、邓小平理论、"三个代表"重要思想、科学发展观、习近平新时代中国特色社会主义思想。真情就是用真实、诚恳的感情感染人。真实就是实事求是，一切从实际出发。用真理说服人，是思想政治教育始终追求的最高目标。思想政治教育从党的理论创新到做人的基本道理都不能脱离真理的范畴，教育想要让人信服，就不能脱离真理的科学性。用真实情感感染人，是思想政治教育的现实需求，以情感人在教育中具有特殊作用。用真实打动人是思想政治教育永葆生机的源泉和实践方向的延伸。实现思想政治教育的具体效力，关键在于传播的真理的科学性、事例的真实性和实践的正确性。

第三节　新时代高校思想政治工作的价值维度

一、新时代高校思想政治工作的价值目标

怎样解决"培养人"、怎样做好思想政治教育工作等问题，是新时代高校思想政治工作的关键问题和价值所在。高校思想政治教育工作者应该积极践行中国特色社会主义教育理论的重大创新成果，做好学生思想政治教育工作。要做好大学生思想政治工作，最根本的任务是立德树人，最根本的目标是努力培养能担当民族复兴大任的时代新人，实现中华民族伟大复兴。

实现中华民族伟大复兴是新时代高校思想政治工作的终极目标，是中国梦的本质。教育是推动民族振兴、社会进步的基石，是促进人的全面发展的根本途径。青年人是实现中国梦的筑梦人，他们的青少年阶段需要正确的引导与指导，需要思想政治工作者进行科学的引导与教育。高校思想政治工作者应该为学生解答人生疑惑，反思如何用心培养人，应该培养什么样的人，及时回应学生在成长中遇到的现实困惑和具体难题。只有做好学生的思想政治教育工作，才能不断提升思想政治教育的实效性、时效性和合理性，才能不断提高学生的政治觉悟、道德品质、文化素质和思想水平，才能使学生成为筑梦的人才，进而投身国家建设，建设美丽新中国，最终实现中国梦。所以，要实现中国梦，就要坚持教育优先发展战略，促进中国高等教育的发展，建设学习型社会，让学习成为青年人工作和生活中的一部分。

从根本上说，中国梦就是让中国人民更加幸福美满，为人民造福，必

须紧紧依靠人民来实现。从中国共产党成立之初，中国共产党人在领导中国革命斗争时，就时刻坚持保持党同人民的血肉联系，认为只有认真倾听群众的声音，全身心地投入人民群众中，才能形成无坚不摧的力量，顺利完成自己的任务。群众路线是我们党的根本工作路线，中国共产党就是要带领人民把国家建设得更好，让人民生活得更好，这是大家共同的心愿。高校作为培养筑梦人的摇篮，需要始终坚持党的领导，坚持与群众的紧密联系。新时代高校思想政治工作重要论述的精神是与我们党的群众观点、群众路线相一致的，价值目标都是实现中华民族伟大复兴。

中国青年运动的时代主题是为实现中华民族伟大复兴的中国梦而奋斗。青年人在实现中国梦的道路上努力奋斗、展翅翱翔，离不开高校的引导与培养。高校学生教育中，思想政治教育意义重大，加强和改进高校思想政治工作，事关立德树人的根本问题，事关时代新人的培养，是一项重大的政治任务和战略工程。高校思想政治工作重要论述的价值目标与中国特色社会主义治国理政理念是一脉相承的，都是为了实现中华民族伟大复兴。

实现中华民族伟大复兴的目标与时代大背景息息相关。当前，经济全球化正在不断深化，已成为全球经济发展不可逆转的大趋势。站在新的历史方位上，国情、世情瞬息万变，这些变化使我国青年思想工作出现新的变化、新的问题、新的机遇，这就要求我们党必须努力探索出与时俱进的科学理论，引导青年人成长成才。新时代党的创新理论蕴含的立场观点方法、道理学理哲理，深刻阐明了新时代思想政治工作的重大意义、根本任务、方针原则、基本要求等，是高校开展思想政治工作的根本。在现代世界文明交流融合与冲突的洪流中，作为实现中华民族伟大复兴的见证者、参与者，当代大学生更应该用人类创造的一切优秀文明成果武装自己，勇敢、热情、努力、认真地参与到社会建设中，在中国特色社会主义伟大实践中挥洒青春、建功立业。

二、新时代高校思想政治工作的价值尺度

高校的立身之本在于立德树人，就是培养出合格的中国特色社会主义建设者和接班人。进入新时代，"立德树人"被定义为高校思想政治教育的总任务及中心环节，为高等教育事业的发展指出了正确的方向，其中"立德"是"树人"的前提，"树人"是"立德"的目标，二者紧密联系、相互统一。其中"德"的含义不仅指传统意义上的道德和品质，也包含人的价值取向、思想政治修养等方面的内容。作为高校思想政治工作者，应该从"德"出发，在日常工作中引导学生"明德修身"，教育学生肩负起时代赋予他们的新的使命，达到"树人"的目标。因此，从价值的维度来看，"立德树人"贯穿于高校思想政治工作的始终，是新时代高校思想政治工作的价值尺度。

高校思想政治教育要以马克思主义为指导，以社会主义核心价值观为重点，坚守中华优秀传统文化，吸收优秀外来文明，对大学生进行思想观念教育、政治教化、道德培育，帮助大学生树立正确的道德观、政治观、生活观。从理论源头来看，新时代高校思想政治工作应坚持以马克思主义思想政治理论作为理论指导，与我们党坚持的传统高校思想政治工作宗旨一脉相承。新时代，我国高校将《马克思主义基本原理概论》作为每个学生必须修的通识课，并从各个角度、各个方面提高对思想政治教师的要求，开展多项培训，提高高校思想政治教师的整体素质和理论水平，从而提升通识课的教学质量。这样不但在潜移默化中提高了学生的政治理论素养，而且使他们坚定了理想信念。

"立德树人"先"立德"，新时代筑梦人应该是社会主义核心价值观的坚定信仰者、积极传播者、模范践行者。目前，高校思想政治工作者建立了完整的教育体系，教育青年学生从各个层面和各个层次去深入理解社会主义

核心价值观，并将之付诸实践。对社会主义核心价值观的深刻理解，需要经历从认知、理解到内化这样一个完整的过程。在这个过程中，高校思想政治工作所引导的价值导向，能帮助学生养成自觉解决学习、工作上的问题的习惯，这时思想政治理论课显示出来的作用逐渐明显。

目前，我国高校思想政治理论课在加强和改进大学生思想政治教育、培育大学生社会主义核心价值观方面发挥着巨大作用。《思想道德修养与法律》课程契合了公民层面的社会主义核心价值观，有利于大学生提高思想道德素质，增强法治理念，树立正确的社会主义荣辱观；《中国近现代史纲要》课程彰显了民族、时代精神，有利于大学生树立民族自尊心、自信心和自豪感，深化其对马克思主义、中国共产党和社会主义道路的认识。这些课程共同构成一个有机整体，不能截然分开。青年学生应该从个人层面做起，继而上升到社会层面，为实现社会主义现代化国家建设目标作出贡献。

"四个正确认识"可以引导青年学生明辨是非，是高校"立德树人"工作的具体化。方向决定道路，道路决定命运。为了成为时代的奋进者、开拓者、奉献者，当代青年学生需要在思想上保持正确的认识，并不断进行深刻思考，这样才能凭借自身正确的世界观、价值观，丰富的知识和坚定的理想信念，最终实现伟大的历史目标。新时代高校思想政治工作必须教育青年学生对当今世界的变化和当代中国的发展有一个清晰的认识，青年学生需要了解党的历史，了解党在中国的变化发展中所经历的、所坚持的各类尝试；在探索中国化道路的伟大实践中，了解到中国特色社会主义是社会发展的最终选择，从而最终形成为中国特色社会主义共同理想和共产主义远大理想而奋斗终身的信念和意志。

青年学生应该正确认识中国特色社会主义，并与国际社会进行比较分析，从而客观地理解和认识现阶段中国，并正确看待国际社会的发展。生活在信息时代的大学生往往习惯性地将中国与世界进行比较，而在比较过程中往往会出现过度解读、观点模糊甚至错误的判断。高校"立德树人"就是要引导学生树立正确看待中国和世界的意识,引导学生强化民族自信,引导正确树立自己的时代责任和历史使命,正确认识中国梦,树立自信,自觉自强,谱写自己美好的人生。目前,高校以"立德树人"为根本,引导青年学生正确树立远大抱负并脚踏实地,引导青年人不要害怕失败,练就一身本领,锤炼出坚强的意志和品格,这样才能真正地"立德",才能真正地"树人",才能坦然面对实现中国梦过程中的千辛万苦,最终实现真正的中国梦。

三、新时代高校思想政治工作的价值取向

高等教育是一种社会存在,社会制度决定教育目的,不同的教育目的成就了不同的高等教育。美国的哈佛大学、法国的巴黎大学、英国的牛津大学等全球一流大学皆代表了不同的政体。中国的高等教育要想发展好,要想建成一批世界一流的高等学府,最重要的前提是要坚持中国特色。中国共产党早在革命年代就创办了西南联合大学、陕北公学、延安女子学院等高校。中华人民共和国成立后,尤其是改革开放后,中国高校蓬勃发展。党的十九大报告也明确指出"建设教育强国是中华民族伟大复兴的基础工程"。这恰恰说明,我国高校必须坚持中国共产党的领导,全面贯彻党的教育路线和党的教育方针政策。

中国具有五千多年的悠久历史,既是人口大国,又是世界上最大的发展中国家。新时代,我国社会主要矛盾有了新的变化,在不平衡不充分的发展中,人民的生活需求不断提高,我国仍处于社会主义初级阶段。中国独特的历史、文化、国情,决定了中国高校必须走自己的路,坚持办中国自己的高校,把我国高等教育发展方向同我国发展的现实目标和未来方向紧密联系在一起。"为人民服务、为中国共产党治国理政服务、为巩固和发展中国特色

社会主义制度服务、为改革开放和社会主义现代化建设服务"(以下简称"四个服务"),是扎根祖国大地、办好中国特色社会主义大学的根本保障,是新时代高校思想政治工作的价值取向。"四个服务"主要体现了以人民为中心的教育思想,体现了中国深刻的历史渊源。"四个服务"形成了一个有机统一体,"为人民服务"是其他三个服务的前提,"四个服务"内在统一于中国特色社会主义大学的办学方向和办学目的,归宿在于办人民满意的大学。

高校做好思想政治工作,前提是坚持党的领导,全面贯彻党的教育方针。高校思想政治工作归根结底是做人的工作,本质是以人为本,为人服务。为人民服务主要为高校思想政治工作解答了"为了谁"的问题。"坚持人民性,就是要把实现好、维护好、发展好最广大人民的根本利益作为出发点和落脚点,坚持以民为本,以人为本。"首先,我国高校具有鲜明的社会主义性质。人民当家作主是社会主义民主政治的核心和本质,这就决定了高校思想政治工作的落脚点是"为人民服务"。其次,这也是由我国教育目标决定的。教育归根到底是为了促进人的全面发展,使学生各个方面发展均衡,成为社会主义事业合格的建设者和接班人。每个家庭都希望孩子能够接受相对公平、高质量、高效、一流的教育,这是实现人民群众对美好生活追求的基本前提。这就更加需要我国的高等学府务必坚持以学生为本,为学生服务。高校在思想政治教育工作上更应该把学生放在第一位,把握好学生成长成才规律。教师要用心地教育学生,辅导员要细心地管理学生,所有教育工作者都要全心服务学生。只有真正地了解学生所想,贴近学生,才能更好地服务学生,促进学生成长。在教育教学中,教师要认真对待每一堂课、每一项学科研究,策划好每一次活动;在管理服务中,辅导员要多征求学生的意见,关心学生从点滴做起,从事关学生成长成才的具体问题做起,在细致入微的学生管理服务中,增强育人的效果。

为人民服务是我国高等教育发展的根本目的,也是新时代高校思想政治工作的出发点与归宿。《中国共产党章程》的总纲规定："党除了工人阶级和最广大人民群众的利益，没有自己特殊的利益。"对此，我党历代领导人均作过深刻的论述。延安时期，毛泽东同志多次提出"共产党员无论何时何地都不应以个人利益放在第一位，而应以个人利益服从于民族的和人民群众的利益"。人民群众对美好教育的向往，就是我们教育工作者的奋斗目标教育具有政治属性，教育为谁服务是事关教育方向的根本问题。我国坚持社会主义制度，坚持办社会主义大学，必须始终坚持为人民服务的根本要求，这既是关系广大人民群众切身利益的实际问题，也是事关中国特色社会主义高等教育性质和方向的根本问题。所以，是否坚持以人民为中心、人民是否满意是最根本的检验标尺。

第四节　完善高校思想政治工作的路径探讨

近年来站在新的历史方位上，高校不断深化思想认识，加强领导，构建工作体系，整合教育资源，推进工作队伍建设，创新工作方法，基层思想工作取得了一定的成效。但目前思想政治工作的系统性、协同性还不够，"各自为政、只顾一摊""标准不一""水平不同"的现象较为普遍，尚未形成强大合力；引领工作的支撑体系不够健全，引领思维方式创新不足，有些领导干部对开展思想政治引领工作长期聚焦不足，导致"本领恐慌"，理论研究落后于实践探索，整体上思想政治引领的针对性有待加强。

一、不断深化思想认识

第一，坚持习近平新时代中国特色社会主义思想。党的十九大指明了高校思想政治教育的方向，高校要以习近平新时代中国特色社会主义思想为指导，不断推动高校思想政治工作的开展。高质量的高等教育是实现中华民族伟大复兴的重要因素，高校是培养社会需要的复合型人才的基地。因此，应以"立德树人"为整体目标，推动高等教育的发展，不断加强学科建设，优化师德师风建设，紧跟时代步伐，创新教学资源和教育方法，全面贯彻落实习近平新时代中国特色社会主义思想，为国家和社会培养优秀人才。

第二，坚持社会主义核心价值观教育的主体地位。社会主义核心价值观是时代发展的产物，其内涵涉及国家、社会和个人三个层面，高等教育的发展离不开这三个层面。高校作为培养人的重要单位，理应在大学生思想政治工作中坚持社会主义核心价值观，协调好三者之间的关系。高校应培养好大学生的爱国意识和主体意识，更要培养其奉献意识；高校思想政治教育中，应对学生进行正确的价值观教育，帮助其理解自由与法律的关系，使其提高法律意识，养成平等和公正的信念，这是社会主义核心价值观中"自由、平等、公正、法治"的体现；高校的思想政治教育内容对大学生个人的素质教育和道德教育影响深远，且贯穿其整个大学生活，高校应努力培养其爱国精神、敬业精神、诚信精神、友善精神。社会主义核心价值观的内涵是未来人才所需要具备的素养，应是高校思想政治工作中所坚持的价值导向。

第三，坚持马克思主义理论的指导地位。坚持党对教育的领导，就必须坚持马克思主义。马克思主义理论是中国共产党的指导思想，对中国特色社会主义的建设具有思想上的指导作用。因此，高校在进行思想政治工作时，应坚持马克思主义理论的指导地位。改革开放以后，随着各种思潮的涌入，高校的意识形态工作出现了新的局面，青年群体尤其是大学生处于思想活跃期，易受外来思潮的影响，易形成错误的思想导向和舆情。高校思想政治工作应以马克思主义理论为指导，加强对学生的思想政治理论教育，帮助学生提高政治理论修养，养成良好的思想认知。对此，高校应从教学、活动等方方面面融入马克思主义理论，加强对马克思主义理论的宣传，不断深化学生的思想认识，提高其思想政治觉悟，使其形成正确的世界观、人生观和价值观，培养优秀的社会主义建设者和合格可靠的接班人。

二、加强各级党委的全面领导

第一，明确高校党委的引领地位。高校党委是开展高等学校思想政治教育工作的保障，高校党委应从学校全局出发，把握正确的政治方向，在思想和意识形态上做好引领。高校党委领导应从自身出发，深入高校思想政治工作的课堂、学生活动中心、会议室等场所，从实际出发，了解高校思想政治工作中存在的实际问题，制定科学合理的工作方法。此外，高校党委应拥有敏锐的政治观察力，及时发现高校思想政治教育工作中存在的问题及可能出现的问题，切实解决一线思想政治工作者遇到的困难，帮助他们更好地开展此项工作。高校党委要谋划培养优秀的师资队伍，制订顶层计划和工作方案，保障思想政治工作的有效开展。高校党委要始终把握在高校思想政治工作中的引领地位，以保障正确的办学方向。

党对高校思想政治工作的领导要求学校各部门在学校党委的领导下，各司其职，同时形成合力，为高校思想政治教育工作的有序开展提供环境和服务支持。要做好高校思想教育工作者的培养，高校党委应从思想政治理论课教师、思政辅导员、专业课教师三方面做好高校思想政治工作的师资队伍建设，从思想政治教育、学生管理、课程思政三方面共同推进高校思想政治工作的开展。

第二，落实高校各基层组织的工作任务。在高校党委的领导下，各二级党组织要落实好具体的工作任务，从学院、专业、班级、党支部及各种学生组织出发，在课堂、宿舍、活动中心等场所全方位地开展工作，做到思想政治工作无遗漏。各基层组织应在学校党委和二级党委的领导下，扎实开展各项工作，加大对思想政治工作的宣传力度，以党支部为单位，严把党员的发展关，结合实际情况和时代要求，开展丰富多样的支部活动，增加支部活力，提高支部党员的参与度与归属感。此外，要积极响应学校党委的号召和要求，充分发挥党员的先锋模范作用，引领师生以严格的标准要求自己，以此有效地完成高校思想政治工作中的具体任务。

第三，加强对高校思想政治工作的考核。高校党委应从顶层出发，制定科学合理的年度思想政治工作考核方案，对各二级党委进行考核。各二级党委要做好对基层组织的指导和考核工作，避免流于形式，形成奖惩机制。同时，结合学校党委的考核定期开展学习培训，做好院系教师的课程思政培训、辅导员的职业能力培训和党支部书记的相关理论学习培训，使高校思想政治工作的开展进入良性循环，以促进高校思想政治工作的有效开展。

三、推动高校思想政治工作体系建设

第一，构建相应的学科体系。做好高校的思想政治工作，必须以一定的理论为支撑，习近平新时代中国特色社会主义思想、社会主义核心价值观、马克思主义均是此项工作开展所需要的理论。因此，构建相应的学科体系是非常有必要的。

高校应重视哲学社会科学的育人功能，把哲学社会科学的发展与"立德树人"的培养目标结合起来。构建完善的学科体系，坚持正确的价值导向，把哲学的理论研究与高校思想政治工作的实际结合起来，补充哲学学科的内容，丰富哲学社会学科的育人功能，形成良好的学科育人环境，鼓励教师到一线高校思想政治工作岗位进行调研，了解思想政治工作中的实际需求，完善学科内容。此外，要设置该学科科学的培养方案，对学生的考核，要做到理论与实际相结合，要设置相应的实践环节，从多个方面完善哲学学科体系，同时从多个方面发挥哲学学科在高校思想政治工作中的作用。

第二，改进工作方法，协同育人。充分发挥学生的主体地位，利用好学生的主战场，重点关注与学生相关的课堂、宿舍、活动、日常事务等。这就要求教师改进教学方法，结合课程思政的要求，把专业知识教育与思想政治结合起来，利用多种教学资源和教学平台，提高学生的学习兴趣，既保证学生对专业知识的学习，又对学生起到思想教育的作用。因为只有把高校思想政治工作融入专业知识，才能达到教学的最大目的，才可以为国家和社会培养需要的人才。辅导员也应改进自己的工作方法，与时俱进，以宿舍、活动中心、班级、党支部等为阵地，结合当下意识形态的新动态，充分利用新媒体平台，开展丰富多样的学生活动，做到线上线下相结合，同时，抓好学生党员和学生干部两支队伍，突出其在学生群体中的先锋模范作用，形成传帮带，以扩大思想政治工作的育人范围。学校各个行政部门要根据学校党委的要求，在正确的政治导向中开展各项工作，尤其是与学生相关的工作，要通过潜移默化的作用营造良好的育人环境，强化服务育人的理念，让学生感受到自身的主体地位。高校思想政治工作要想达到理想的效果，全校各个方面应形成合力，改进工作方法，营造良好的风气，协同育人，共同为大学生的健康成长努力。

四、积极整合思想政治教育资源

第一，丰富高校思想政治工作的教学资料。高校思想政治工作的开展需要一定的教学资料作为途径和支撑，包括纸质版的教学资料和信息化教学资料。高校应以哲学学科建设为基础，成立专门的教研室和科研团队，结合所在高校本身的情况，做好充分的调查研究，编写适应本校的思想政治工作教学资料，使教学资料具有针对性和方向性。同时，各高校应利用好新媒体平台，如慕课、线上开放课程等，打造自己的线上教学平台，丰富教学资料的多样性，吸引学生的注意力，通过线上视频、线上互动增加与学生的交流。高校还可以开发具有代表性的教学软件和应用程序，对其板块进行充分和合理的设计，内容设计的形式应多样化，并简化操作流程，根据后台数据不断更新内容和形式，增加学生的使用兴趣。同时，高校应定期举办相关教学资料的培训会，包括纸质教学资料和线上教学资料，学校党委应高度重视，从总体上对教学资料进行把控，并给予正确的价值方向指导。

第二，建立有效的支持系统。教育资源中的支持系统是指有利于学习者学习的内外部条件，包括学习动力支持、硬件支持、人员支持等。因此，高校在开展思想政治工作时就需要做好师资队伍建设、学校设备建设和培养优良学风的建设等。高校要重视通过网络平台开展思想政治教育工作，努力提高网络化时代背景下的思政教育工作的针对性和有效性。大力推动信息化平台建设，实现各项思政教育工作的办公自动化、网络化、现代化。打造好师资队伍，建立一支经验丰富的师资队伍，营造良好的教学氛围，做好思想政治理论课的教学工作。同时，专业课教师要做好课程思政工作，教师队伍当中，辅导员队伍是非常重要的一部分，他们对大学生的成长成才具有指导作用，因此，要打造高素质、能力强的辅导员队伍，使他们更好地用习近平新时代中国特色社会主义思想、社会主义核心价值观、马克思主义理论等帮助学生树立正确的价值观，做好学风建设工作。

第三，建立良好的教学环境。教学环境不仅指教学过程中的地点，还包括学习者与教学资料、支持系统之间所形成的氛围。这就要求高校必须以学生为主体，突出学生的主体地位。在进行教学资料建设时，纸质版教学资料要根据当前大学生的实际进行更新，如针对"95后"或是"00后"。新媒体平台的教学资料要注重学生的使用感受，注意后台数据的统计，及时更新和调整，以便更适应学生的需要。高校党委应重视师生互动，明确师德师风建设的要求，在全校范围内开展紧跟时代步伐的师德师风建设活动，提高本校教职员工的思想修养和道德素质，使其在与学生的互动中形成有利于学生健康成长的环境，以此更好地开展高校思想政治教育工作。

五、推动高校思想政治工作队伍建设

第一，高校思想政治工作队伍建设的总体要求。一是高校思想政治工作队伍要有坚定的政治立场。政治素质是思想政治工作队伍各种素质的核心，因此，思想政治工作队伍成员要有正确的政治方向，注重积累党的政治理论，保持较高的政治水平，确保高校建设的方向正确。从自身出发，以身作则，在思想政治工作中对大学生起到表率作用。二要明确高校思想政治建设工作队伍组织者、实施者和指导者的身份。在日常思想政治工作建设中，高校思想政治工作队伍要深入学生中去，做到进课堂、进活动、进宿舍，顺应大学生的组织变化，结合大学生的实际需求，合理地组织开展高校思想政治建设的具体行动；亲自参与到思想政治建设中，收集相关材料，制定相关工作方案，形成良性的反馈机制；指导学生开展与高校思想政治建设有关的德智体美劳等活动，形成积极向上的氛围。此外，顺应当前大学生组织形式的新形态，根据学校相关院系部的设置，科学地配备思想政治工作队伍的团队成员，优化人员组织结构，以利于思想政治建设的有效开展。三要提高工作队伍的专业能力。思想政治工作全员参与，要求此过程中的所有参与者充分发挥岗位职责，以思想政治建设为导向，提升自身的专业能力。教师要秉着求真务实的精神，在教学和科研上认真敬业，不断提高自身的专业水平，在做好教学科研的同时，充分利用线上线下的媒介，做好课程思政；辅导员要以成为学生的知心朋友和学生健康成长的引路者为职业目标，丰富自己的理论知识，不断提高自己的专业技能，发挥自身在思想政治工作中的中坚力量作用；其他职能部门的教职工，除了要不断提高自身的工作能力和业务能力外，还要做到以学生为中心，从学生的实际需求出发，增强服务意识。此外，在高校思想政治工作精神的指导下，工作队伍还要在工作中更多地体现习近平新时代中国特色社会主义思想、马克思主义理论，用社会主义核心价值观武装自己，保证高校思想政治工作的方向正确。

第二，高校思想政治工作队伍主体的具体要求。思想政治理论课教师的理论功底、专业素养和育人能力在很大程度上影响着学生对于思想政治教育学科知识的掌握，同时对于学生世界观、人生观、价值观的形成有一定的影响，因此高校可通过组织思政课教师参加理论和实践培训，提高其理论水平和理论联系实际的能力。专业课教师要注重对课程思政的运用，通过课堂，从专业理论和思想政治教育两方面对学生进行引导，为将来培养全面的社会需要的人才打好基础。辅导员作为大学生最"亲近"的人，其在高校思想政治工作中的作用不言而喻。辅导员要提高自身的职业技能，坚持正确的政治方向，把理想信念教育、爱国教育、心理健康教育、诚信教育、励志教育、日常管理等融入高校思想政治工作；要从实际出发，结合当前高等学校学生管理规定，以宿舍、班级、专业、年级为单位，帮助学生养成良好的生活作风和学习习惯，为提高学生的思想政治修养提供指引。学校行政人员要提高自己的党性修养和思想觉悟，做到以学生为中心，用服务意识和管理意识为大学生提供相关的服务和管理。总之，高校思想政治工作是一项长期且需全员参与的工作。思想政治工作队伍要不断了解大学生最新的思想状况和特点，及时调整和探索工作中的思路与方法，改善和提高自身的工作技能和素质，努力发挥在高校思想政治工作中的作用，为培养社会主义合格的人才贡献自己的力量。

六、创新高校思想政治工作的方法

高校应结合当代大学生的特征及校园文化环境，创新思想政治工作方法。高校应转变传统的以管理为主的教育方式，以学生为中心，突出学生的主体地位，从德智体美劳等多方面融入思想政治教育；教师、辅导员和行政人员都要转变自身的工作方式，结合学生实际，从马克思主义理论出发，以"立德树人"为培养目标，增强思政育人意识，充分发挥学生的主体地位，让学生以主体的身份参与学习、活动、实践。

一要在思想政治教育的内容上有所创新。高校应在教学内容上有所创新，把中国优秀的传统文化、习近平新时代中国特色社会主义思想、"四史"学习等作为思想政治工作中的新内容教育学生。

二要以高校党委引领各部门协力推进高校思想政治工作的开展。高校党委要统筹和谋划思想政治工作，形成由高校党委到各二级单位再到各基层组织的模式，层层推进，有指导、有反馈地落实各项任务，同时在高校党委的带领下，学校全员参与，共同做好高校思想政治工作。

三要运用新媒体平台，以思想政治教育为主线，创新工作方法。转变传统的以线下教学为主的方式，采用线上教学和线下教学相结合的方式。这一方面有利于学生自主安排思想政治理论学习时间，另一方面有利于扩大思想政治教育的覆盖面和监控度，还可以通过线上和线下两种方式加强师生之间的联系，增进师生感情；辅导员可改变传统的育人方式，结合当前信息化手段，借助新媒体平台开展形式多样的育人工作，提高学生的思想认识；学校行政人员可利用新媒体平台优化日常事务的处理方式，缩减烦琐的细节，突出以学生为中心和思政育人意识，在保质的前提下提高效率。

四要保证高校思想政治工作的有效进行，这需要学校、社会和家庭三方的协调配合。高校作为大学思想政治工作的主阵地，要积极发挥其主体作用，从组织机构、规章制度、人才队伍、教学科研、校园环境等多方面为思想政治工作的开展创造条件；社会必须坚持正确的价值导向和舆论引导，营造良好的社会氛围，弘扬社会主义核心价值观的基调，为大学生的健康成长提供外部条件；家庭是学生的第一课堂，对个人的人生观和价值观的形成具有非常重要的作用，家庭应帮助学生树立正确的人生目标和价值观。同时，要发挥家庭教育在学生德育培养方面的作用，结合学校的教育和管理，家庭教育在对学生的励志教育、诚信教育、爱国教育等方面具有非常重要的作用。因此，要重视学校、社会、家庭三方的协调配合，在以家庭为基础、学校为核心、社会为外围的基础上，三方协同共进，为大学生的成长成才提供支持和服务，为高校思想政治工作的开展提供有力保障。

第二章

高校思想政治教育的协同机制

第一节　高校思想政治教育协同机制的科学内涵

一、高校思想政治教育协同机制的概念内涵

（一）相关概念界定

思想政治教育协同机制研究始于 20 世纪 80 年代，几十年来，虽然研究一直在持续，但整体来看，研究工作进展不够理想，研究成果尚不丰硕，还有很大的提升空间。从词源意义上看，"机制"本是自然科学领域的概念，

20 世纪 70 年代，该词语开始在社会科学研究领域使用，80 年代又进一步运用到思想政治教育研究领域。从时间跨度看，以"机制"的理念来研究思想政治教育工作的时间相对较短，理论进展不充分，主要表现为：对思想政治教育协同机制的内涵、构成要素、功能、运行规律等基本理论问题的研究不深入、不具体，尚未形成统一的研究结论，学术观点分歧较大。种种迹象表明，当前思想政治教育协同机制研究还不成熟，教育界对"高校思想政治教育协同机制"的概念还没有形成统一的界定。这既与学者研究高校思想政治教育的理论视角有关，也与学者对高校思想政治教育的理解有关。我们认为，高校思想政治教育协同机制研究是原本在自然科学领域应用的"机制"概念在教育领域的延伸使用。一般而言，"机制"是指组成复杂事物体系各要素之间相互制约的结构关系和运行方式，在有机组合中发挥各自的功能。思想政治教育协同机制中的"机制"，是指在实现高校思想政治教育效果的过程中涉及的教育职能部门、教学院系、教师、学生、学生团体等思政教育要素，在相互关联中形成的动态化运行方式、灵活性结构组成、具体性操作办法等系统性运作体系。

（二）高校思想政治教育协同机制的要素构成

"要素"这一概念是从系统论角度提出的，其核心是把整体事物分解为内部关键点和基本单元，在对内部关键点和基本单元认知的基础上，整体把握事物认知，系统分析事物本质属性和整体规律，从而更加精准地把握事物的本质内涵。一般而言，一定的要素按照特定结构进行重组，可形成特定机制，而同样的要素因其内在结构组成不同，也会形成不同的机制。目前，业内对思想政治教育协同机制的研究还不够完善，还存在概念定义不够统一、具体问题不够细化等问题，对思想政治教育协同机制各要素的界定和具体内涵的研究还不够科学。比如，从"要素"结构组成上划分，一般有"八要素""五要素"两种说法。"八要素"即"主体要素、控制要素、目标要素、动力要素、环境要素、程序要素、保障要素、方式要素"。"五要素"即"目标要素、环境要素、信息要素、时间要素、人的要素"。综合比较，我们倾向于从实体性要素、衍生性要素两个方面来认识思想政治教育协同机制。实体性要素主要是对客观要素而言，一般指教育主体、接受主体、社会环境等，其中教育主体是指承担高校思想政治教育工作的组织和个人。接受主体是指在校大学生。社会环境又可以从宏观环境和微观环境两个角度来认识，其中宏观环境是指大的经济社会现状、社会心理、社会风俗、社会道德等；微观环境主要针对大学生学习生活的校园环境而言，是对接受主体直接产生影响的校园环境，如校园硬件设施、精神文化等。教育主体、接受主体、社会环境是思想政治教育研究必不可少的三个因素，它们既相互独立，又相互制约、影响。思想政治教育的功能和成效，往往通过这三个基本要素的相互作用来实现，但这三个基本要素所起的作用又各不相同。思想政治教育主体决定着思想政治教育的本质和发展趋势。思想政治教育的教育主体和接受主体决定着高校思想政治教育的指导思想、教育内容和方式方法，保证了思想政治教育工作的先进性和可操作性。但接受主体往往又有被动性，受社会环境和教育主体的影响制约，教育主体和社会环境受人为因素影响较大，直接影响教育工作者对高校思想政治教育的决策和管理，并以能动的反作用形式对思想政治教育整体功能和管理效能的实现产生影响。

衍生性要素是相对于主体要素而言的，一般指思想政治教育的指导方针、实施原则、内容方法、运行服务保障等，这些要素偏主观。比如，思想政治教育指导方针是党中央关于思想政治教育工作的相关决策部署在高校思想政治教育领域的体现，对高校思想政治教育工作具有宏观指导作用，是推动高校思想政治教育工作沿着正确道路前进的保证。实施原则是高校思想政治教育工作开展的基本遵循，规定指导着思想政治工作的有效开展。内容方法是开展思想政治教育工作的具体实施路径、有效的方式方法。运行服务保障是思想政治教育工作健康发展的推动力。思想政治教育经营宗旨以服务受教育者为旨归，是实现教育目的的有效途径。高校为了实现思想政治教育目的，保证教育效果，往往会设立专门工作机构和专业工作人员，并配备相应的场地、设备，辅助规章制度、资金保障等。

以上实体性要素和衍生性要素作为一个整体，相互作用，有机运行，共同构成了思想政治教育协同机制运行必不可少的因素。各因素之间按照一定的结构进行重组，形成特定机制，决定并影响着思想政治教育的整体效果。

（三）高校思想政治教育协同机制的类型

目前，学界对思想政治教育协同机制的研究一般采取"八类型"划分法，其中，第一种类型主要从领导者角度进行划分，一般分为领导机制和工作机制两类。第二种类型主要从管理者角度进行划分，一般分为启动机制、调控机制、评估机制和保障机制四类。第三种类型主要从功能角度进行划分，一般分为思想教育机制、管理机制、服务机制、约束机制等种类。第四种类型主要从组织结构角度进行划分，一般分为工作运行机制和制度运行机制两类。第五种类型主要从过程角度进行划分，一般分为内化机制和外化机制两类。第六种类型主要从系统要素角度进行划分，一般分为主体要素机制和客体要素机制两类。第七种类型主要从隐性和显性程度进行划分，一般分为显性运行机制和隐性运行机制两类。第八种类型主要从协调关系进行划分，一般分为内运行机制和外运行机制两类。

我们认为，思想政治教育运行机制一般由理性认同机制、情感认同机制、自律转化机制、制度保障机制、利益互动机制五个方面组成。思想政治教育协同机制的运行要在方向统领、协同育人和受教育者的主体积极性调动等方面发挥作用，要健全评估反馈机制、推进完善保障机制，从而确保思想政治教育的实效。

二、高校思想政治教育协同机制的主要特征

（一）科学性

思想政治教育协同机制是思想政治教育实施过程中各种要素相互作用、相互影响、共同作用的效果的总体反映。思想政治教育协同机制研究要聚焦思想政治教育的学科发展，总体把握思想政治教育过程中各要素的互动关系，从而深刻揭示思想政治教育的内在规律，在此基础上，进一步优化思想政治教育的运行流程，推动思想政治教育目标任务的高质量实现，从而实现思想政治教育研究的理论深化。

思想政治教育协同机制研究不是单纯的学科范畴研究，而是涉及教育学、社会学、行政学等的跨学科研究，这既涉及理论研究，也涉及现实问题研究。用"机制"理论研究思想政治教育，就是从社会运行的宏观视角探析思想政治教育的产生、发展及其作用，在此基础上，揭示思想政治教育工作的本质，在理论研究的不断深化中，主动适应现代思想政治教育实践。拓宽学科视野，从学科交叉角度研究思想政治学科发展，为思想政治学科创新发展提供新的研究方法、研究视角和研究成果。因此，思想政治教育协同机制研究要把交叉学科视野下的研究作为新的视角和路径，以适应新时代现实发展和实践创新需要。

（二）规律性

现有研究表明，思想政治教育有其内在的规律性，其发展创新要充分关注思想政治学科发展规律，按照发展规律推进建设。思想政治教育内在规律又在一定程度上影响着思想政治教育协同机制的建立、运行及创新。同时，思想政治教育协同机制研究也要遵循受教育者的思想道德形成规律、思想政治教育接受规律，以及大的层面的社会经济发展规律。此外，不同受教育群体由于其群体的特殊性，又有其内在的独特规律，可以说，思想政治教育对

象及不同环节也蕴含着不同的内在规律。思想政治教育就要在综合规律的作用下，遵循学科发展规律，结合道德形成规律和受教育群体个性发展规律，在综合统筹互进中创新发展。

思想政治教育协同机制还要强化内部要素的协同。思想政治教育的不同环节均需思想政治教育运行机制的参与，在协同中形成发生机制、协同机制、接受机制和评估机制。一般而言，思想政治教育是主体、客体、介体和环体等基本要素构成的有机整体，这些要素的共同作用形成了思想政治教育的整体功能。同时，思想政治教育是社会上层建筑的重要组成部分之一，其发展受经济基础和上层建筑的制约，思想政治教育又在一定程度上服务于经济基础和上层建筑，思想政治教育的功能运行也在一定程度上影响着社会系统运行机制，影响到社会的稳定和发展。因此，高校思想政治教育协同机制具有较强的规范性。

（三）协同性

高校思想政治教育是系统性教育活动，涉及面广、线条多，需要多个部门参与，重点关注的是人的未来发展和人生道理的教育引导。高校思想政治教育的开展离不开高效工作机制的运行。一般而言，高校思想政治教育是指高校在开展思想政治教育过程中，由影响教育活动正常开展的机构组织、师资队伍、管理制度等相互关联、相互影响、相互制约的工作系统组成的有机工作整体。以上工作整体要有效发挥作用，需要各个组织部门协同发力。

协同理论是系统内部各个要素在实现具体目标的过程中组成的有机整体，为了实现既定目标，需要各个要素通力配合、相互协同，在相互协同中共同完成目标任务，实现系统功能最大化。思想政治教育工作要实现系统功能、目标任务，就要在协同理论的指导下，结合高校教育实际，完善高校思想政治教育协同机制，推动教育工作走深走实，取得扎实成效。鉴于高校思想政治教育工作的特殊性，高校思想政治教育工作要充分发挥教学科研工作在思想政治教育工作中的作用，形成齐抓共管合力，发挥协同育人功效，从而全方位提升受教育者个人思想政治素养，实现全面发展。

高校思想政治教育发挥协同作用，要从以下几个方面着力。首先是体系内部信息的协同。信息协同是大学生思想政治教育协同机制系统协调一致的基础，是思想政治教育决策者在做决策前必须掌握的第一手资料，也是进行科学决策的前提。决策者只有在充分掌握大学生思想状况的情况下，才能制定与其思想发展变化、未来发展相匹配的思想政治教育协同机制。其次是推动高校与其他育人机制的有机协同。大学生思想政治教育是一个系统工作，是高校育人机制的有机组成部分，高校与其他育人机制之间是相互贯通的，做好思想政治教育工作，必须充分发挥高校与其他育人机制相互发力、协同育人的作用，形成教育合力，一起为完成立德树人的根本任务服务。最后是与外部环境之间的协同。大学生思想政治教育要积极争取社会力量的支持，主动构建"学校——家庭——社会"协调合作工作机制，推动大学生思想政治教育与义务教育、高中阶段德育工作有机衔接，凝聚成协调共育工作合力，推动大学生思想政治教育协同机制与外在育人环境的协调统一，推动大学生思想政治教育成效。

（四）人文性

思想政治教育协同机制研究的着力点是解决人的需求问题。根据马斯洛需求理论，人在工作生活中的自觉性、主动性及创造性的有效激发，是以合理需求得到一定程度上的满足为前提的，只有在需求得到有效满足的基础上，才能更好地激发人的主观能动性。思想政治教育要注重满足青年大学生的基本需求，以此为基础，激发他们的思想认同、情感认同，从而接受思想政治教育，对其产生认可、赞同，并予以接受，进而转化为内在的需求动力、外在的具体行动。思想政治教育要积极借鉴马斯洛需求理论，以关心人的发展、满足人的需求作为工作的着力点和落脚点，其目的是有效激发受教育者的主体意识和创新意识，让受教育者在认同中进行创新，既满足了受教育者的个性需求，又满足了其主体需要，有利于保障和促进其全面发展。

同时，思想政治教育又有政治属性，对人的发展具有开发、塑造、激励、规范等作用，要把统治阶级的意志和社会的需求，通过思想政治教育的方式转化为受教育者的外在行动，以便更好地塑造受教育者的思想，更好地激发受教育者的精神，更好地规范受教育者的行为。由此可见，思想政治教育的本质是促进受教育者社会化的过程，具有人文性。

三、高校思想政治教育协同机制的价值定位

（一）服务高等教育的根本任务

高校思想政治教育工作的根本目的就是为我国社会主义现代化建设培养合格的建设者和接班人，保证高校沿着社会主义办学方向前进，确保人才质量和人才培养方向。要坚持以马克思列宁主义、毛泽东思想、邓小平理论、"三个代表"重要思想、科学发展观、习近平新时代中国特色社会主义思想为指导，贯彻落实党的教育方针，坚决维护党的领导，教育引导广大青年学生听党话、跟党走，积极投入社会主义现代化建设中。要推动广大青年学生认真学习马克思主义基本理论，树立科学的世界观、人生观和价值观，提升共产主义政治觉悟，努力把青年大学生培养成合格的"四有"新人。因此，高校思想政治教育协同机制要把有效服务高等教育作为根本任务。

（二）体现思想政治教育的原则

思想政治教育的根本目的是提升青年大学生的政治素养，即把反映社会生产关系、政治关系及其他关系的立场、观点、思想、行为规范等社会意识形态，通过思想政治教育的方式教育引导青年大学生，在潜移默化中促使其形成社会主义现代化建设所需的道德观念、行为方式、生活习惯等，并用以

调节青年大学生日常行为，使青年大学生维持人与人、人与社会之间的和谐关系，在此基础上推动青年大学生树立远大理想和科学信念，并将这种理想信念转化为能动的精神力量，推动他们为共产主义事业、社会主义现代化建设奋斗终身。

实践证明，青年大学生只有树立正确的政治方向、明确的学习目标、端正的学习动机，才能形成强大的精神动力。高校思想政治教育能够帮助青年大学生掌握辩证唯物主义和历史唯物主义科学观点，形成科学的思想方法，培养他们运用马克思主义观点和方法分析问题、解决问题的能力。因此，高校思想政治教育协同机制要在具体工作实践中，通过卓有成效地对青年大学生进行思想政治教育，促进他们全面发展、健康成长。

（三）遵循人才成长的基本规律

高校思想政治教育要坚持以人为本，把学生成长成才作为思想政治工作的核心，把学生的成长获得感作为工作的重点。高校思想政治教育工作者要根据青年人才成长规律，把握青年大学生的心理特点，在充分尊重和信任的基础上做好青年大学生的思想引领工作。高校思想政治工作人员与学生之间要保持沟通，做到相互尊重、信赖。教师要保持诚恳的态度、端庄的举止、亲切的语言，让青年大学生在平等的环境中接受教育。

此外，教育工作者也需要树立全心全意为大学生服务的意识，以学生为中心，真正贴近学生的思想、生活，真正帮助学生解决学习、生活中遇到的问题和困难，使学生充分感受到来自学校和教师的关心、关怀，营造和谐的学习和生活环境，在循序渐进的教育引导中培养学生积极乐观的人生观。同时，积极推动思想政治教育工作与教学、社团、党组织、文化体育、校园文化创建等活动融为一体，让思政教育更具针对性、亲和力、实效性。

第二节　高校思想政治教育协同机制的现状分析

一、调查内容及对象

（一）调查问卷的发放

本研究采用匿名问卷调查的方式。项目组根据研究内容编制了《高校思想政治教育协同机制现状调查问卷》，本次调查问卷以线上发放为主，并结合线下的方式进行发放。一方面，通过问卷网、微信群、QQ 群等网络平台发送问卷，说明填写注意事项，保证调查问卷的填写数量和质量；另一方面，在高校行政及教师办公室、教室、学生宿舍、图书馆等地向学校管理人员、思想政治教师及学生发放问卷，填写后当场收回。

（二）调查问卷的主要内容

此次针对高校相关部门管理人员、教师及学生，设计不同的问卷进行调查，教师的问卷共设计题目 48 项，其中单项选择 40 项、多项选择 2 项、排序选择 6 项。问卷的内容从被调查对象对党的理论知识的掌握程度入手，结合被调查对象对社会热点问题的关注和认知程度，了解被调查对象的个人价值追求、职业理想、职业态度和工作状态，最终落脚到被调查对象对高校思想政治教育架构和核心素养的理解认知与问题建议，进而从教师层面归纳总结出高校思想政治教育协同机制的落实情况和不足之处。学生的问卷共设计题目 34 项，其中单项选择 33 项、多项选择 1 项，选项设置更注重学生对新闻时政的关注程度、对党的认识与理解、对思想政治教育的内容和施教者的建议、对党员核心素养的理解和对高校思想政治教育的认知，从被教育者的角度发现高校思想政治教育协同机制的实施效果和不足之处。根据统计分析，问卷反馈的数据翔实、全面、信度效度理想。

（三）调查对象

此次调查向教师（含相关部门管理人员）和学生合计发放问卷1300份，回收有效问卷1247份，有效问卷回收率约为95.92%。本次问卷调查涉及河南大学、华北水利水电大学、河南工业大学、河南中医药大学、河南财经政法大学、郑州轻工业大学、郑州航空工业管理学院、信阳师范学院等8所高校的教师及在校学生。

本次调查问卷向教师发放问卷300份，回收有效问卷285份，有效问卷回收率为95%。如表2-1所示：从性别来看，男性教师占总数的57.19%，女性教师占总数的42.81%；从年龄来看，30岁及以下教师占总数的32.28%，31~40岁教师占总数的38.25%，41~50岁教师占总数的23.16%，51岁及以上教师占总数的6.32%；从专业技术职务方面来看，正高级职务的教师占总数的14.74%，副高级职务的教师占总数的28.77%，中级职务的教师占总数的47.02%，初级职务的教师占总数的9.47%；从政治面貌方面来看，中共党员占总数的88.78%，民主党派成员占总数的5.96%，群众占总数的5.26%；从工作年限来看，工作5年以下的教师占总数的36.14%，工作6~10年的教师占总数的23.16%，工作11~20年的教师占总数的30.53%，工作21年及以上的教师占总数的10.18%。

表 2-1 被调查高校教师基本情况

类别	选项	百分比 /%
性 别	男	57.19
	女	42.81
年 龄	30 岁及以下	32.28
	31~40 岁	38.25
	41~50 岁	23.16
	51 岁及以上	6.32
专业技术职务	正高级	14.74
	副高级	28.77
	中级	47.02
	初级	9.47
政治面貌	中共党员	88.78
	民主党派成员	5.96
	群众	5.26
工作年限	5 年以下	36.14
	6~10 年	23.16
	11~20 年	30.53
	21 年或以上	10.18

向学生发放问卷 1000 份，回收有效问卷 962 份，有效问卷回收率为 96.2%。如表 2-2 所示：从性别来看，男生占总数的 52.91%，女生占总数的 47.09%；从年级情况来看，一年级、二年级、三年级、四年级、研究生所占的百分比分别为 25.05%、26.40%、21.83%、17.47% 和 9.25%；从所学专业来看，理工科类占总数的 47.71%，文科类占总数的 35.45%，艺术类占总数的 11.23%，其他类占总数的 5.61%；从政治面貌来看，中共党员占总数的 27.13%，共青团员占总数的 66.22%，群众占总数的

5.93%，民主党派成员占总数的 0.73%。

表 2-2　被调查学生基本情况

类别	选项	百分比 /%
性　别	男	52.91
	女	47.09
年　级	一年级	25.05
	二年级	26.40
	三年级	21.83
	四年级	17.47
	研究生	9.25
所学专业	理工科类	47.71
	文科类	35.45
	艺术类	11.23
	其他	5.61
政治面貌	中共党员	27.13
	共青团员	66.22
	群众	5.93
	民主党派成员	0.73

二、高校思想政治教育存在的问题

对教师和学生的调查问卷的数据进行统计分析，分别从教师层面和学生层面分析高校思想政治教育存在的问题。

（一）教师对党的理论知识的认识有待提高

在"习近平新时代中国特色社会主义思想能够解决中国特色社会主义、中华民族的前途命运问题""我国必须坚持马克思主义在我国意识形态领域的指导地位，不能搞指导思想多元化""党政军民学，东西南北中，党是领导一切的""只有社会主义才能救中国，只有改革开放，才能够发展中国、发展社会主义、发展马克思主义""必须坚定中国特色社会主义道路自信、理论自信、制度自信和文化自信"这五个调查问题中，图 2-1 所显示数据说明仍有部分教师的党性修养不足，对党的理论知识掌握不够，缺乏对党的路线、方针、政策的深刻理解，影响了高校思想政治教育工作的效率和质量。

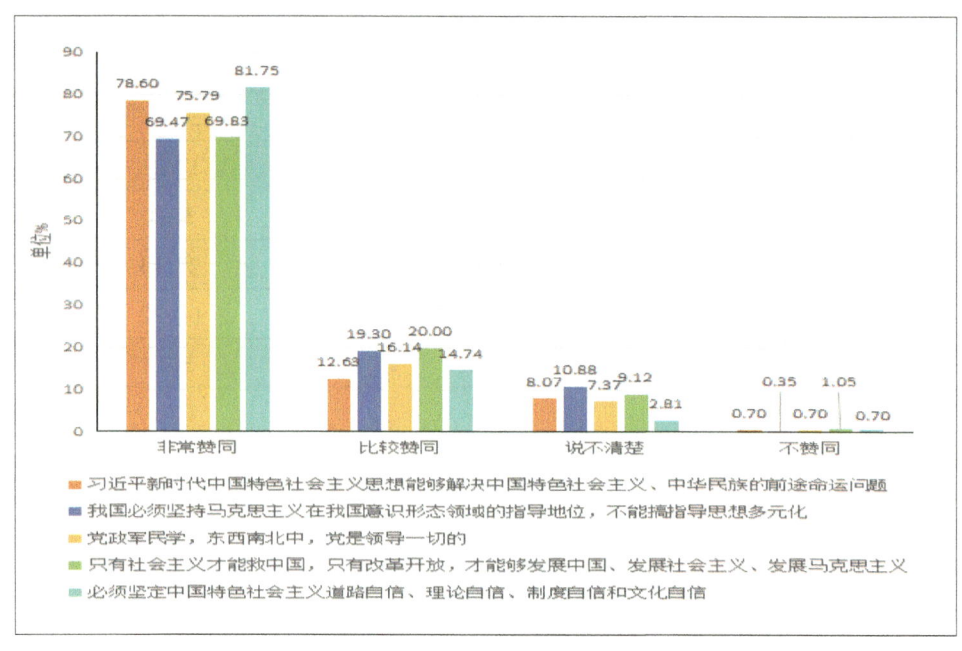

图 2-1 高校教师对党的理论知识的认知程度

（二）教师对敌对势力和民族分裂等威胁认识有待提升

在"认为当前影响我国社会稳定的最主要因素"的调查问题中，如

图 2-2 所示：有 31.23% 的教师认为区域发展和收入分配差距较大是影响我国社会稳定的第一位因素；有 23.16% 的教师认为腐败问题是影响我国社会稳定的第二位因素；有 27.37% 的教师认为区域发展和收入分配差距较大是影响我国社会稳定的第三位因素。综合来看，区域发展和收入分配差距较大被最多的教师认为是影响我国社会稳定的主要因素，总占比达到 74.74%；腐败问题排在第二位。有 45.97% 的教师认为它是影响我国社会稳定的主要因素；敌对势力意识形态渗透排在第三位，有 40.71% 的教师认为它是影响我国社会稳定的主要因素；而认为民族分裂活动是影响我国社会稳定的主要因素的教师仅有 34.37%，排在第五位。大部分教师认为我国内部矛盾特别是地区发展额不均衡不充分问题将会影响我国社会稳定，但部分教师忽略了现阶段外围敌对势力的行为对我国社会稳定产生的较大影响。高校思想政治教育是引导大学生如何应对敌对势力意识形态渗透和民族分裂活动的关键因素，需要教师对这些不稳定因素产生足够的重视，这样才能在思想政治教育过程中给予大学生正确地引导。

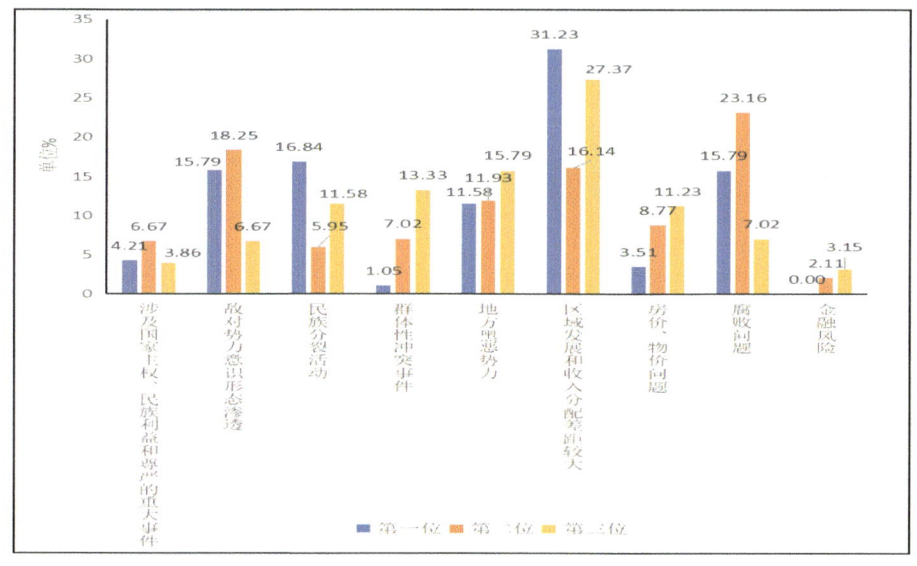

图 2-2　高校教师认为当前影响我国社会稳定的最主要因素

（三）教师对社交中坚持党性方面有待加强

在"当听到有抹黑党和政府的言论时，我会予以反驳"调查问题中，如图 2-3 所显示，仍有部分教师缺乏基本的马克思主义理论素养，缺乏抵制错误言论的勇气，不敢与错误言论进行交锋。

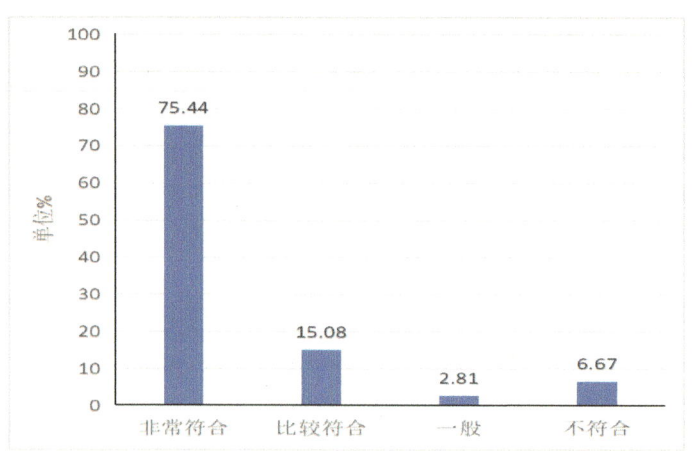

图 2-3 当听到有抹黑党和政府的言论时，我会予以反驳

同时，在"我在网上发表的言论通常经过深思熟虑"调查问题中，如图 2-4 所显示，绝大多数的教师表示自己在网上发表的言论之前通常会经过深思熟虑，但也有一小部分的教师意识到自己在网上发表的言论之前缺乏深思熟虑。

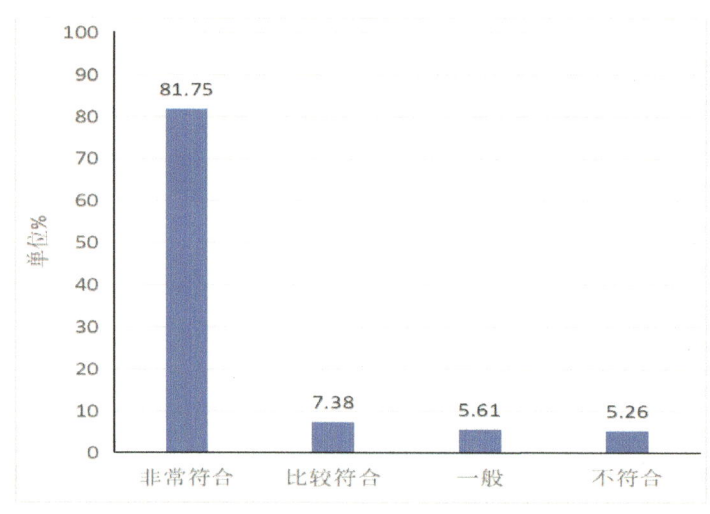

图 2-4 高校教师在网上发表的言论是否通常经过深思熟虑

综合来看，有90%左右的教师能够在社交过程中坚持党性、理性思考。但是仍有10%左右的教师在社交过程中缺乏正确的思想意识，这些教师的言论和行为在一定程度上潜移默化地影响着大学生的思想和行为，有可能对高校思想政治教育产生一定的负面影响。

（四）教师引导学生客观理性地看待社会热点问题有待提高

在"您最关注的前三类新闻信息类别"调查问题中，如图2-5所示：国内时政类在"最关注的前三类新闻信息类别"的每一位中所占比例都最多，分别为27.72%、21.40%和24.56%，教师们普遍都更关注国内时政类新闻，这样能够更好地保持对时政的敏感度和更新思想政治知识储备，有助于高校对大学生开展思想政治教育。

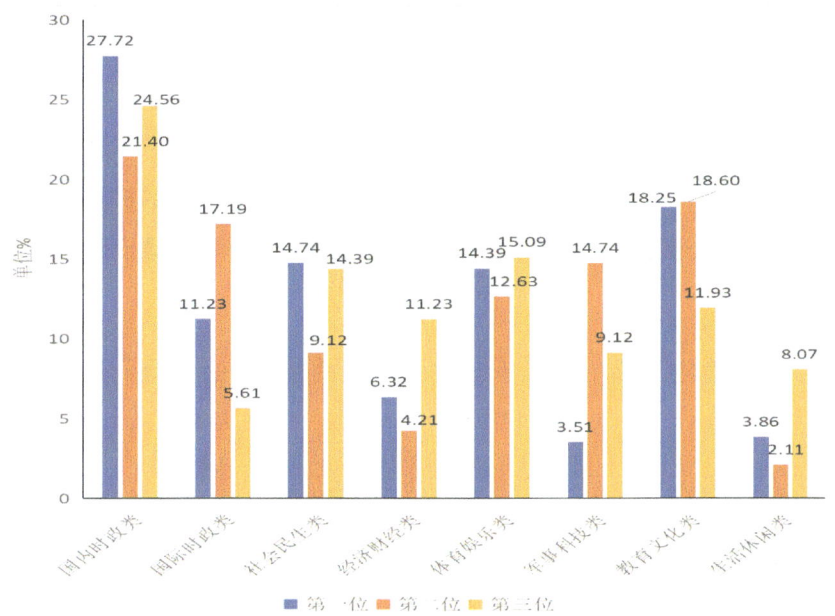

图2-5 高校教师最关注的前三类新闻信息类别

同时，在"当对同一事件出现不同意见时，您认为从哪些渠道获取的信息更全面、准确、客观"调查问题中，大部分教师都会更理性地选择官方渠道获取信息，如图2-6所示：有36.49%的教师认为各级政府部门的通告是获取信息的首选；有 38.60% 的教师认为《人民日报》等各级官方媒体消息是获取信息的第二选择；有 39.65% 的教师认为新浪等国内非官方媒体消息是第三选择。

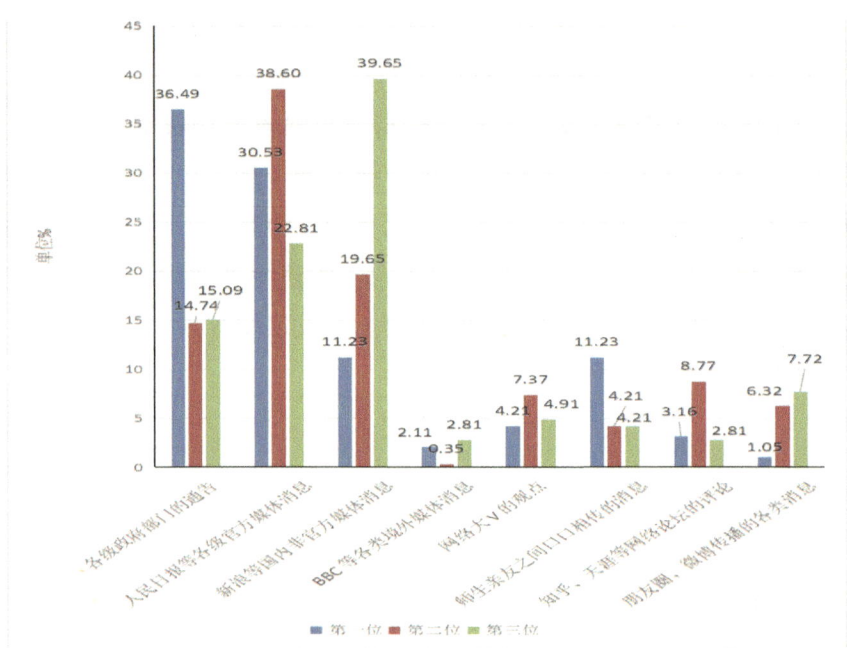

图 2-6 当对同一事件出现不同意见时，高校教师认为从哪些渠道获取的信息更全面、准确、客观

在"我会积极引导学生客观、理性地看待社会热点问题"调查问题中，如图 2-7 所显示，绝大多数的教师会积极引导学生客观、理性地看待社会热点问题，但是仍有 一小部分的教师表示不会积极引导学生。

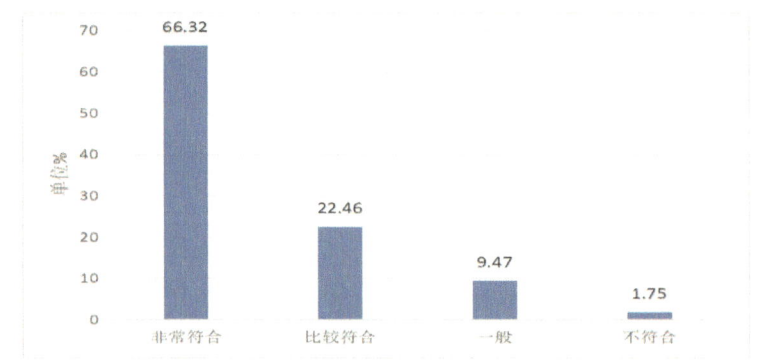

图 2-7 高校教师是否会积极引导学生客观、理性地看待社会热点问题

综上所述，教师们自身对于新闻都保持着理性客观的态度和坚持正确的新闻获取渠道，但是部分教师没有把这种正确的方式传授给学生。

（五）部分教师有些负面的人生价值观

在"幸福都是奋斗出来的""人生的价值在于奉献""在个人利益与国家利益、集体利益发生冲突时，应首先考虑国家利益和集体利益"这三个调查问题中，如图 2-8 所示：有 81.05% 的教师认为幸福都是奋斗出来的；有 58.60% 的教师认为人生的价值在于奉献；有 62.46% 的教师愿意为了国家和集体利益牺牲个人利益。同时，针对这三个问题，有一部分的教师表示说不清楚；也有极少数的教师不赞同奋斗能够带来幸福、不认为奉献是人生的价值、不愿意牺牲个人利益，这种负面的人生观和价值观不利于通过思想政治教育引导大学生树立正确的人生观和价值观。

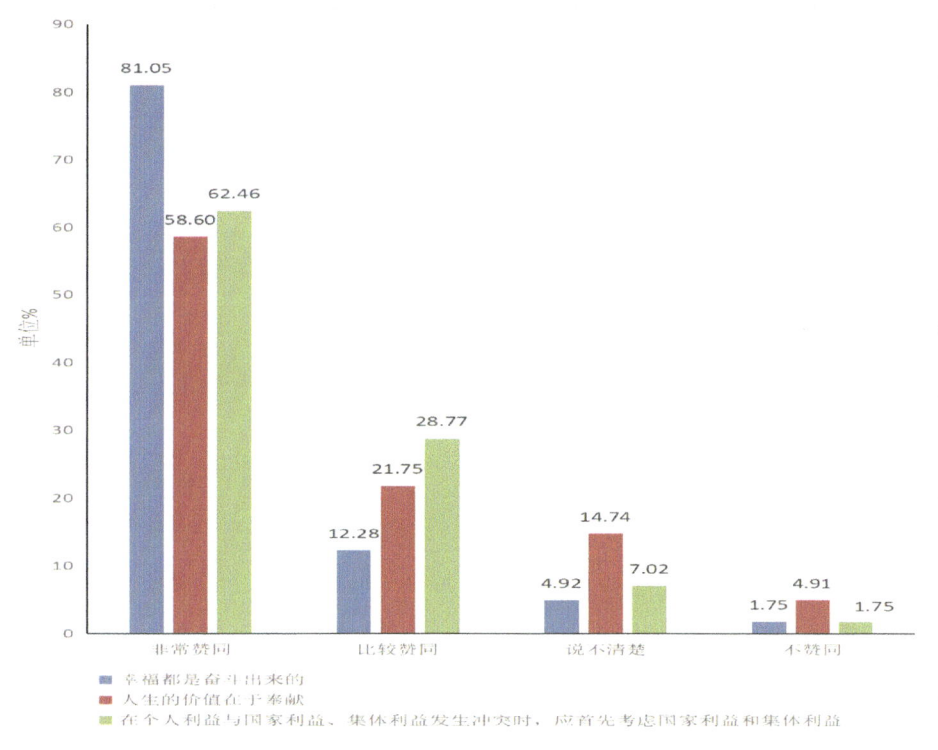

图 2-8　高校教师关于奋斗和奉献的人生观、价值观

（六）教师的课程思想政治意识有待提高

在"教师应该坚持教书和育人相统一、坚持言传与身教相统一、坚持潜心问道和关注社会相统一、坚持学术自由和学术规范相统一""没有理想信念，理想信念不坚定，精神上就会'缺钙'""教师应担负起培养担当民族复兴大任的时代新人的职责""教师应成为社会主义核心价值观的坚定信仰者、积极传播者、模范践行者""教师应成为先进思想文化的传播者、党执政的坚定支持者""学术无禁区、课堂有纪律""'师德一票否决制'非常有必要"这七个调查问题中，如图 2-9 所显示数据表明，绝大多数的教师对以上七个调查问题持有正面的、积极的态度和观点，但仍有极个别的教师持有消极的态度和观点。思想政治教育不仅仅体现在思想政治理论课的课堂中，更需要每一位教师通过自己的一言一行潜移默化地将相关理论传授给大学生，若缺乏两种精神的结合，就无法实现大学生思想政治教育的全面实施。

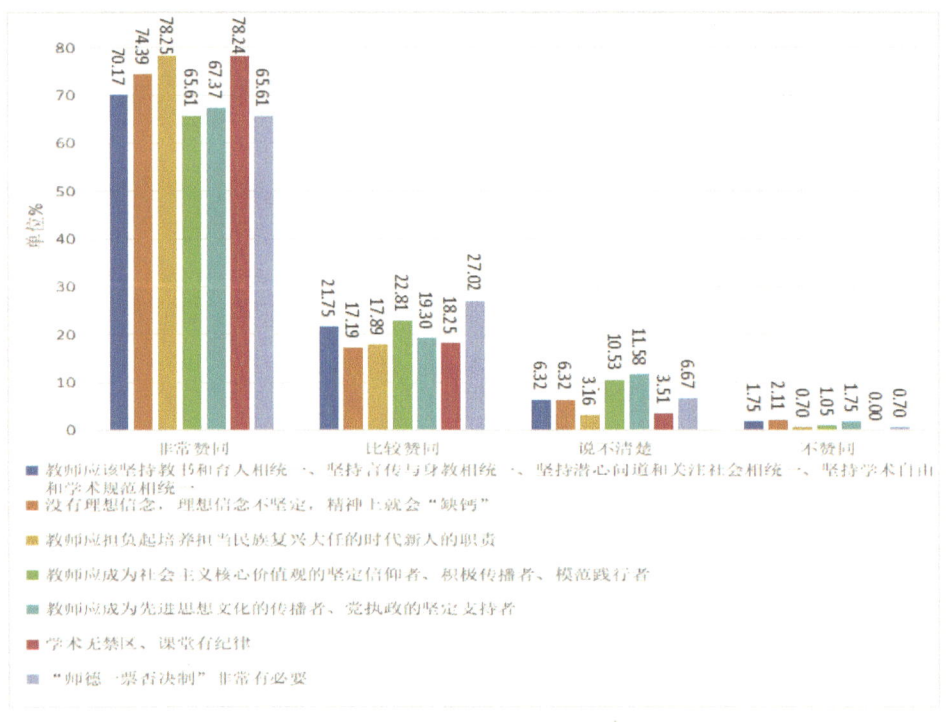

图 2-9　高校教师关于知识传授和思想政治教育相结合的认识程度

（七）教师对自身核心素养的认识有待加强

在"师德建设的重点应放在哪些方面"调查问题中，如图2-10所示：有30.18%的教师认为"言传身教，为人师表，做学生的良师益友"在师德建设中排在首位；有25.26%的教师认为"提高教书育人的责任意识，主动利用各个教学环节挖掘思想政治教育资源"在师德建设中排在第二位；有23.86%的教师认为"树立坚定的理想信念，忠于党的教育事业"在师德建设中排在第三位。这表明大部分教师都能够很好地认识到思想政治教育在师德建设过程中发挥的重要作用。

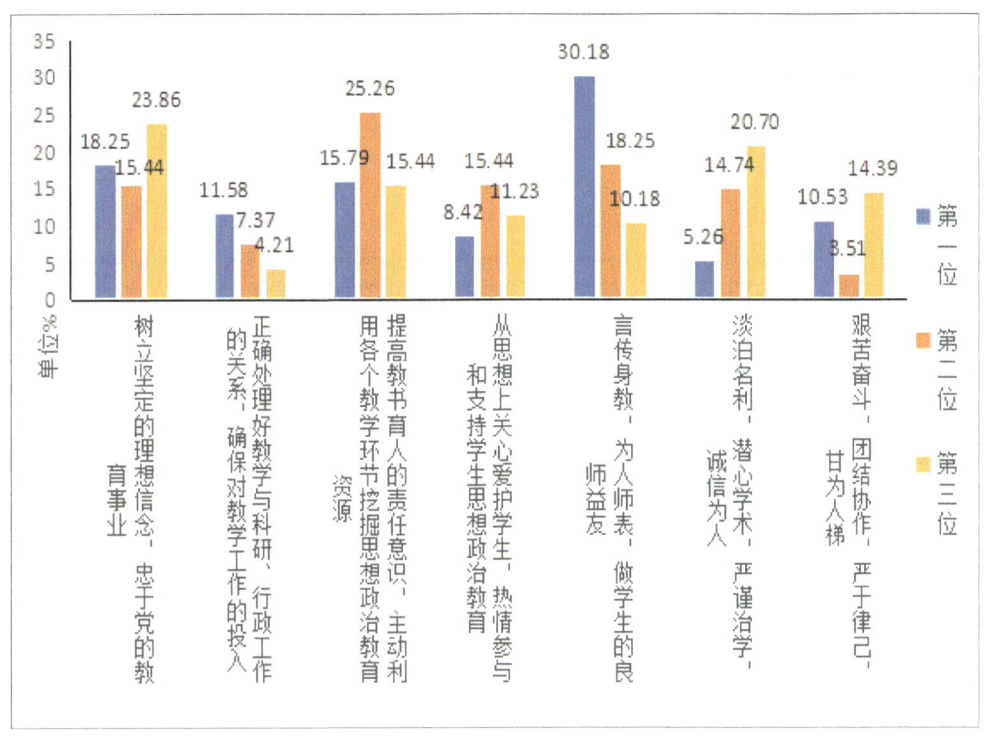

图2-10　高校教师认为师德建设最重要的三方面

在"理想信念""家国情怀""品德修养""创新意识""责任担当""健康心态""规则意识""奉献意识"这八个调查问题中，如图2-11所示：

关于核心素养认识不到位的教师比例分别为22.11%、19.29%、20.71%、37.19%、35.09%、30.53%、36.14%、38.24%。教师自身缺乏对核心素养的正确理解，会导致在实施思想政治教育过程中缺乏支撑点，影响教育效果。

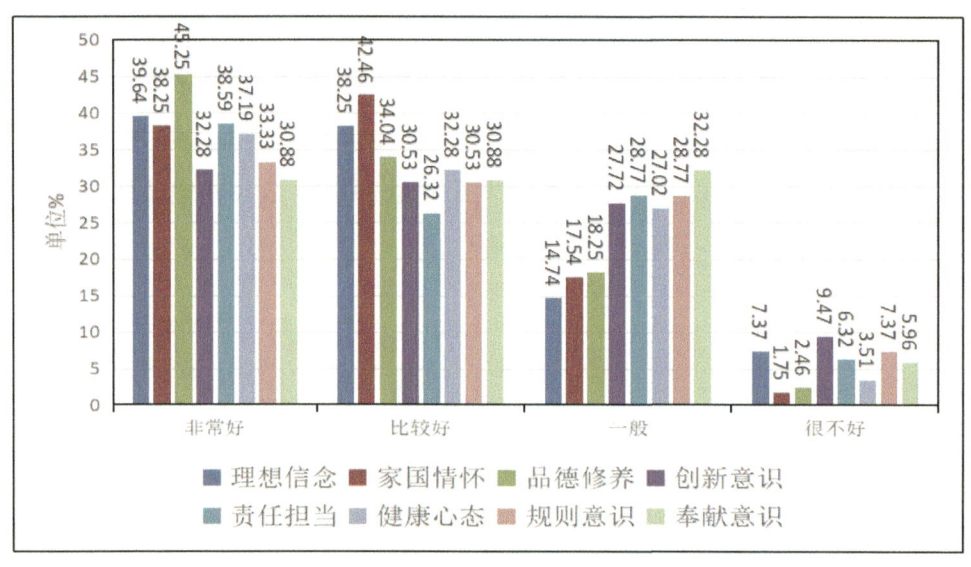

图2-11 高校教师对核心素养的认识程度

（八）高校思想政治教育普遍存在行动力不足、贯彻不够全面、教师对思想政治教育工作的认识程度不够等问题

在"您认为当前高校思想政治教育工作存在的突出问题是什么"调查问题中，如图2-12所示：有85.96%的教师认为"口头上很重视，行动上不重视"；有69.47%的教师认为"思想政治工作没有实现贯穿教育教学全过程"；有58.95%的教师认为"思想政治工作传统优势同信息技术高度融合不够"。同时，超过40%的教师认为"党委实行全面领导，承担管党治党、办学治校主体责任不实，高校思想政治工作队伍能力不强"，这些都说明现阶段高校的思想政治教育工作还存在一定不足。

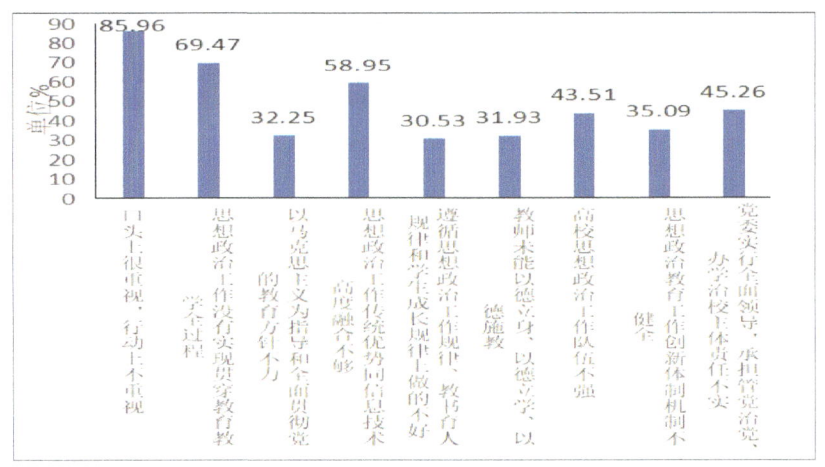

图 2-12　高校教师认为当前高校思想政治教育工作存在的突出问题

在"坚持党委领导下的校长负责制""落实全面从严治党主体责任""校风、教风和学风建设""教师党建工作""教师思想政治工作""师德师风建设"这六个调查问题中，如图 2-13 所示：有 11.23% 的教师认为"坚持党委领导下的校长负责制"落实不到位；有 9.12% 的教师认为"全面从严治党主体责任"没有严格落实；有 2.81% 的教师对"校风、教风和学风建设"不够满意；有 2.46% 的教师认为"教师党建工作"不够充分；有 2.11% 的教师认为"教师思想政治工作"完成度不高；有 3.86% 的教师认为"师德师风建设"有所欠缺。

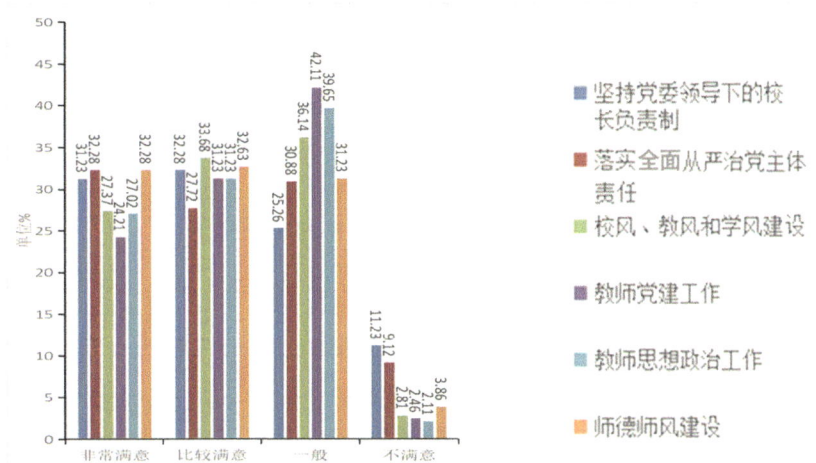

图 2-13　高校教师对自己所在学校的思想政治教育工作的满意程度

（九）学生对时政信息关注程度有待提高

在"获取新闻信息时，您最常使用或浏览最多的渠道是什么"调查问题中，如图 2-14 所示：有 93.97% 的学生会选择微信作为信息的获取渠道；有 87.63% 的学生会选择国内综合性新闻网站作为信息的获取渠道；剩下的渠道分别是 QQ、国内图片视频类网站，比例分别为 64.86%、62.16%。这表明学生更多地从社交媒体上获取新闻信息，这就需要提高学生对新闻信息的鉴别能力。

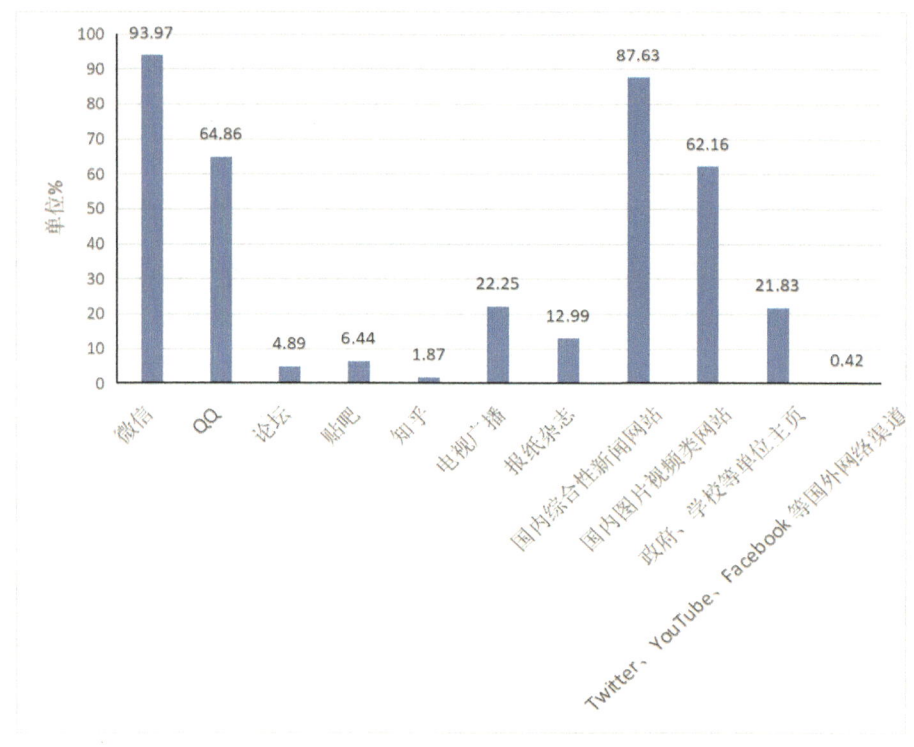

图 2-14　大学生获取新闻信息的渠道选择

在"当对同一事件出现不同意见时，您认为从哪些渠道获取的信息更全面、准确、客观"调查问题中，如图 2-15 所示：有 96.36% 的学生会选择

《人民日报》等各级官方媒体消息；有70.47%的学生会选择新浪等国内非官方媒体消息；有47.71%的学生会选择各级政府部门的通告等相对官方的新闻来源。但是仍有61.22%的学生会选择师生亲友之间口口相传的消息，还有40.22%的学生会选择朋友圈、微博传播的各类消息。整体来看，学生验证新闻信息的来源更偏向于官方渠道，但是仍有部分学生会根据一些道听途说的信息来判断新闻的准确性，可能会被某些不真实的新闻信息所误导。

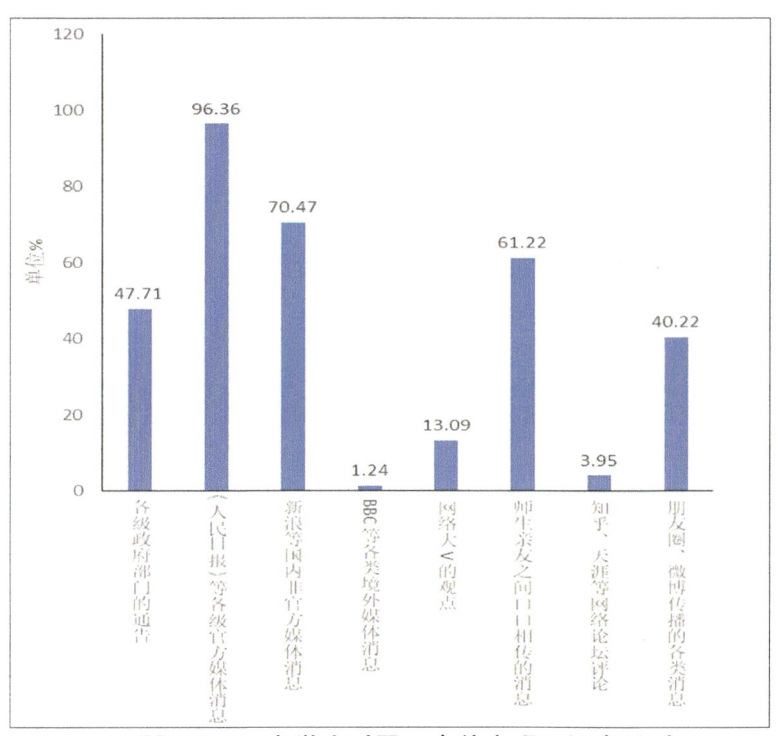

**图 2-15　大学生对同一事件出现不同意见时，
认为获取信息更全面、准确、客观的渠道**

在"经常关注和浏览大学生思想政治教育（德育）的网站""我平时关心政治时事""当听到有抹黑党和政府的言论时，我会予以反驳""我在网上发表的言论通常经过深思熟虑"这四个调查问题中，如图2-16所示：有1.14%的学生不会经常浏览和关注德育网站；有7.28%的学生不太关注时事政治。这表明有一部分学生没有积极自主地参与思想政治学习和了解时事政治。同时，有 1.35% 的学生不会主动反驳抹黑党和政府的言论，还有 4.37% 的学生在网上发表的言论不怎么经过深思熟虑，这表明部分学生可能会受到这些言论的影响，进而发表一些不当言论。

大学生涉世未深，容易受到不良信息的蒙蔽，如果高校未能及时、有针对性地对大学生开展一定程度的思想政治教育工作，及时廓清大学生的思想迷障，转变他们的错误思想，大学生就很容易被某些敌对组织所利用，成为破坏我国经济社会稳定和发展的工具人。

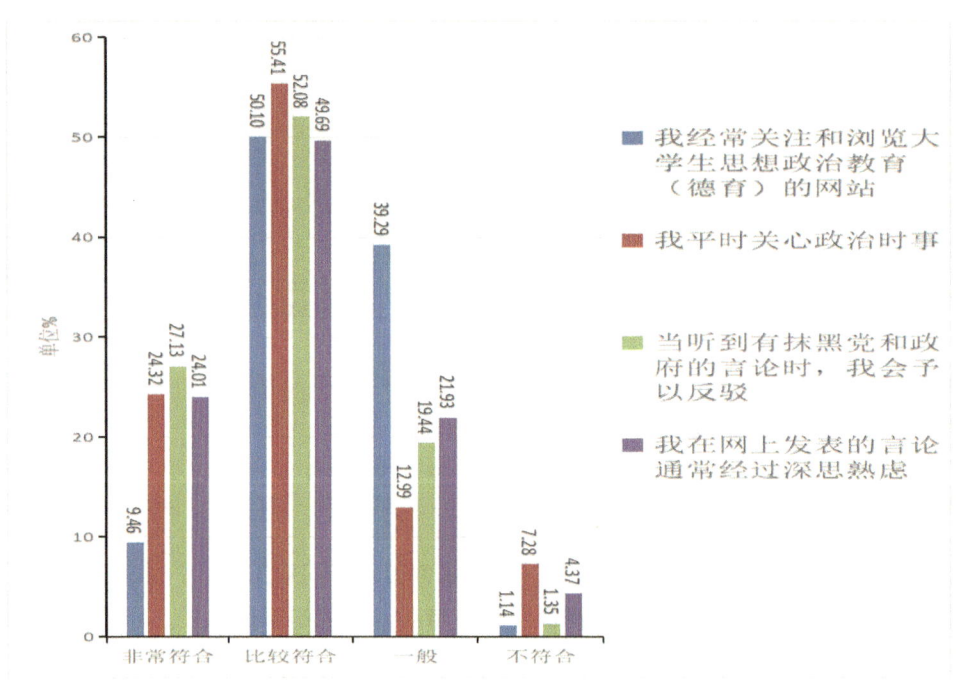

图 2-16 大学生对时事政治和思想政治教育的关注程度和社交中的党性原则

（十）大部分学生都积极争取加入中国共产党，但是有部分学生入党的动机不够纯粹

在"大学期间您有没有努力争取加入中国共产党"调查问题中，如图 2-17 所示：有 27.13% 的学生已经通过努力成为党员；有 60.08% 的学生正在努力争取加入中国共产党；仅有 12.79% 的学生没有考虑过加入中国共产党。整体来看，大部分学生都愿意积极入党。

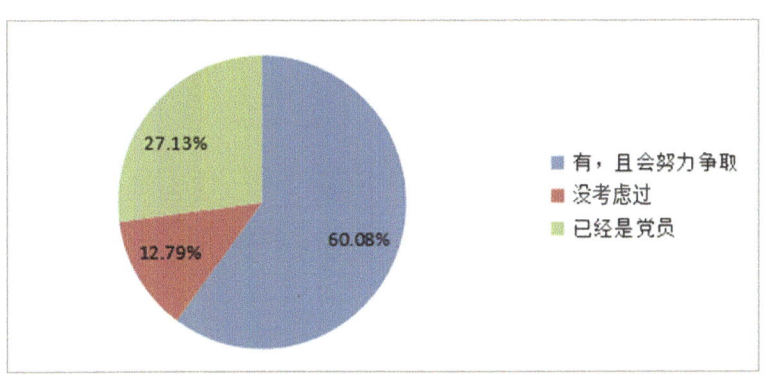

图 2-17　大学生是否努力争取加入中国共产党

（十一）大部分学生能够理解高校思想政治教育的重要意义，但是仍有部分学生缺乏相关意识

在"您认为高校思想政治教育的价值主要体现在哪里"的调查问题中，如图 2-18 所示：有 98.64% 的学生认为"有利于人自由而全面发展"；有 90.12% 的学生认为能够"满足个人学习、工作和生活的需要"；有 79.41% 的学生认为"有利于促进社会的发展"。这说明学生普遍能够正确认识思想政治教育的价值。

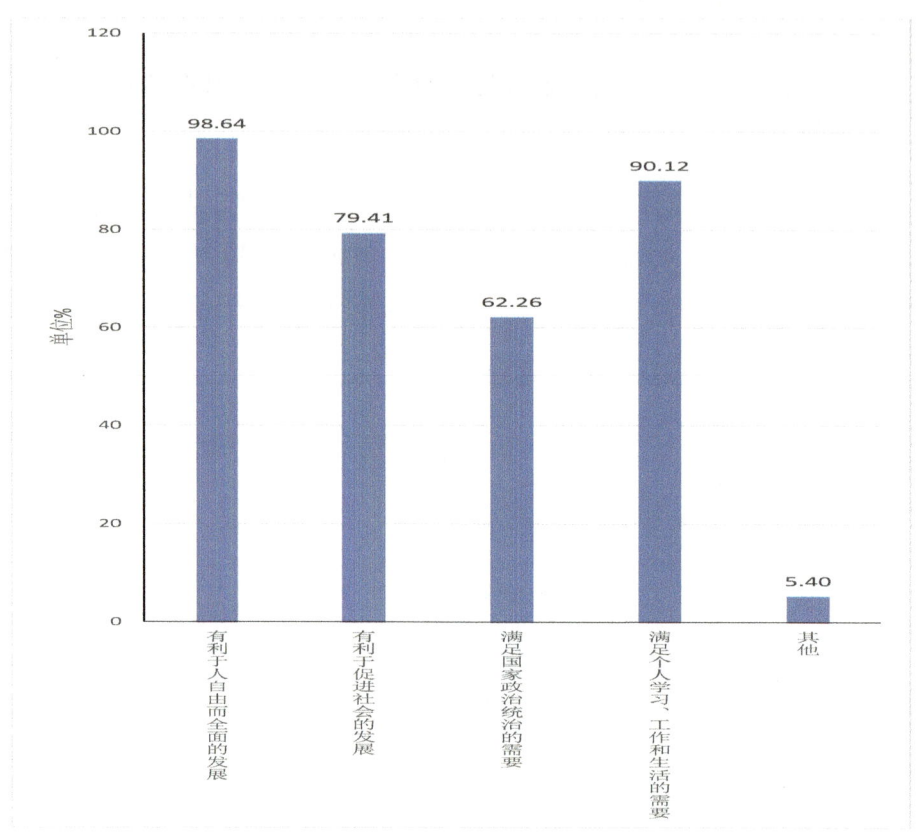

图2-18 大学生认为高校思想政治教育的价值

在"您最想通过思想政治教育了解的内容是什么"调查问题中，如图2-19所示：学生最想了解的是"科技、历史、心理学等常识"，占91.37%；排在第二位的是"对国内外形势的分析"，占84.60%；排在第三位的是"党和国家的大政方针"，占82.95%。这说明学生更多的是想通过思想政治教育了解国家政策形势，学习新知识。

在"高校应加强大学生马克思主义理论教育""开设思想政治理论课和形势与政策课很有必要"这两个调查问题中，如图2-20所示：大部分学生都赞同"开设思想政治理论课和形势与政策课"，以及"应加强马克思主义理论教育"；但仍有部分的学生不能正确理解开设思想政治教育课程的意义。

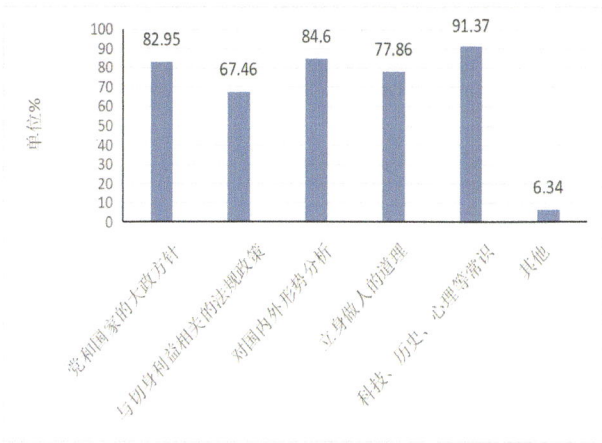

图 2-19　大学生通过思想政治教育最想了解的内容

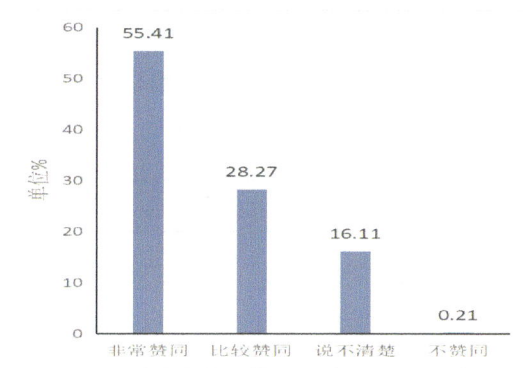

图 2-20　大学生对开设思想政治教育课程的态度

（十二）学生更关注高校辅导员在思想政治教育中发挥的作用，而忽略了教师和其他教育工作者的作用

在"高校辅导员和班主任在大学生思想政治教育中的影响很大""高校教师和其他教育工作者都应该发挥育人功能"这两个调查问题中，如图 2-21 所示：绝大多数的学生认为高校辅导员和班主任在思想政治教育中发挥的作用巨大；绝大多数的的学生认为教师和其他教育工作者发挥育人作用，能够理解教书和育人的协同作用。

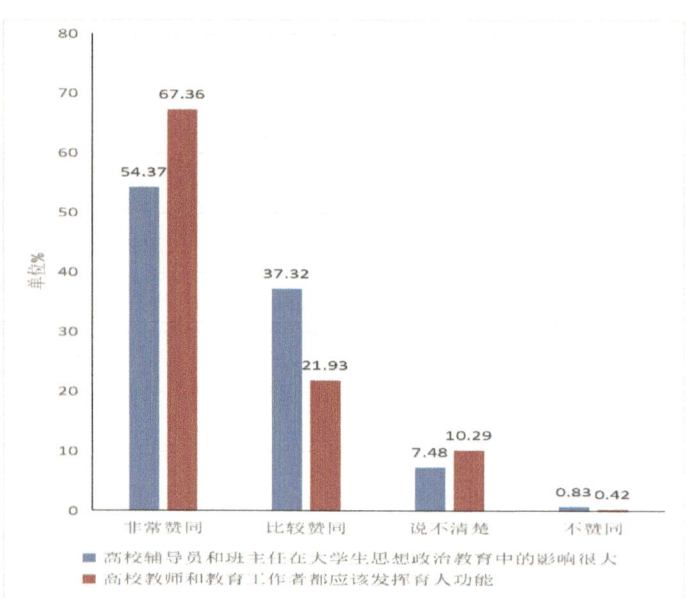

图 2-21　大学生对辅导员和高校教师在思想政治教育中的作用的认识

在"您认为以什么样的方式学习思想政治课程较好"调查问题中，如图 2-22 所示：有 75.05% 的学生倾向于小组学习讨论，占比最高；有 64.86% 的学生喜欢专业讲座；有 32.33% 的学生偏好通过视频学习；认可通过理论书籍和其他方式学习的比例仅占 19.44% 和 3.22%。从整体来看，学生们更偏向于通过互动的方式学习思想政治课程。

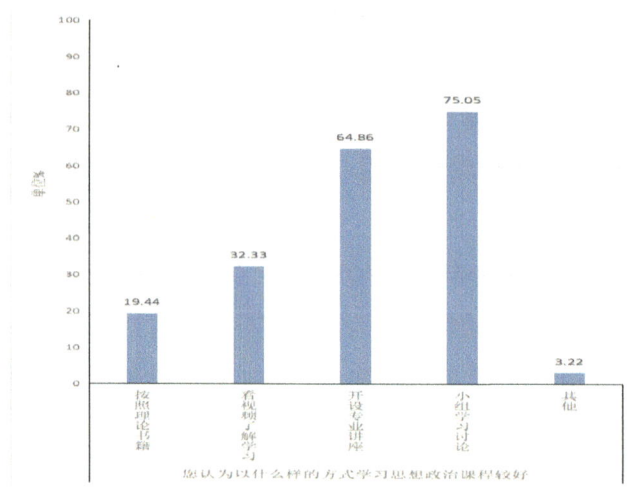

图 2-22　大学生认为以什么样的方式学习思想政治课程较好

（十三）学生对其自身应具有的核心素养的认识不足

在对学生关于"理想信念""家国情怀""品德修养""创新意识""责任担当""健康心态""规则意识""奉献意识"这八个核心素养的认识的调查问题中，如图 2-23 所示：关于对其自身应具有的核心素养的认识非常好的学生比例分别为 26.92%、34.61%、30.76%、24.02%、26.71%、22.45%、20.68%、25.15%。关于对其自身应具有的核心素养的认识比较好的学生比例 分 别 为 50.83%、45.53%、55.40%、51.76%、45.53%、50.83%、49.48%、43.55%。

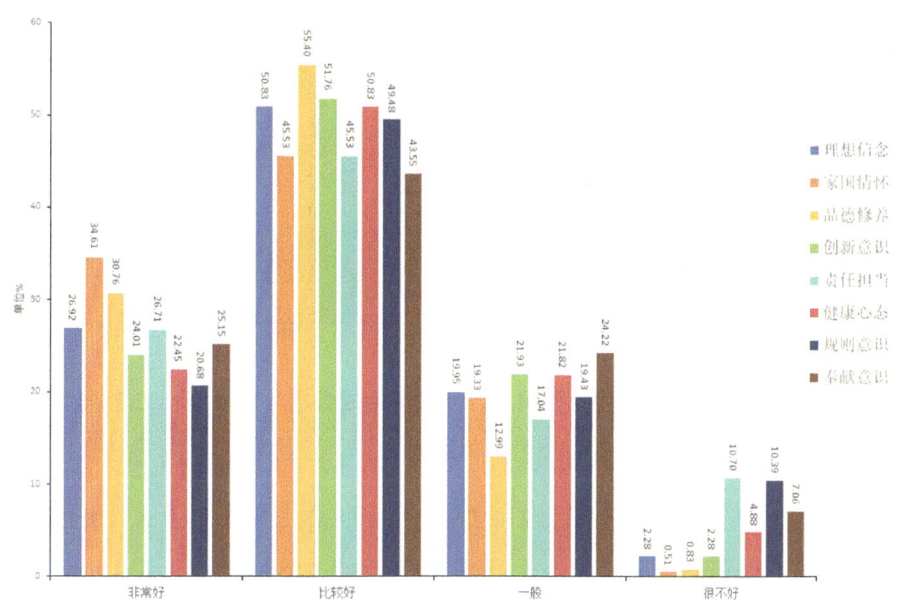

图 2-23　大学生对核心素养的认识程度

（十四）学生层面发现现阶段高校思想政治教育工作存在的问题

在"您对学校加强立德树人，促进学生成长成才的举措、工作成效的评价"调查问题中，如图 2-24 所示：有 80.35% 的学生对学校的措施较为满意；有 19.65% 的学生相对不够满意。整体来看，学校在立德树人、促进学生成长方面的工作还需要进一步加强。

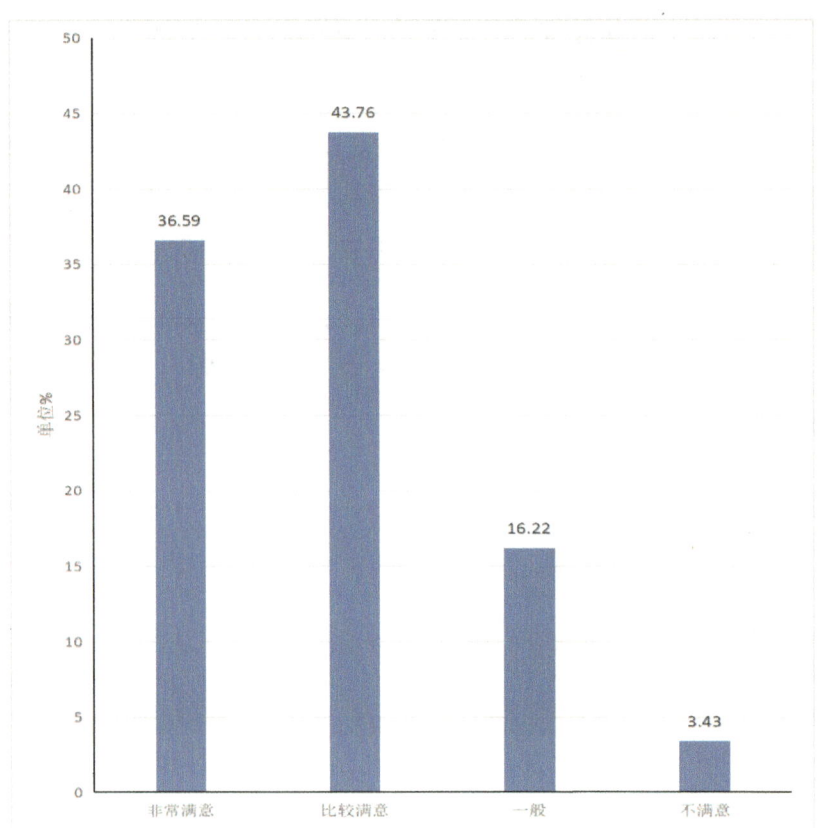

图 2-24　大学生对学校加强立德树人，促进学生成长成才的举措、工作成效的评价

　　在"您认为当前高校思想政治教育存在的主要问题是什么"调查问题中，如图 2-25 所示：有 74.64% 的学生认为理论空洞抽象，没有或很少与实践相结合；有 67.46% 的学生认为与学生思想实际需求联系不够紧密；有 61.64% 的学生认为没有充分发挥其对社会发展的促进作用；有 61.12% 的学生认为内容单调枯燥，缺乏创新。这些也充分反映了现阶段高校思想政治教育存在的问题。

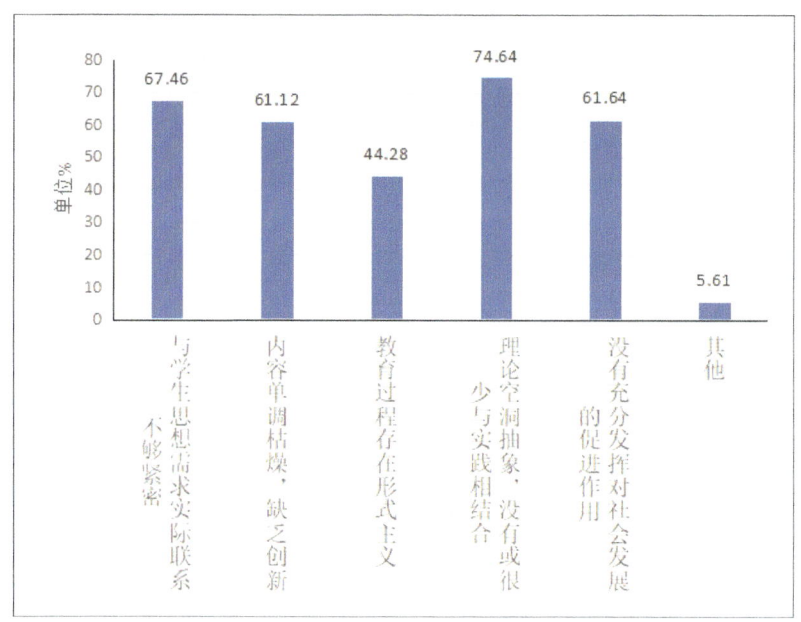

图 2-25　大学生认为当前高校思想政治教育存在的主要问题

在"您认为影响高校思想政治教育作用发挥的主要因素"调查问题中，如图 2-26 所示：有 71.36% 的学生认为个人的认同程度影响高校思想政治教育作用发挥，有 68.25% 的学生认为教师的态度和水平是主要因素之一，有 56.63% 的学生关注形式是否多样，有 61.54% 的学生关注内容是否丰富多样。其他因素，如高校的宣传力度和国家的重视程度也不同程度地影响着教育的效果。

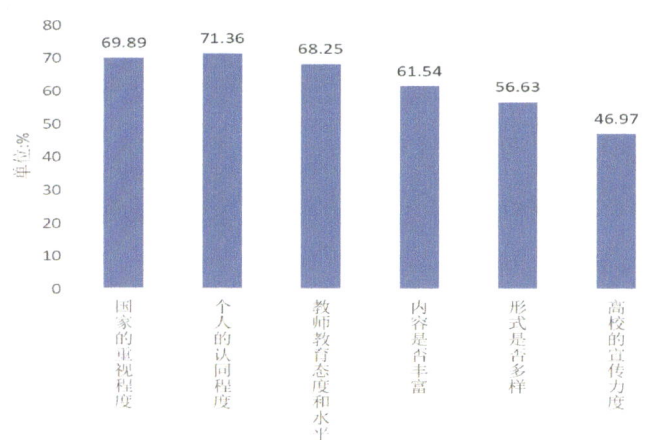

图 2-26　大学生认为影响高校思想政治教育作用发挥的主要因素

三、高校思想政治教育存在问题的原因分析

（一）缺乏科学决策机制

高校思想政治教育是整个学校的工作重心，学校应该坚持党委全面领导，建立党委领导下的校长负责制，并建立科学的决策机制。但是在具体实施过程中，学校各层级党委和支部往往各自为政，没有建立体系化的思想政治教育方式。学校党委的决策机制更多的是站在学校层面考虑思想政治教育工作的推进，而忽略了各级党委和支部的实际需求，最终导致出现口头上很重视、行动上不重视的情况，无法真正落实高校思想政治教育工作。

（二）缺乏协同推进机制

高校教师和学生对思想政治教育的理解相对狭隘，仅认为辅导员和思想政治授课教师是负责高校思想政治教育的群体。高校的思想政治教育工作应该贯穿学生整个大学生涯，每一节课、每一个活动都应该将思想政治教育融入其中。而部分教师缺乏足够的政治意识，也存在自身思想觉悟不够高的情况，认为教师的工作仅仅是完成教学任务，无须考虑在日常教学中融入思想政治教育。上述错误的思想导致高校的思想政治教育工作仅仅依靠辅导员和思想政治授课教师推动，缺乏学校全体教师职工的协同推进机制，不能把思想政治教育融入教学全过程，不能最终落实立德树人这一根本任务。

（三）缺乏过程管理机制

高校的思想政治教育工作往往仅关注是否完成教育工作，缺乏对教育过程的管理，导致思想政治教育工作与学生思想实际需求联系不够紧密，无法解决学生的实际问题，教育内容单调枯燥、缺乏创新，学生接受度低，教育过程中存在形式主义、理论空洞抽象等问题，这就导致了学生对思想政治课程和活动缺乏兴趣，不能很好地起到思想政治教育的作用。同时，在教师队伍建设上，也存在教师未能以德立身、以德立学、以德施教，高校思想政治

工作队伍能力不强等情况，需要通过有效的过程管理机制，发现教师队伍存在的问题，进而更好地完成高校思想政治教育工作。

（四）缺乏评估反馈机制

高校思想政治教育往往仅重视完成教学工作，而忽视教育成果评估，仅仅通过相对形式化的考试来检测学生的学习效果，形成了为了考试而学习的氛围，学生没有真正去深入理解高校思想教育的理念和内涵，也无法通过思想政治教育提高自身的核心素养，进而导致部分党员入党动机不纯，无法真正地培养优秀的共产党员。教师队伍中也存在部分教师党性不强、政治意识欠缺的情况。在日常管理中，高校也仅仅重视对教师队伍进行思想政治培训过程，缺乏有效的成果评估办法，根据思想政治教育成果评估反馈来进一步提升高校思想政治教育效果也就无从谈起。

第三节　高校思想政治教育协同机制的结构模型

一、高校思想政治教育的决策机制

高校思想政治教育协同机制建设的核心问题就是决策机制的构建。思想政治教育决策机制的构建具有敏锐的预见性、明确的价值导向性和明显的弱结构性等特征。高校思想政治教育决策是否科学合理，关系到高校思想政治教育的发展方向及发展趋势，关系到高校思想政治教育的成效，关系到高校思想政治教育管理的全过程。决策是从可行的方案中选出一个切实可行的方案，因此，思想政治教育决策科学化本质上就是以充分的事实为依据，在多种备选方案中选择最优方案。

思想政治教育决策机制不是单一的结构，而是一个多层次的结构，决策者主要面对三种类型的决策内容：宏观层面的战略性决策、中观层面的管理性决策以及微观层面的工作性决策。在宏观层面的战略性决策中，管理者要从宏观层面进行判断，计划全局性问题，主要包括教育的根本目的、根本任务、长远目标等宏观问题的设计和建构。在管理性决策中，管理者需要在战略性决策的基础上，对具体的教育制度和教育措施进行设计。在工作性决策中，思想政治教育的基层组织或具体实施者负责日常管理及教育活动的开展。

思想政治教育决策的过程主要包括以下几个方面：对思想政治教育现实问题进行判断，筛选合理的解决方案，实施并及时修正方案。高校思想政治教育的科学决策一直是思想政治教育理论研究体系中相对的"短板"部分，要想提升思想政治教育的效果，提高思想政治教育的科学化水平，就需要补齐这块"短板"。我国思想政治教育决策机制建设总体上是成功的，但在决策过程中难免会出现问题，这就要求决策者有把握全局的意识，能够清晰认知决策过程中的问题，更新工作理念，创新工作方法，紧跟时代发展的步伐。决策者在思想政治教育中存在以下问题：决策目标定位笼统，标准难以量化；计划多以短期为主，缺乏长期性；在管理决策中，决策调查研究多以经验为主，缺乏行之有效的制度；决策民主程度不高；在工作决策中，信息大多来源于少数班委，对学生情况把握不全面；信息分析处理简单，对矛盾主要方面把握不准；决策反馈缺乏总结修正。

当前，思想政治教育决策机制的影响因素主要有客观环境的制约、决策者主观因素的影响、决策过程出现的问题等方面，各级决策者只有以充足的信息为基础，在马克思主义理论的指导下，坚持民主决策态度，分析处理信息时灵活运用定性与定量相结合的方法，实现决策反馈与修正的常态化管理，不断优化决策过程，才能切实增强思想政治教育的针对性、时效性。新时代高校思想政治教育协同机制的构建应实现科学组织、信息共享、资源整合的统一，需要在权责清晰、协调有序且执行力强的科学决策机制下运行。要使高校思想政治教育决策机制稳定、协调、高效运转，就必须做到：

第一，协调好政府与高校在思想政治教育过程中的关系。其中最核心的问题是，高校领导者应在政府与高校的管理权限上找到一个合适的平衡点。就政府而言，影响高校教育时效性的重要因素是政府在高校思想政治教育中的角色定位和职能转换。在现实中，政府如果在资源配置中"越位"、"缺位"或"错位"，将会导致教育资源的失衡及配置结构的不合理等问题。因此，在资源配置中必须强化政府的责任意识，加强政府角色定位的准确性，加快转变政府职能，发挥各级政府配置合力。高校必须发挥思想政治教育的主动性，同时要避免思想政治教育形式主义的产生。高校必须处理好各方关系，充分发挥自主职能，这样高校的整体运行才能够更加稳健，思想政治教育才能够事半功倍。

第二，高校党委要强化主体责任，以增强领导力。高校党委是管党治党、办学治校的责任主体，在思想政治教育的育人模式构建中发挥核心作用。我们的高校是党领导下的高校，只有坚持党的领导，才能保证高等教育事业不断迸发活力，不断改革创新。近几年，高校思想政治工作总体稳定，这与思想政治工作扎实稳定密不可分。要实现高校思想政治教育合力育人、全体联动、各部门协同发展，高校各职能部门、各学院责任人都应该被纳入整体协调组织，并且要分工明确，职责清晰，监督到位。

第三，各教育主体要明确职责分工，以提高执行力。高校思政教育过程中要注重整合高校不同的主体力量，构建以"多中心"主体为基础的思政教育工作机制。"多中心"主体主要包括：以高校领导、职能部门思政工作者、思想政治辅导员为"元主体"，以高校其他教师、学生为参与主体，形成多主体协同共进的思政教育工作机制。各个教育主体责任划分清晰，在各自工作领域发挥应有的功能，从而形成育人合力。

第四，搭建教育主体协同交流平台，以形成合力。要实现高校思政教育多体联动，关键在"合"。要采取线上线下相结合的方式将网络思政教育深入课堂，推动网络思政教育与专业教育、创新创业教育、心理健康教育、通识教育的有机结合。调动家庭和社会育人资源。家庭是学生的第一所学校，社会资源能帮助学生更好地认清现实。因此，思政教育离不开家庭教育和社会教育的配合。高校还可以建立各主体之间沟通交流的平台，实现家庭、学校、社会思政教育多体联动，协同发展，促进学校各部门、二级学院、专业课教师、辅导员等教育主体之间的交流，促进资源整合，提高思想政治教育主体的引领力，更好地形成育人合力。

二、高校思想政治教育的协同机制

协同理论是从问题的整体出发，进行综合处理，考查系统不同部分的协作、协调和协同等的学科理论。高校思想政治教育的系统性，以及在实际教育中的不平衡、不协调，可以通过高校思想政治教育协同机制及其他机制的完善解决。思想政治教育起着引领精神文明建设的重要作用，是公民道德素质提升的重要途径。高校思想政治教育协同机制是指建立信息通畅、制度健全的协作渠道，使高校思想政治教育系统整体和各个部分形成协调一致、行之有效的组织结构，从而达到整体高效的教育效果。当前，思想政治教育出现机制不健全、共建力量困难、资源不集中等问题，因此，有必要积极探索思想政治教育协同机制的协同创新，着力优化高校思想政治教育目标、内容、方法和过程的协同，全面开展高校思想政治教育研讨，以实现优势互补，形成高校思想政治教育的合力。思想政治教育系统具有开放性和立体性的特点，高校思想政治教育的实施始终是在一定的环境中进行的，其运行机制非常复杂，需要众多机制协同运作，这不仅包括内部因素的影响，也包括外部环境的影响。内部因素即内部协同，包括高校内部人际协同、部门协同及制度协同等，如学校和院系层面的协同、大学内院系之间的协同、辅导员或班主任与任课教师协同、教师与学生组织协同等。外部环境即外部协同，学校的思想政治教育深受社会和学生家庭环境的影响。例如，在思想政治教育的研究中，可运用协同创新理论跃过思想政治教育体系中的各种"沟壑"，更好地与教育主体、教育部门、受教育者进行对接，形成思想政治教育合力。高校思想政治教育协同机制还可以区分为上下级间的协同和同级之间的协同。纵向协同主要表现在上下级中，如学校、学院、班级的层级关系，以及思想政治教育过程所具有的层次特征和延续特征，横向协同主要表现在同级阶层和机制层面，如线上与线下的协同、理论与实践的协同，以及沟通与反馈的协同等。从不同的角度看，各类协同机制的内容会存在不同程度的交叉。

高校思想政治教育体系由教育组织、内部要素及外部环境三大部分组成。其中，内部要素包括教育目标、形式、内容及方法等，外部环境包括各级学校、家庭、社会等因素。高校思想政治教育协同机制还应具有三个含义：第一个含义是建立协调机制的起点、中枢和终点，是关于教育组织的协同；第二个含义主要体现为在教育的目标、内容、形式、方法等因素上的主体共识、协调与合作，内部教育因素的协调既是教育组织协调的主要体现，也是建立协调机制的主要内容；第三个含义主要由新闻机构、公共关系部、产业集团、学校等构成，建立以学校、企业、政府和社会研究为根本的思想政治体系，是教育组织协同的主要保证，也开拓并延长了协同的重要范畴。高校思想政治教育协同机制的含义及关联性如图 2-27 所示。

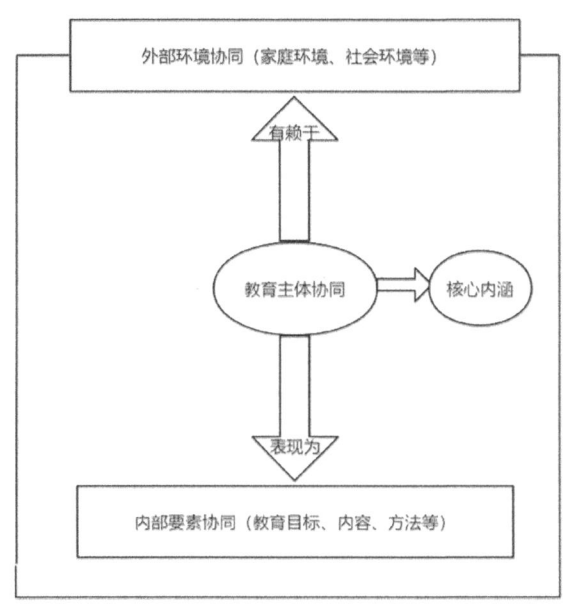

图 2-27　高校思想政治教育协同机制的含义及关联性

由于思想政治教育自身携带独特而鲜明的政治性、文化性、科学性，所以高校思想政治教育与社会道德素质，以及良好社会风尚有着密切的关联，对学生思想教育的培育有重要的影响。通过协同理论优化思想政治教育协同机制与思想政治教育系统，搭建协同创新的管理团队、服务平台、教育主体等实际教育机构，可以以此为依托，更好地开展思想政治教育相关工作。当今的高校呈现系统性，因而思想政治理论课教学单位与职能部门、教辅单位、二级学院也要做到整体性和系统性，做到学校"全员皆兵"，以此开展思想教育工作。高校作为思想政治教育工作的重要阵地，要以其教育自身内涵的爆发力、冲击力，结合充分发挥校内一线思想政治工作者（主要是思想政治课教师、辅导员）的作用，并且积极调动整合社会各方力量和资源，发挥其"支援部队"的作用，达到各方面力量"同频共振"的效果，共同推进高校思想政治教育事业的开展。

做好校内外"全方位育人"，高校还应充分发挥产教融合发展中的创新特色和优势，加强产学研合作及多方协同育人，从而加快科研向现实生产的转化，地方党政领导干部、企事业单位负责人、社科界专家、行业先进模范，以及高校党政领导干部、教师等队伍要加强自身学习，不断加强思想建设，不断把各项思想教育措施贯彻到位，将党和国家的育人目标切实地落到实处。

三、高校思想政治教育的过程管理机制

过程管理在高校思想政治教育中起着举足轻重的作用，是高校思想政治教育最重要的环节。过程管理的有效与否决定着高校思想政治教育的成败。没有行之有效的过程管理就不能实现高效率、高质量的教育。提高过程管理的质量和效果是高校思想政治教育实践面临的重要问题。因此，构建高质量

的过程管理机制能够使高校思想政治教育工作更加科学合理，能够大幅提升高校思想政治教育工作的时效性。

高校思想政治教育过程管理是教育主体为把正确的价值观念、优秀文化、社会道德观念等信息准确有效地传输给受教育者，而对思想政治教育过程进行合理的计划、组织、领导、协调和控制的活动过程。在高校思想政治教育过程管理中，教育主体为实现高校思想政治教育的目的，对受教育者实施合理的过程管理活动。高校思想政治教育过程管理机制主要包括高校思想政治教育过程管理计划和目标的建立、实施、检查及处理等四个阶段。高校思想政治教育过程管理目标的制订主要包括以下几个步骤：一是认真分析高校思想政治教育的现状，在充分收集资料并做好基础调研和合理论证的基础上，分析当前高校思想政治工作运行过程中的优势和不足；二是系统分析当前高校思想政治教育过程管理存在不足和问题的原因；三是在系统分析和合理论证的基础上，形成有针对性的方法和对策；四是基于对现状的调查研究，探究符合实际、具有针对性的目标。

目前我国高校思想政治教育过程管理还存在比较多的问题，如实效性不强、效率不高。究其根本，就是因为在管理过程中没有形成行之有效的管理机制，没有制定统一的管理标准。因此，今后的教育过程要注重建立切实可行的管理体系，制定行之有效、一以贯之的管理标准并应用于实际，这样才能更好地达到高校思想政治教育的目的，提高大学生的思想政治素质，才能实现高校"立德树人"的根本目的。

计划和目标制订之后，最重要的就是具体实施。实施是过程管理中最关键的环节。目前，高校思想政治教育过程管理还存在重形式、轻执行的问题，实施过程中缺乏执行力，管理机制的实行往往流于形式。因此，今后应注重制定切实有效、操作性强的实施方法，着力提升过程管理的执行力。第一，过程管理在实施之前，要对管理主体和管理客体做好充分的宣传动员，使他们明确过程管理的目标、任务内容和实施方法；第二，高校必须保障充足的人力和物力，确保过程管理的顺利实施；第三，要建立目标导向机制，制定合理的评估和激励机制，确保参与过程管理的人有动力且愿意参与其中。

高校思想政治教育过程管理的检查阶段是确保其按规定进行，并实现预期目标而实施的重要阶段。高校思想政治教育过程管理的检查阶段主要包括四个方面：第一，检查过程管理的实施方法、实际使用方法是否合理，检查进行过程是否符合原定目标的要求；第二，检查原目标的完成情况，检查既定目标是否高质量、高效率完成；第三，检查实施过程中的问题，发现问题、解决问题，以保障过程管理的顺利进行；第四，完善检查阶段科学合理的监督体系，将监督检查渗透到过程管理的各个环节。

高校思想政治教育过程管理的处理阶段主要是总结和提升。总结就是发现在过程管理中运用得好的制度或方法，运用得当的制度或方法推动了过程管理的顺利实施，是值得传播和借鉴的。另一个是处理过程管理中出现的问题，要先分析问题出现的主要原因，再及时调整既定目标，确保在大方向上目标不偏航，并能够在现有能力范围内实现目标。

四、高校思想政治教育的评估反馈机制

建立评估反馈机制是为了对大学生思想政治教育的质量进行科学的调查和判断，以便管理者、教育者及时总结工作经验，诊断问题，改进大学生思想政治教育工作的方式方法，进而实现理想的教育目标。评估机制能够为思想政治教育工作的顺利开展提供决策依据，能够强化教育者的竞争意识、提高教育者的工作积极性和有效性起到良好的激励和督促作用。同时，反馈对于评估也尤为重要，评估的前提是信息的反馈，评估的保障是后续指导的反

馈。因此，评估与反馈唯有做到有机结合，才能使大学生思想政治教育工作系统的决策、内容、方式、方法对内部结构和外界环境做出有效的反应。高校思想政治教育的相关工作者可以根据反馈信息加工处理、排除干扰后，再反馈出去，从而使高校思想政治教育工作系统做出稳固、高效、科学的决策。

高校思想政治教育的评估反馈机制是学校根据过程管理制定的标准，它结合实际情况对思想政治教育的效果进行客观公正、有针对性的评估。这一机制主要包括对高校教师的评估和对大学生的评估。对高校教师的评估主要包括具体指标的完成情况（如课程教学质量评价、教学任务完成情况、先进个人评选情况等方面）、大学生对教师授课情况的评价及同行的评价。对大学生的评估主要包括奖学金评定、各项荣誉的评定及学分完成情况、就业情况等方面的评定。评估过程应当确保结合目标、过程和结果，确保兼顾动态和静态的评估，确保对整体和重点部分进行综合评估。这一机制的实施是为了让教育主体和教育客体都感受到高校思想政治教育的效果，针对自身不足主动采取合理措施弥补，努力使高校思想政治教育更加健康地发展。

大学生思想政治教育考评要符合思想政治教育学科发展规律，要满足国家、社会、高校和大学生四个层面全面发展的需要。因此，必须在考察方法、考评方式上体现全面性、多元性和整体性。评估的每一个环节、每一个步骤出现问题都会造成评估结果产生误差，进而影响被评估者的积极性、规章制度和具体方法的调整，乃至整个高校思想政治教育活动的运行发展模式。因此，科学评估要注重评估的反馈导向作用，在评估手段、步骤、技术、方法等方面尽可能做到科学、公正、透明。

第三章

高校思政课程与课程思政的协同育人

第一节　高校思政课程与课程思政的科学内涵

一、课程思政

大多数专家学者都认为，课程思政是一种课程观，融于各类课程之中，侧重于思想价值引领。对于"课程思政"内涵的研究，目前，学者们并没有达成一致意见。例如：邱伟光认为，所谓课程思政，就是高校的所有课程都要发挥思想政治教育作用；高德毅、宗爱东认为，课程思政不是增开一门课，也不是增设一项活动，而是将高校思想政治教育融入课程教学的各方面，实现立德树人、润物无声；闵辉认为，课程思政是一种整体性的课程观；陆道坤认为，课程思政是将思想政治教育融入课程教学全过程，以"隐性思政"的功用与思想政治理论课共同构建全课程育人格局。可见，不同的专家学者对课程思政有不同的见解，但在不同的见解中却有相通之处。

综合不同专家学者对课程思政的见解，大家普遍认为，课程思政是指发掘高等学校各门课程所蕴含的思想政治教育元素，融入课堂教学的全过程，可实现价值塑造、知识传授和能力培养的有机统一，使各门课程与思想政治理论课同向同行。

二、思政课程

"思政课程"是指高校开设的专门用来讲授思想政治理论知识的课程，这类课程是普通高等教育公共必修课程之一。其教学目的在于传授马克思列宁主义、毛泽东思想、邓小平理论、"三个代表"重要思想、科学发展观、习近平新时代中国特色社会主义思想等方面的知识，培养学生的理论素养和思想道德素质，使他们具备成为一名合格公民的基本素养和思想道德修养。思政课程是对大学生进行系统的思想政治理论教育的主渠道，具有明显的意识形态属性，其他各类课程也蕴含着许多思想政治教育的素材和资源。

三、思政课程与课程思政的关系

"思政课程"和"课程思政"都是为了促进大学生的全面发展和素质教育的实践，但其侧重点及教学形式和方式有所不同。同时，它们又有互相影响的可能性，如在具体的教学过程中，可以通过交叉安排两种课程，使得思想政治教育成为潜移默化、无处不在的教育内容，从而提高学生的思想道德修养和整体素质。

课程思政与思政课程并不是谁从属于谁的关系，而是相互促进的关系，二者在高校思想政治教育工作中均占据重要地位。课程思政与思政课程共同担负着立德树人的目标和任务，在高校课程思政建设中发挥着价值引领的作用；二者都坚持社会主义的办学方向，在课程思政建设中发挥着育人的功能；同时，二者都发挥着思想政治教育的功能，对学生进行思想政治教育是课程思政与思政课程的共同任务。思政课程的宗旨在于传播马克思主义科学理论，而课程思政则把思想政治工作体系与人才培养体系相贯通，开启了新时代"德才兼备"高素质人才培养新模式。思政课程与课程思政在高校思想政治教育体系中是同向同行、相融相济和相互促进的关系，共同培养着中国特色社会主义的合格建设者和可靠接班人。

四、高校思想政治教育协同机制

高校思想政治教育协同机制的内涵非常复杂，它既包括内部协同又包括外部协同，既表现为横向协同又表现为纵向协同。所谓内部协同，是指高校思想政治教育系统内部存在着诸多非线性的相互作用关系，需要加强内部的人际协同、部门协同和制度协同等，如校院两级的协同、学院内部系办的协同、班主任辅导员队伍与专任教师队伍的协同、教师队伍与学生组织的协同等；所谓外部协同，是指高校思想政治教育系统并非一个完全意义上的自组织，社会环境等因素是其发展的重要外推力，需要做好高校与中小学校、家庭和社会等外部力量的有效衔接与优势互补。纵向协同是高校思想政治教育的结构支撑，主要体现在层级上的纵向协同（如学校、学院和班级等组织之间的协调一致等）和时间上的纵向协同（如思想政治教育的阶段性和连续性等）两个方面；而横向协同则主要体现为空间层面上的协同（如现实与虚拟空间的协同、理论与实践育人空间的协同等）和机制层面上的协同（强调建立起以直接沟通和双向反馈为特征的扁平化的协同机制）。需要注意的是，内部协同与外部协同、横向协同与纵向协同的区分，其着眼点不同，相互之间也会存在内容交叉。

五、高校课程思政与思政课程同向同行

"同向"是指朝着相同的方向，即课程思政要与思政课程一道，坚持正确的政治方向，发挥思想政治的教育作用；"同行"是指一起行动，即课程思政要与思政课程一起行动。高校课程思政与思政课程同向同行是指课程思政与思政课程一道，坚持正确的政治方向，发挥思想政治的教育作用，共同担负着立德树人的任务。在高校课程思政建设过程中，必须正确理解"同向同行"的内涵，在此基础上贯彻课程思政与思政课程同向同行。同向同行是一个整体，主要是指在办学本质和育人目标上的同向同行。只有真正把握课程思政与思政课程同向同行的本质和目标，才能增强各类课程的育人功能，提升教师的育人意识，真正把课程思政落到实处，实现课程思政与思政课程同向同行，形成协同效应，增强育人合力。

六、高校课程思政与思政课程同向同行机制

高校课程思政与思政课程机制是指高校为实现课程思政与思政课程同向同行的目标，克服知识教育与思想政治教育相脱节的缺点和不足，形成立德树人的育人合力，各构成要素之间相互联系、相互配合，形成规律的、动态的、系统的运行方式乃至系统性体系。

高校课程思政与思政课程同向同行机制是一个动态发展的过程，这个过

程是与高校课程思政和思政课程同向同行动态发展过程相配套、相统一的，它调节系统内部各要素之间的关系，促进系统及各要素结构调整，使系统呈现良性协调运转，最终凝聚系统内部要素，形成强大推动力，实现课程思政与思政课程同向同行，保持系统整体的最佳状态。

第二节　高校思政课程的改革创新

一、红色档案叙事活化高校思政课程

党的十八大以来，红色档案资源的开发和利用受到了高度重视，习近平总书记在地方考察调研时多次到访革命纪念地，瞻仰革命历史纪念场所，并作出了一系列重要论述。挖掘红色档案资源中存在的思政元素，借助有效的教学方法，通过科学的教学组织将这些育人资源贯穿整个思政课程教学活动中，对于不断增强新时代高校思想政治理论课教学的吸引力、说服力和感染力，更好地落实立德树人根本任务，具有十分重要的意义。

（一）理论解析：视听传达融入红色档案叙事活化思政课程的可行性

1. 视听传达理论

在 20 世纪 70 年代，美国心理学教授艾伯特·麦拉宾（Albert Mehrabian）提出了著名的 73855 定律：人们在进行语言交流的时候，55% 的信息是通过视觉传达的，如手势、表情、外表、装扮、肢体语言、仪态等；38% 的信息是通过听觉传达的，如说话的语调、声音的抑扬顿挫等；剩下只有 7% 来自纯粹的语言表达。这表明视觉传达和听觉传达在人们获取外界信息时发挥着至关重要的作用。

视听传达泛指通过声像的现代技术，借助视听元素的巧妙运用，烘托主题，使作品得以与视听者见面的综合传播渠道。视听传达包含影像、胶片、构图、光线、色彩等视觉元素的信息传达和声音等听觉元素的信息传

达。在媒介融合的新时代，视听传达在科技化、人性化和审美化的发展中不断变革。

2.红色档案叙事活化思政课程的现实需求

革命文物承载党和人民英勇奋斗的光荣历史，记载中国革命的伟大历程和感人事迹，是我们党和国家的宝贵财富，是弘扬革命传统和革命文化、加强社会主义精神文明建设、激发爱国热情、振奋民族精神的生动教材。在实际工作中，我们要切实把革命文物保护好、管理好、运用好。红色档案承载着党的历史，记录着党的重要会议、重大事件、重要任务，是弘扬中国精神的重要载体、讲好中国故事的革命文物、阐释好中国理论的生动素材。思政课教师可以利用红色档案阐释中国特色社会主义理论，向受教育者传递中国特色社会主义文化，培育其社会主义核心价值观，增强其爱国、爱党、爱社会主义的真情实感。然而，当前高校思政课程中红色档案叙事策略仍以课堂讲述为主，缺乏体验式和浸润式学习，存在学生体验感较弱且主动性不高、红色档案利用实效性和丰富性不强等亟须解决的问题。

3.视听传达融入红色档案叙事活化思政课程的可行性

视听传达理论应用于红色档案叙事，将形成利用多媒体平台组织故事内容与呈现形式的传播方式，形成立体的文化传播形态，学生由此获得视觉信息和听觉信息，使得思政课程具有更形象、更直接的教学效果。一方面，探究视听传达理论融入红色档案叙事活化思政课程的可行性，能够为高校思政课程教育教学提供理论支撑，从而深化高校思政课程教育教学改革。视听传达是连接思政课教师与学生的桥梁，可吸引学生主动参与红色档案叙事，注重从学生获取课程信息的需求出发，参与知识理论的输出，满足学生多样化的学习需求，获得较为全面的课程体验。具体而言，视听传达通过视听结合和意象传达融入红色档案的叙事逻辑，将进一步提升高校思政课程的教学实效性，做到以学生为中心，真正落实立德树人的根本任务。

（二）基本遵循：视听传达融入红色档案叙事活化思政课程的原则

1. 坚持以"立德树人"为根本导向

思政课程是高校落实立德树人根本任务的关键课程，其作用不可替代。当代青年学子是中国特色社会主义伟大事业的建设者和接班人，担当着中华民族伟大复兴的历史重任。视听传达理论融入红色档案叙事活化思政课程，也需要以培养担当民族复兴大任的时代新人为根本导向，探索知识传播、能力培养与价值引领同频共振的有效途径。高校思政课教师要秉承以学生为中心的育人理念，尊重学生的主体地位，满足学生的现实需要；要实现"显性"的正面说教与"隐性"的浸润熏陶相结合，彰显对学生个体的人文关怀；要善用大数据和新技术去分析学生思想动态和群体特征，追踪记录学生个体的成长规律和个性化需求，为学生精准画像，从而实现个性化、精准化的思政课程教学，以"润物细无声"的方式引领学生成长成才。

2. 遵循思想政治工作规律、教书育人规律和学生成长规律

一要遵循思想政治工作规律。视听传达理论融入红色档案叙事活化思政课程，要坚持社会主义办学方向，以意识形态教育为重点。在挖掘、整理、甄选红色档案资源的过程中，注重知、情、意、行的统一。

二要遵循教书育人规律。高校思政课教师要处理好教书与育人的联系，注重知识传授、能力培养和价值引领的统一，切实发挥自身的言传身教作用，全面提升育人的效能。

三要遵循学生的成长规律。根据学生的心理需求设计教学内容和表达形式，注重艺术性和审美性，使得教学内容和形式均富有吸引力，也就是要注意视听信息的合理应用。根据不同学段的特点，精心设计档案叙事内容和形式。在大学生阶段的思政课程教学中，红色档案的叙事内容选择要侧重于探究性学习，培育大学生的科学精神和创新能力；在本专科阶段的思政课程教学中，红色档案的叙事内容选择要注重理论性学习，引导学生领会思想背后

的道理，增强学生的使命担当，矢志不渝听党话、跟党走，争做担当民族复兴大任的时代新人。

3. 注重守正和创新相统一

视听传达理论融入红色档案叙事活化思政课程，不能单一化地简单嵌入，而要"因事而化、因时而进、因势而新"。守正创新是思想政治工作的内在要求。守正，就是要始终坚持马克思主义一元指导地位；创新，就是要顺应时代发展，积极面对时代带来的挑战与冲击。将视听传达理论融入红色档案叙事活化思政课程，体现了落实新时代思政课改革创新的现实要求，反映出思政课教学内容的守正性与创新性的双向互动。高校思政课教师应把"守正"与"创新"辩证结合起来，把握二者的尺度，不断活化红色档案的叙事内容和创新方法，引导大学生既要正确认识新时代的世情、国情、社情、党情，又要系统掌握马克思主义基本原理和马克思主义中国化理论成果。

（三）路径优化：视听传达融入红色档案叙事活化思政课程的策略

1. 深耕教材，提炼叙事主题

实现视听传达理论观照下的红色档案叙事活化思政课程，是创新发展高校思想政治工作的现实选择。思政课教师需要根据教学需要适当取舍，以教材内容为出发点，提炼红色档案的叙事主题，把握红色档案资源的视听设计定位，合理选择恰当的红色档案资源，让整体设计符合视听流程，引导红色档案叙事安排的连贯性、系统性，促进课程知识体系高速准确地传递，并为学生带来个性化的思政课程体验。根据不同学段特点、不同课程内容，有针对性地做好顶层设计，系统性地开发红色档案资源。尽管各门思政课设置内容各有侧重，但是主题和主线一以贯之，即中国共产党团结和领导各族人民进行革命、建设、改革与发展的历史选择的伟大而正确。依据"超本不超纲"的思政课教学原则，需要加大红色档案资源的收集、整合和开发力度，丰富高校思政课程的教材内容，增强生动性和吸引力。合理规划教学目标，安排和布置教学任务，分析教学工作的难点、重点，建设与满足教学需要的相应的配套设施，保障红色视听资源在高校思政课教学中得到有效地贯彻执行。如地市档案馆可以和高校联合，共同开发红色档案的短视频资源，打造精品红色档案成果。

2. 规范引导，强化叙事表达

视听传达中的叙事环境既有报纸、杂志、广播和电视等传统媒介，也有延伸到了网络时代的新媒体平台，由此带来了叙事受众的多样化、多元化。这对红色档案的体裁选择和内容组织都提出了挑战，以社会主义核心价值观引导叙事就显得尤其重要。社会主义核心价值观的内容是对革命传统的继承与发展，能够有效保障红色档案叙事形成正能量的舆论引导和教育效果。思政课教师一方面需要选出反映社会主义核心价值观的主题，传递正确的精神内涵，将契合社会主义核心价值观的内容作为叙事题材，及时融入时事热点元素，潜移默化地发挥红色档案的教育作用；另一方面围绕叙事主题需要充分挖掘具体的故事细节，形成完整丰富的故事链，加深学生的了解度和体验感。叙事表达要求文字简练明晰，易于上口，以免影响视听效果。文字与画面的配合自然贴切，富有意蕴。叙事内容的阐释需要尊重故事中的人物与历史环境的客观性，不能放大或曲解历史事实。围绕社会主义核心价值观规范叙事引导，强化叙事表达，不仅可以生动地传播红色档案和历史故事，也使高校思政课程更具备情感和温度，激发学生对思政课的浓厚兴趣，引起学生的情感共鸣，从而将思政课上得有声有色，让学生听得有滋有味。

3. 搭建平台，丰富叙事媒介

当前，以单向传播方式为主的传统媒介已难以吸引青年学生。实现视听传达理论观照下的红色档案叙事活化思政课程，需要搭建多元化的媒体矩阵，形成合力。一是创新传统媒体的话语输出方式。可坚持在传统媒介平台中采用多渠道、多形态的叙事策略，以更多趣味性、可读性的主题内容来寻求创新与突破，提升叙事能力。二是利用虚拟仿真技术开展浸润式思政课教学，使得学生在虚拟世界中借助短视频感知红色故事和红色文化，获得模拟在场感，体悟到知识经验，引发情感共鸣，建立师生沟通的新模式，使得红色档案活起来。三是借助微信、微博等新媒体平台，进行深度阐释和多维传播。开设不同类型但彼此关联的栏目，使用视频和音频中的图像和声音解读与阐释红色档案蕴含的爱国主义精神，开展深度、多维的红色档案叙事。同时要注重舆论互动的引导，在叙事过程中及时对有可能出现的负面信息进行回应和修正。

红色档案是中国共产党团结领导各族人民在革命、建设、改革和发展过程中保存下来的有价值的历史记录，是马克思主义中国化和中华民族伟大复兴的历史凭证，为高校思想政治理论课教学提供了生动教材。高校应将视听传达理论融入红色档案叙事活化思政课程过程，利用红色档案阐释好中国特色社会主义理论，充分发挥红色档案基于历史、引领未来的作用，实现高校"为党育人、为国育才"的使命担当。

二、党史学习教育融入思政课程建设

恩格斯曾说："历史就是我们的一切。"正确对待自身的历史，是一个政党安身立命的基础。中共党史学习教育是塑造青年大学生价值观的非常重要的意识形态工作，也是高校思政课的主要教学内容。实现党史学习教育与思政课互动融合发展，需要进一步强化新时代站位，以现实为问题的出发点和落脚点，逆向思考，顺向叙事，正确处理"故事与理论""价值与知识""主导与主体"三个关系问题。思政课教师既要结合中国特色社会主义现实国情讲好中国共产党的治国理政思想，更要结合思想政治理论知识讲清中国特色社会主义现实问题，澄清价值、铸魂育人，高质量推进思政课立德树人根本任务的完成。

（一）党史学习教育融入新时代思政课，要处理好"故事与理论"的关系

党史观是人们对党的历史的总的看法和根本观点。党的历史是中国共产党人不断地将马克思主义基本原理同我国具体国情相结合，创造性产生、发展、创新中国化马克思主义理论的历史。毛泽东思想、邓小平理论、"三个代表"重要思想、科学发展观、习近平新时代中国特色社会主义思想，是带领中国人民不断取得革命、建设、改革事业伟大胜利的中国化马克思主义理论，是我党领导集体和人民群众智慧的结晶。马克思指出："理论一经掌握群众，也会变成物质力量。理论只要说服人，就能掌握群众；而理论只要彻底，就能说服人。"思政课教学内容以理论知识为载体，理论知识越充实、越深厚，思政课教学内容就越丰富、越有深度。因此，讲好思政课，理论性是关键。实现党史学习教育与思政课互动融合发展，要求思政课教师在授课时把握好党史故事与党史理论的关系，在系统和全面地阐述中国共产党历史事实的同时，侧重于用具体的党史故事、生动的党史人物阐明百年党史的经验启示和历史规律，注重从学理上解析党的历史发展脉络，准确把握党的历史发展的主题主线、主流本质。要把深厚的马克思主义中国化理论讲透彻，把在马克思主义中国化指导之下的中国共产党、中华民族与人民群众的奋斗史、建设史和发展史讲清楚。教育青年学生树立正确的党史观，掌握丰富的党史理论知识，认清中国共产党执政规律、社会主义建设规律和人类社会发展规律。引导青年学生站在广大人民群众的立场上，认识和把握人类社会发展的历史必然性，认识和把握中国特色社会主义的历史必然性，达到以史明理的教育效果。

（二）党史学习教育融入新时代思政课，要处理好"价值与知识"的关系

知识是人们在认识世界和改造世界过程中形成的有益成果，它以客观的形式呈现在人类文明的发展进程中；价值是客体对主体需要的满足，反映了主体对客体的态度和观念。新时代高校思想政治工作要坚持价值性和知识性相统一，将价值观引导融入知识传授的全过程。思政课具有鲜明的价值性和深刻的知识性，它们共同存在于课程教学过程中，两者相统一是教育教学的基本规律。实现党史学习教育与思政课互动融合发展，要把握好"价值与知识"的辩证关系。中共党史理论通过政治学学科的系统化、体系化、专门化，形成了具有整体性和专门知识的学科体系、教学体系和话语体系，为思政课教学发展提供了深厚的学科支撑，提升了思政课的思想性、理论性和知识性。同时，思政课是高校落实立德树人根本任务的关键课程，其价值目标在于通过塑造青年学生的价值观培养一代又一代中国特色社会主义建设者和接班人。在党史学习教育与思政课互动融合发展中，会存在多重教育规律的叠加效应。因此，思政课教师既要遵循一般教育教学规律，向青年学生传授马克思主义理论和中共党史理论的科学知识，又要遵循思想政治教育自身的规律，帮助青年学生树立科学的马克思主义立场观点方法，树立正确的中共党史的立场观点方法，更要把这些立场观点方法转化为改造客观世界和主观世界的思想武器，转化为青年学生内在的价值观，引导他们旗帜鲜明地反对历史虚无主义，培育高尚道德情操，坚定"四个自信"，厚植爱国主义情怀，强化使命担当。从这个意义上说，在党史学习教育融入思政课教学过程中充分发挥思政课的知识功能和价值功能，才能达到以史崇德的目标要求。

（三）党史学习教育融入新时代思政课，要处理好"主导与主体"的关系

实现党史学习教育与新时代思政课互动融合发展，还应处理好教师主

导和学生主体的关系。习近平总书记指出："办好思想政治理论课关键在教师，关键在发挥教师的积极性、主动性、创造性。思政课教师，要给学生心灵埋下真善美的种子，引导学生扣好人生第一粒扣子。"发挥教师的主导作用，首先，必须强化本领意识，思政课教师对中国共产党的百年历史，对马克思主义基本原理、中国特色社会主义理论，对优秀传统文化、革命文化、社会主义先进文化等内容进行深层次、跨领域、多视角的认识和理解，将教学内容挖深吃透；其次，准确把握教学进度和教学方式，在教学过程中主动担当、敢为有为，有意识、有原则、有技巧地讲授知识理论；最后，及时关注学生的学习反馈，准确引导学生的思想。鼓励思政课教师在发挥主导作用的同时，充分调动青年学生以主体身份参与教学过程。新时代高校思想政治工作要坚持主导性和主体性相统一。高校思想政治理论课的教学离不开教师的主导，同时要加大对学生的认知规律和接受特点的研究，发挥学生主体性作用。青年学生是具有思维能力的学习主体，思政课教师应准确把握青年学生对思政课教育教学内容的认知规律和接受特点，激发学生学习的主动性，提升学生思政课堂参与度、体验感和获得感。激活学生思维的主体性，让课堂上的他们"身体"和"思维"同时"在场"，使他们的思维神经得以触动、思考能力得到培养、思想境界得以升华，真正形成教师用心讲好思政课、学生积极学好思政课的良好氛围。教师主导功能的发挥与学生主体作用的彰显要相互结合，不能偏废其一，实现师生思想的交流互动、碰撞升华，以达到教学相长、相得益彰的以史育人的效果。

（四）以史育人提升思政课教学的实效性——以"中国近现代史纲要"为例

欲知大道，必先为史。历史是最好的教科书，历史是最好的老师，历史是最好的清醒剂。学习党史、国史，是坚持和发展中国特色社会主义、把党和国家各项事业继续推向前进的必修课。例如，"中国近现代史纲要"（以下简称"纲要")作为一门以中国近现代史知识为载体的高校思想政治理论必修课程,蕴含着极其丰富的思想政治教育资源,是加强高校思想政治工作的主阵地,是系统地对青年学生进行马克思主义历史观教育和爱国主义教育的主渠道。在立德树人视阈下,"纲要"课程以其独特的课程性质拥有着得天独厚的育人优势。积极探究"纲要"课程以史育人的科学路径,对提升思政课教学的实效性、加强和改进高校思想政治工作具有深远的战略意义。

1. 凸显"纲要"课程的政治性

政治性是思政课的根基和灵魂,是高等教育实现立德树人、铸魂育人重要功能的前提和出发点。"纲要"课程兼具思想教育的政治性和历史学学科的专业性。授课教师应怀有高度的政治责任感和使命感,以培育和践行社会主义核心价值观为统领,深入挖掘"纲要"课程立德树人的优秀素材。在教学过程中,思政课教师要持续开展理想信念教育和爱国主义教育,把做人做事的基本道理贯穿于各个教学环节。引导青年学生认识和把握中国近现代历史发展进程是中国人民的艰难逐梦历程,认识和把握中国人民所经历的屈辱、求索与不懈奋斗,以及支撑中华民族历经劫难而不倒的中国精神。用习近平新时代中国特色社会主义思想武装头脑,教育学生加深对国史、国情的理解,引导学生增强中国特色社会主义道路自信、理论自信、制度自信、文化自信,厚植爱国主义情怀,把爱国情、强国志、报国行自觉融入坚持和发展中国特色社会主义事业、建设社会主义现代化强国、实现中华民族伟大复兴的奋斗之中。

2. 注重"纲要"课程的学理性

马克思指出:"理论一经掌握群众,也会变成物质力量。理论只要说服人,就能掌握群众;而理论只要彻底,就能说服人。"思政课的政治性要建立在深刻的学理性基础上,通过说理表现出来。讲好思政课,学理性是关键。上好"纲要"课,需要进一步强化新时代站位,以现实为问题的起点和落点,逆向思考,顺向叙事,注重从学理上解析中国近现代的历史发展脉络，在系统和全面地阐述中国近现代历史事实的同时，侧重于用历史事实阐明中国近现代发展的历史规律和经验启示。围绕实现"民族独立和人民解放"与"国家繁荣富强"两大历史任务，讲清楚中国人民群众做出的"四个选择"，即"选择马克思主义、选择中国共产党、选择社会主义道路、选择改革开放"的历史轨迹、深刻原因和丰富内涵，教育引导青年学生理解和认同"四个选择"的必要性和正确性；讲透彻中国近现代社会发展的指导思想、领导者、社会制度和发展动力四个历史性课题的全景和内在逻辑，教育引导青年学生树立马克思主义历史观，站在广大人民群众的立场上，认识和把握人类社会发展的历史必然性，认识和把握中国特色社会主义的历史必然性。

3. 增强"纲要"课的针对性

做好高校思想政治工作，要遵循"因事而化、因时而进、因势而新"的育人特征。近年来，历史虚无主义思潮打着揭秘档案、还原真相的幌子，全盘否定马克思主义史学和中国近现代历史话语，否定民族文化和民族精神，鼓吹"告别革命"等迷惑性口号，加之当前历史叙事中出现娱乐化、碎片化、去政治化等倾向，以及可能由此带来的思想混乱、价值观错位，如何让青年学生当好新时代发展的"逐梦人"，是摆在高校思政课面前的时代之问。只有不断增强教学针对性，批判历史虚无主义，才能使思政课承担起时代之责。对此，高校应以史激趣，以史促学，以史育人，遵循思想政治工作规律，遵循教书育人规律，遵循学生成长规律。用好课堂教学这个主渠道，科学借鉴多学科的理论与方法开展专题化教学，实现教学范式转型，促进教材体系向教学体系转化、知识体系向信仰体系转化，创新方式方法，提升思政课的亲和力和针对性，使得思政课可信、可亲、可爱，满足学生成长发展需求和期待。

三、校史档案融入"大思政课"建设

校史档案是高校办学历程的见证和缩影，蕴含着丰富的思想政治教育元素，为"大思政课"改革创新提供了鲜活素材。"大思政课"在理念更新、内容优化、空间拓展三个方面赋能校史档案具身交互叙事。本节依据具身交互理论，分析其所述的身体、环境、媒介之间的交互关系，构建校史档案具身叙事的模型框架，并从叙事空间建设、身体重构体验和互动架构三个方面提出"大思政课"视域下校史档案具身交互叙事的实践策略，以期提升校史档案的服务质量和育人实效。

校史档案是高校建设与发展进程中形成的宝贵资料，蕴含着丰富的思政元素，为上好"大思政课"提供了鲜活素材。教育部等十部门印发的《全面推进"大思政课"建设的工作方案》要求"拓展课堂教学内容……各地各校围绕新时代的伟大实践，充分挖掘地方红色文化、校史资源""创新课堂教学方法……善于采用多样化的教学方法"。从"大思政课"视域出发，将具身交互技术有机融入校史档案资源，采用具身交互叙事的诠释方式，通过人的身体与环境的交互作用，增强学生体验感和参与度，帮助他们共同构建校史记忆。目前，高校校史档案的育人功能并未得到多样化的发挥，因此有必要从"大思政课"视域充分挖掘并利用好校史档案资源，发挥校史档案的独特育人作用，落实立德树人根本任务。

（一）"大思政课"赋能校史档案具身交互叙事

我们要善用"大思政课"，要把"大思政课"和现实社会紧密联系起来。这是新时代"大思政课"赋能校史档案具身叙事的价值原则和重要原则。

1. 更新校史档案叙事的理念

"大思政课"注重问题意识和实践导向，关键是将思政课堂置于宏大的时代背景、生动的社会现实、鲜活的育人实践中，解决好"在什么时代背景下，以什么价值取向，展现什么内容，运用什么方法，达成什么目标"的问题，重点是破解当前"思政课建设中的重难点"，目的是"让思政课活起来、实起来、强起来"。因此，"大思政课"需要汇聚各种社会资源，探索各类诠释方式。作为鲜活的现实育人素材，校史档案需要通过创新叙事理念，以一种新的诠释方式走进学生心里，发挥独特的育人作用。"叙事既是一种推理模式，也是一种表达模式。"具身交互理论认为，人的认知依赖于身体，是在"身体—情感—环境"的交互作用下产生的。具身交互叙事作为一种新的诠释方式，以体验性的叙事结构和叙事话语创设高校的发展历程、办学成就、人文精神、科研案例、奋斗事迹、校园景观等具身情境，通过行为引导、官能调节、知能启发、肢体操练等交互性活动，利用身体的多感官交互感知，建立身体参与机制，通过学生的感官、实境及情感体验，构建学生的校史记忆，启发情感共鸣。这就要求校史档案管理者更新理念，具备较强的服务意识和责任意识，根据善用"大思政课"的时代要求，不断提高校史档案的育人针对性和实效性。

2. 优化校史档案叙事的内容

校史档案是高校办学历程的见证和缩影，记录着办学发展各时期的宝贵资料和重要人物事迹，蕴含着丰富的思政元素，是高校思想政治教育的重要载体。"大思政课"致力于"让思政课活起来、实起来、强起来"，必然要求围绕时代主题，拓展教学内容，凝聚校内外各种力量和教育资源，形成强大的育人合力，实现协同育人。这对校史档案的开发和利用提出了更高的要求，也昭示着大数据、云计算、人工智能、虚拟现实等新兴的数智技术将改写校史档案的叙事格局。具身交互技术具有沉浸性、交互性和构想性的特征，可以满足"让思政课活起来、实起来、强起来"的现实需要。从"大思政课"的协同角度看，优化校史档案的叙事内容，需要加强对校史档案资料的挖掘、整理和研究，注重叙事的文本加工、内容诠释和意义建构，聚焦校史的重大事件，将特定的档案叙事情节有机嵌入整体叙事内容体系，发挥虚拟现实技术的交互叙事优势，通过多感官的感知信号，使学生实现从"离身"的旁观者到"具身"的沉浸体验者的转变。将"教育"隐于"叙事"，将教育内容转化为生动鲜活的体验式视听产品，让学生通过身体完成知觉与环境的互动，从而受到教育、得到启迪，达到激励广大学生继承优良传统，强化理想信念教育的目的。

3. 拓展校史档案叙事的空间

"大思政课"的育人空间延展到广阔的社会实践领域，面向分众化育人群体和多维度思想政治教育场域，体现出鲜明的社会交往特征。当前，大数据、云计算、人工智能、虚拟现实等新兴的数智技术加速广泛应用，"融媒""全媒""智媒"快速迭代升级，使得现实世界与虚拟空间深度关联，这为校史档案叙事提供了更多可供选择的呈现方式。探索校史档案的具身交互叙事设计，将校史档案中的育人符号嵌入思想政治教育的空间环境，搭建教育合作、互动实践、融合传播、动态考评的全过程学习平台，将创新叙事的话语路径变更为注重叙事过程的可交互性，强化对叙事空间的关注和运用，强化学生的身体感知与情感体验。拓展校史档案的具身交互叙事空间，推动校史档案的育人元素创新性地融入思想政治教育，提升学生受教育时的具身感、沉浸感，更好地满足学生的沉浸式互动需求。它一方面拓展了校史档案的叙事格局，提升了校史档案的叙事能力，激发了校史档案的能量释放，有利于发挥校史档案的独特育人作用；另一方面有利于克服思想政治教育"孤岛现象"的现实缺陷，形成各方联动的思政"大课堂"，营造春风化雨、润物无声的育人氛围。

（二）"大思政课"视域下校史档案具身交互叙事的理论架构

基于具身交互技术的校史档案叙事有其特殊的内涵，它是具身交互技术与校史档案有机融合后产生的一种新型诠释形态，而不是二者的简单相加。因此，校史档案具身交互叙事是指在具身交互技术支持下，以思想政治教育为理论基础，以具身认知为驱动，通过整合校史档案叙事要素而形成的一种新型教育形态，旨在落实立德树人根本任务，提升高校人才质量。

1. 具身交互理论的基本内涵

具身交互理论认为，人们的认知受到身体和身体感觉运动图式的影响与塑造，是在"身体—情感—环境"交互作用下产生的，即身体的形态结构、感觉系统、运动系统和神经系统等制约着认知过程。具身认知过程在本质上就是身体与环境之间的交互过程，身体与情感在特定的环境和情境中发生变化。具身交互理论强调，身体要参与认知活动，实现身体与环境之间的动态交互。因此，具身认知产生的关键在于增强学习者身体对学习内容的多通道感知，支持学习者与学习环境的动态交互，强调学习者在学习过程中的情境体验。进入数智化时代，将具身认知理论应用于教育领域的意义在于呼吁人们重视身体体验对认知的作用。人的身体、大脑和环境通过具身交互技术联系在一起，通过探索身体的多感官感知、动态的师生交互、具身化的情境体验等方式来促进学习。校史档案具身交互叙事积极回应了"大思政课"改革的时代需要，与"大思政课"的主旨相契合。校史档案具身交互叙事与"大思政课"改革创新的关系，如图 3-1 所示。

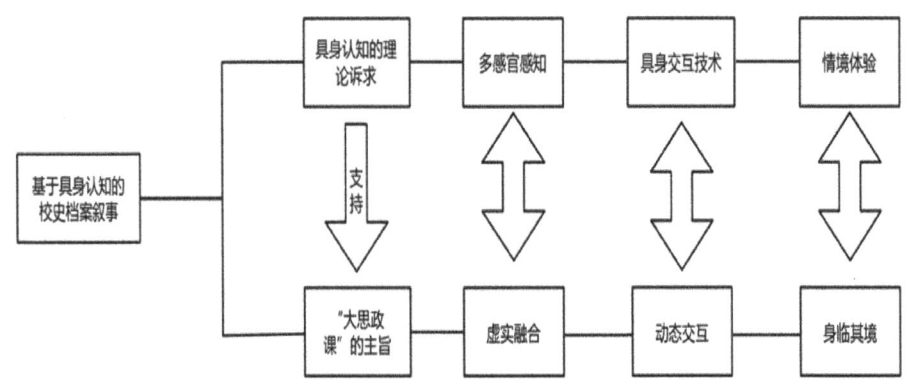

图 3-1　校史档案具身交互叙事与"大思政课"改革创新的关系

2.校史档案具身叙事的模型框架

校史档案具身交互叙事的重点在于关注学习者的身体在教育中的重要作用，构建出人才培养过程中的具身体验、虚实融合的沉浸式环境，为教育要素赋予新的内涵，使得学习者身心沉浸于教育过程，使教育活动更加具有吸引力和感染力，从而提高人才培养的效果与质量。为此，我们以具身认知理论为基础，并以大数据、云计算、人工智能、虚拟现实等新兴技术作为支撑，探索构建"大思政课"视域下校史档案具身叙事的模型框架，如图3-2所示。

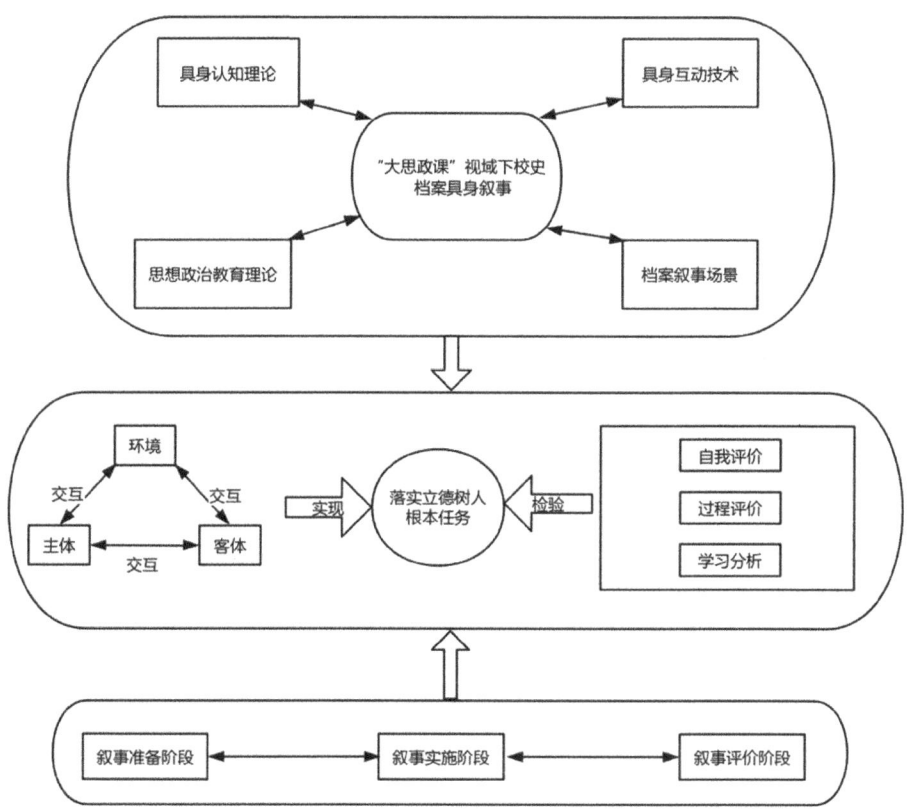

图3-2 "大思政课"视域下校史档案具身叙事的模型框架

"大思政课"视域下校史档案的具身叙事主要包含三部分内容：第一部分为其理论基础与技术支撑，在"大思政课"视域下，对校史档案进行具身叙事需要以思想政治教育为理论基础，以具身认知为驱动，以数智技术为支撑，构建互动式叙事场景；第二部分为叙事内容与评价体系，旨在通过主体、客体和环境三者之间的交互，实现"校史记忆"从唤醒、再现到共享的活化过程，学生对校史记忆的共识、共情、共享由此而生，实现落实立德树人根本任务的目标，将学生集自我评价、过程评价与学习分析为一体的评价作为检验教育目标的主要手段；第三部分则是叙事的实施步骤，分为准备、实施和评价三个阶段。以上三个部分的内容相互作用、相互影响，共同构成了"大思政课"视域下校史档案具身交互叙事的模型框架。

3. 赋予"大思政课"改革新的内涵

一是促进"大思政课"知识资源的生产。从本质上讲，校史档案叙事是历史叙事，既要遵循历史逻辑和历史思维，又要体现档案叙事视点。校史档案具身交互叙事，要凭借数智技术激活尘封的"校史记忆"，并结合当下的时空情境，实现记忆空白的填补、校史资源的生产与校园文化的传播。这些富有家国情怀和传承大学精神的校史毫无疑问地成为"大思政课"的重要切入点。二是丰富内在情感体验。校史档案具身交互叙事，要依托特定的叙事事实、故事、结构和话语，对校史进行复原、再现时，势必要延展出富有情感张力的"校史记忆"空间，设计作为历史记忆的象征符号的档案叙事文本，空间和文本等要素就直接幻化为情感触发点，成为学生感受校史文化历史脉动的重要情感纽带。三是推动共同体建构。校史档案资源是有共同历史文化记忆和共通心理情感体验的共同体，具有记忆属性。在建构高校集体记忆中，校史档案资源的作用日益凸显。通过校史复原和情景再现，建立记忆关联，实现学习者在个体和集体场域转换中的身份流动体验，促进身份认同和共同体意识的产生。学生通过对校史资源的深入学习，在校史先进人物精神的感染下不断强化文化认同，进而形成对高校的自豪感和使命担当。显然，这与"大思政课"的价值取向具有高度同一性。

（三）"大思政课"视域下校史档案具身交互叙事的应用探索

根据上述理论架构，为完善校史档案具身叙事形态，提升校史档案服务质量，借助其所述的身体、环境、媒介之间的关联关系，在"大思政课"视域下探讨校史档案的具身交互叙事，从建设叙事空间、重构身体体验和设计互动架构三个方面进行应用设计，以期提升校史档案的育人实效。

1. 校史档案具身交互叙事的空间建设

空间构建为"大思政课"视域下校史档案的具身互动叙事提供了场域，是满足叙事沉浸性的重要前提。校史档案叙事往往较为注重时间的回溯，而忽视了空间在叙事中的作用，校史档案具身互动叙事的空间建设主要包含现实物理空间的建设和虚拟叙事空间的构建。现实物理空间直接影响师生的认知，是具身互动产生的基础；虚拟叙事空间则主要承担营造故事环境的任务。因此，现实空间建设要注重思政元素的展现，强化叙事临场感，调动学生身心参与，提供高沉浸、高交互、多感知的个性化叙事空间，强化数智技术对于叙事主体从物理映射到心理映射的认知过程，使得技术与身体的交互更加融洽。虚拟空间建设则要依托于校史档案叙事情节和文本，依据学生思维习惯和逻辑结构，利用虚拟现实和混合现实等数智技术，整合校史档案的各项思政元素，延展出叙事文本所描绘的空间，强化叙事空间的真实性，增强学生的互动式、沉浸式体验。此外，还要实现虚拟叙事空间与现实物理空间的有机衔接。现实物理空间中的思政元素要映射出校史档案中蕴含的正向情感和积极意义，要与虚拟空间的叙事主题、故事情节以及叙事主体之间互相关联，互相形成节点标识。以红色校史档案为例，具身互动叙事空间建设中应体现出中国共产党领导下进步师生为民族解放而开展的革命斗争和展现的精神品格等，同时利用像、声、文、图及档案实物映射思政元素，将红色校史转化为可触摸的红色记忆，以像、声、文、图的整体数显流为基础，允许置身场景中的学生控制信息并做出反应，实现人机互动，加深学生的互动式、沉浸式感知，增强教育吸引力、说服力和感染力。

2. 校史档案具身交互叙事的身体重构

校史档案具身交互叙事的身体重构需要通过两方面实现：一是在虚拟空间中构建虚拟身体，实现"虚拟在场"，在设计人物形象时，根据其所置身的社会环境和自然环境，设计可供学生选择的与叙事需求相符的人物性格，代替其出场，增强其理性和精神感知。同时利用表情识别、模拟追踪等数智技术实现全方位和多模态的信息采集，以此判断学生认知、思维发展的状态，便于及时干预，进行正确引导。二是加强现实物理空间中的学生真实身体的感官体验，实现虚实空间相互联动，既将学生感知延伸至虚拟叙事空间，又将认知和情感传递到现实物理空间。因此，校史档案具身交互叙事要更加注重学生虚拟在场的个性化体验。例如，在进入具身交互叙事场景时，要强化学生多感官体验，引导他们对知识、文化形成正向情感和积极态度，从而促进情感能量的累积。利用具身交互技术，融合"视—听—触"多感官感知，使学生产生身临其境的真实感受，引导他们由体验者向叙事作品的生产者转换。具身交互叙事注重个体的身体特质、生理体验、心理体验。此外，还可设计气味、声音和振动等感官感知与叙事情境的多元素交互方式，从认知体验、感官体验和情感体验三方面优化校史档案叙事的交互功能。

3. 校史档案具身交互叙事的互动架构

优化校史档案具身交互叙事的互动架构，需要从丰富叙事结构和增强学生情感积累两方面入手：一是丰富校史档案的叙事结构，多角度地解读、多层次地展现叙事文本，吸引学生主动参与叙事情节。例如，对于校史档案中简单文本信息的认知，可以采用线性叙事结构，按照时间的顺序进行展示和创作历史情节；对于多角度、多层次的复杂校史档案文本，可以采用网状叙事结构或海葵叙事结构，以多元时间、多元空间及复杂因果关系组织叙事情节，以共时态的方式展现不同空间下的校史故事。二是增强学生的情感累积，增强学生的参与度，激发学生深层次的情感，建立稳定的互动模式。将叙事文本架构转化为叙事体验架构，其注重的是叙事主体的体验感，即体验者的情感能量累积。因此，高校应在叙事过程中对学生的情感进行干预，从而满足其体验的交互性需求，有针对性地引导学生产生积极的心理体验。校史档案资源是大学精神和校园文化不可或缺的部分，承载了深刻的文化价值。开展校史档案的具身交互叙事，引导学生与叙事文本交互关联，产生情感变化，如由好奇、兴奋转为感动、崇敬，引发学生的情感共鸣，促使其主动探索和研究校史相关知识，在体验学校发展历程中促进学校文化的传承。

第三节　高校课程思政的建设情况

一、高校课程思政建设的时代价值

（一）时代背景

1.国家大力推进以课程思政为目标的课堂教育改革

2016年12月召开的全国高校思想政治工作会议专门指出，要用好课堂教学这个主渠道，各门课程都要与思想政治理论课同向同行，形成协同效应。自此，普遍实施"课程思政"成为近年来深化高等教育改革的生力军。2017年12月，教育部印发《高校思想政治工作质量提升工程实施纲要》，大力推进以课程思政为目标的课堂教育改革，要求梳理各门课程所蕴含的思政教育因子和所承载的育人功能，实现思想政治教育与知识体系教育的有效统一。2017年9月，中共中央办公厅、国务院办公厅印发《关于深化教育体制机制改革的意见》，第一次将"课程思政"写入中央文件，强调健全全员育人、全过程育人、全方位育人的体制机制；2019年8月发布的《关于深化新时代学校思想政治理论课改革创新的若干意见》和10月发布的《关于深化本科教育教学改革 全面提高人才培养质量的意见》两个文件对课程思政有了更多更具体的描述，要求解决好各门课程与思政课相互融合的问题，发挥所有课程的育人功能。2020年5月教育部印发《高等学校课程思政建设指导纲要》，全面厘定了课程思政的内涵、意义、目标、主线、重点、体系、方式、保障等问题，开辟了课程思政实践探索和理论探讨的新境界。

2. 时代价值

思想政治教育贯穿教育教学全过程，是中国特色社会主义大学的本质特征。当前，在"大思政"教育格局的背景下，思想政治教育对高校的育人工作提出了更高的要求和目标。要打破高校思政课程与专业课程的藩篱，不仅思政课承担着价值引领的任务和责任，而且各类课程都具有育人功能，所有教师都肩负育人职责。各门课程都有其自身建设的学科专业规律和要求，在人才培养方案中都发挥着独特的作用。因此，实施课程思政不能简单生硬地将党和国家的方针政策添加进专业课程。如果只是将思政内容毫无关联地做成专业课内容的"番外篇"，则无法达到价值引领的目的。因此，在尊重学科发展规律和符合专业建设内涵的前提下，结合学校优势特色和课程自身特点，挖掘并凸显课程思政的价值引领功能，实现其与课程的知识传授、能力培养等基本功能的有机统一，才是高校实施课程思政改革的正确选择。思政课程具有鲜明的意识形态属性，在立德树人、铸魂育人，增强学生政治认同、方向认同和情感认同中发挥着不可或缺的关键性作用。

课程思政建设是高等教育教学发展的重要方面。高校全面推进课程思政建设，必须将价值塑造、知识传授、能力培养有机统一起来，要将价值观引领融入知识传授和能力培养，引导青年学生塑造正确完整的世界观、人生观和价值观，这是高校落实立德树人根本任务的应有之义，更是高校人才培养工作的必备内容。这一战略举措影响甚至决定着中国特色社会主义接班人问题和教育强国目标的实现，影响着国家长治久安和民族复兴伟业。

（二）高校课程思政的建设思路和建设方法

1. 建设思路

立足新时代高等教育发展面临的新任务，着眼人民群众对高等教育的新期待，把握高等教育发展规律，落实立德树人根本任务。按照"同向同行""有机协同"的方针，遵循"问题导向—挖掘元素—有机融合—体系建构—机制健全"的研究思路，坚持理论和实践相结合、历史考察和逻辑分析相统一的基本原则，在文献研究和实证调研的基础上，梳理高校学科专业体系、课程体系、教学体系、内容体系等，明确高校课程思政体系的特色性、系统性、科学性，以深入考察目前高校课程思政建设的价值定位、实施内容和载体、路径和方法、测评标准和指标为前提，分析高校课程思政建设面临的机遇与挑战，运用规范研究方法探索高校课程思政建设的协同育人机制、质量评价机制和激励机制，构建全面覆盖、类型丰富、层次递进、相互支撑的课程思政体系，并在实践中通过模拟应用加以完善。

2. 建设方法

（1）围绕全面提高人才培养能力这一核心点，打造高校课程思政体系的特色性、系统性、科学性，转变育人理念、增强教学能力、厚植育人情怀，提升课程思政元素挖掘的科学性，培养课程思政元素融入的有机性，构建课程思政体系建设的系统性，真正破解高校课程思政改革难点。

精准把握"课程"与"思政"之间的辩证关系，找出课程思政和思政课程的协同育人路径，把握好两者之间的联系；遵循知识逻辑、历史逻辑、实践逻辑和需求逻辑，科学合理地深度挖掘、提炼各专业知识体系和教学方式中所蕴含的高校精神和特色；注重学理高度的逻辑构建，避免课程思政元素的随意性、碎片化、零散化，用思政因子浸润专业课程，防止出现"两张皮"现象。

（2）建立健全多维度的课程思政建设成效考核评价机制和激励机制。围绕全面提高人才培养能力这一核心点，研究制订课程思政评价标准。把课程思政建设成效作为学科评估、一流专业和一流课程建设、专业认证、院部教学绩效考核等的重要内容。打破思政教育资源和信息存在的"鸿沟"，使得高校课程思政、思政课程、日常思政三者有效协同，形成育人共同体，激发教师持久的教学动力，形成促进课程思政建设可持续发展的内生动力。

二、对课程思政的相关理论研究

高校的立身之本在于立德树人，这也是检验高校教育教学工作的根本标准。落实高校立德树人根本任务的战略举措也就是"课程思政"，这也是全面提高人才培养质量的有力抓手。全国高校思想政治工作会议专门强调，要坚持把立德树人作为中心环节，把思想政治工作贯穿教育教学全过程，实现全程育人、全方位育人，要用好课堂教学这个主渠道，思想政治理论课要坚持在改进中加强，提升思想政治教育亲和力和针对性，满足学生成长发展需求和期待，其他各门课都要守好一段渠、种好责任田，使各类课程与思想政治理论课同向同行，形成协同效应。在加强思想政治理论课建设的同时，要着力推进"课程思政"建设，发挥高校其他各门课程的育人功能，共同致力于高校立德树人工作。因此，只有准确把握和厘清"课程思政"的本质内涵，探索解决现实难点的有效对策，才能推动"课程思政"建设取得实效。

部分学者对"课程思政"典型案例进行了分析：蔡小春、刘英翠等在《工科研究生培养中"课程思政"教学路径的探索与实践》中，以上海交通大学为例，阐述了大学生课程思政试点项目的育人特点和成效；夏贵霞、舒宗礼等在《课程思政视角下高校体育课程育人质量提升体系的构建》中，以华中师范大学为例，对华中师范大学成功构建的目标内在统一、内容横向融合、结构纵向衔接的管理精准的体育课程思政育人质量体系进行了介绍；陈茜、项乔君等的《"交通设计"课程思政教学改进路径探索》对东南大学课程思政校级示范课程"交通设计"进行了介绍，明确了交通设计课程思政的改进方向，包括加强交通设计课程思政教育重要性引导、提高教师的思政理论水平和实践能力，以及为学生提供更优质、更深广的思政学习资源和学习途径等。

整体而言，目前学界对大学生层次的"课程思政"与"思政课程"同向同行育人机制的研究的关注点还处于初始阶段，对于高校思政课程与课程思政协同机制与实践研究更是较为薄弱。

（一）课程思政的内涵

1. 课程思政是"课程"与"思政"的组合

课程，指的是高校为实现一定教育目标而选择的教学内容及其进程与安排。具体来说，课程是对教学目标、教学内容和教学方式的规划与设计，是教学大纲、教学计划等各方面实施过程的总和。"思政"是"思想政治工作"或"思想政治教育"的缩写或简称。"思想政治工作"是指特定的阶级为实现政治目标，有目的地对人们施加意识形态的影响，以转变人们的思想和指导人们行动的社会行为。"思想政治教育"是指社会或社会群体用某种思想观念、政治观点、道德规范，对社会成员施加有目的、有计划的影响，使其形成符合社会所要求的思想品德的社会实践活动。"课程思政"中的"思政"则可理解为"思想政治教育"，即依托特定的课程对学生进行思想政治教育的实践活动。"课程思政"在这里类似于教育学中的"学科德育"概念，即在学科课程中渗透德育。高校目前开设的学科课程主要包括思想政治理论课、公共课、专业课和实践课。显然，单纯从字面上看，"课程思政"中的"课程"应当覆盖包括思想政治理论课在内的高校开设的所有课程，"课程思政"也就相应地可理解为依托高校开设的包括思想政治理论课在内的各类课程进行思想政治教育的实践活动。然而，关于"课程思政"中的"课程"内涵是否要包括思想政治理论课这一问题，目前学界主要存在"包含论"和"补充论"两种不同的观点。

包含论认为，"课程思政"中的"课程"应当覆盖包括思想政治理论课在内的高校开设的所有学科课程，"课程思政"与"思政课程"是一种包含与被包含的关系，前者包含并覆盖后者。事实上，这种观点在实践上容易滑入"取消论"或"代替论"的轨道，即用"课程思政"取代"思政课程"，这不仅取消了思想政治理论课作为高校学生思想政治教育核心课程的重要地位，也削弱了思想政治理论课在高校学生思想政治教育中的独特功能，不利于"思政课程"的建设和发展。

补充论认为，"课程思政"中的"课程"应当不覆盖包括思想政治理论课在内的高校开设的所有学科课程，"课程思政"与"思政课程"是两套不同的课程体系，各有各的边界，在高校学生思想政治教育中，"思政课程"是主体，"课程思政"是补充。事实上，这种观点在实践中容易陷入"非主即次"的两个极端，把"思政课程"单纯地看作思想政治教育的核心课程或主流课程，而把"课程思政"简单地理解为思想政治教育的边缘课程或次要课程，不利于"课程思政"的建设和发展。

2."课程思政"与"思政课程"的核心都强调育人，但分属两类不同的课程体系

思政课程特指高校开设的思想政治理论课，是贯彻落实立德树人根本任务的重要课程、关键课程。在《教育部关于印发〈新时代高校思想政治理论课教学工作基本要求〉的通知》中明确指出："思想政治理论课承担着对大学生进行系统的马克思主义理论教育的任务，是巩固马克思主义在高校意识形态领域指导地位、坚持社会主义办学方向的重要阵地，是全面贯彻党的教育方针、落实立德树人根本任务的主干渠道和核心课程，是加强和改进高校思想政治工作、实现高等教育内涵式发展的灵魂课程。"思政课程具有鲜明的意识形态属性，在立德树人、铸魂育人，增强学生政治认同、方向认同和情感认同中发挥着不可或缺的关键性作用。

课程思政主要指挖掘高校思想政治理论课以外的各类课程中包含的思政教育元素，将其融入教学，在对学生进行知识讲授和能力提升的同时，实现对学生的价值塑造和文明养成。"课程思政"作为"思政课程"的延伸和拓宽，目的是要深化高校各专业课程教师履行"思政育人"的职责，赋予高校

各专业课程"思政"内涵，让全校教师担起"思政担子"，将各专业课程讲出"思政味道"，使各专业、各类别课程与思想政治理论课同向同行，协同推进。

将"课程思政"中强调的"课程"限定在思想政治理论课之外的高校其他专业课程，不仅符合党中央的相关论述和教育部等文件精神指示，也符合高校人才培养工作实际，有助于划清思政课程和其他专业课程的职能与定位。

首先，符合党中央相关教育论述。全国高校思想政治工作会议提出，要用好课堂教学这个主渠道，思想政治理论课要坚持在改进中加强，提升思想政治教育的亲和力和针对性，满足学生成长发展需求和期待，其他各门课都要守好一段渠、种好责任田，使各类课程与思想政治理论课同向同行，形成协同效应。这就明确划分了"课程思政"与"思政课程"之间的"课程"界限，提出了两类不同课程在高校学生思想政治教育中的职责和要求，为"课程思政"与"思政课程"建设指明了前进的方向，提供了根本遵循。

其次，符合教育部相关文件精神。在《教育部关于深化本科教育教学改革 全面提高人才培养质量的意见》中指出："把思想政治理论课作为落实立德树人根本任务的关键课程，推动思想政治理论课改革创新……把课程思政建设作为落实立德树人根本任务的关键环节，坚持知识传授与价值引领相统一、显性教育与隐性教育相统一，充分发掘各类课程和教学方式中蕴含的思想政治教育资源……引领带动全员全过程全方位育人。"此文件明确了"课程思政"与"思政课程"在高校立德树人实践中的功用，强调协调推进"课程思政"与"思政课程"建设，充分体现两个不同类别的课程的育人功能。

最后，符合高校立德树人工作实际。"课程思政"与"思政课程"都是服务高校立德树人工作的。将"课程思政"中的"课程"限定在高校思想政治理论课以外的各个专业方向的课程，不仅在认识上厘清了"课程思政"与"思政课程"中的"课程"的界限和职能，有助于准确理解"课程思政"的本质内涵，在实践上也可以有效帮助高校找到针对"课程思政"建设的现实难点，以便找到应对和解决之策，使高校各专业课程都能取得立德树人、铸魂育人的实效。

综上，"课程思政"是指高校开设的除思想政治理论课以外的其他各专业课程，探索各类课程中包含的思想政治教育元素和功能，在课程实践中以润物无声的方式对学生进行思想教育，实现对学生价值塑造、德育养成的一项思想政治教育课程育人活动。

（二）课程思政建设的维度

课程思政建设必须在政治高度、思想深度、视野广度、内容热度、融入力度、实践强度、情怀温度这七个维度持续发力。

1. 课程思政要站位政治高度

习近平总书记指出："要坚持学而信、学而思、学而行，把学习成果转化为不可撼动的理想信念，转化为正确的世界观、人生观、价值观，用理想之光照亮奋斗之路，用信仰之力开创美好未来。"教师要站位高、阵地牢。传播信仰的教师首先自己要有信仰，教师要善于从政治上看问题，在大是大非面前保持清醒的头脑，成为学生政治上、思想上的指引者。高校教师必须坚持正确的政治方向，切实增强四个意识，坚决筑牢意识形态安全的底线，不在教学过程中传播违反宪法和法律、违背党的路线方针政策的错误言行，让课堂成为弘扬主旋律、传递正能量的重要阵地。

2. 课程思政要深挖思想深度

解放思想、实事求是、与时俱进，是马克思主义活的灵魂，是我们适应新形势、认识新事物、完成新任务的根本思想武器。教师要思想解放，解放思想才能与时俱进，更新观念才能大有作为。教育者自己首先要受教育，传播思想者自己首先要有正确的价值取向，教师既要做"经师"，更要当好"人师"，教师要努力成为有理想信念、有道德情操、有扎实学识、有仁爱之心的"四有"好教师。思想是一个人的灵魂，思想先进的教师一定喜于思考、善于思考、乐于思考，能教授学生学会思考，并且可以在思考中不断淬炼自我。

3.课程思政要拓展视野广度

激发人们创新创造的活力，最直接的方法莫过于走入不同文明，发现别人的优长，启发自己的思维。教师的视野要广。通过深入浅出的比较，把道理讲透彻。教师要全面客观地认识中国特色和国际比较，引导学生"胸怀天下、关注祖国"。教师要有大历史观，引导学生以史为鉴，认识规律、抓住机遇，更好地将个人梦融入中国梦。教师只有视野开阔、知识储备充足，分析和解决问题才能直击要害，课堂讲授才能得心应手，学生才会心悦诚服。

4.课程思政要紧跟内容热度

思政元素的选择上，要注意既要有理论性和思想性，又要有鲜明的时代性，及时传播"党的创新理论"和国外时事热点话题，在帮助学生获得人生启迪和精神力量的同时做到润物细无声。课程思政建设内容要紧紧围绕坚定学生理想信念，以爱党、爱国、爱社会主义、爱人民、爱集体为主线。围绕家国情怀、文化传承、政治认同等重点内容，推进习近平新时代中国特色社会主义思想进教材、进课堂、进头脑，培育和践行社会主义核心价值观，加强中华优秀传统文化教育。

5.课程思政要加大融入力度

新时代高校思想政治教育工作生动鲜活、自然贴切，特别重要，将会大大增加课程的吸引力、感染力。首先要深挖课程中蕴含的思政元素，然后要不断尝试将思政元素和专业元素完美融合，真正达到"1+1＞2"的效果。既不能生搬硬套，也不能牵强附会；既不能力道过猛，也不能如蜻蜻点水。在自己没有完全吃透之前，宁可再花时间多研究，也不要随意讲授。如果随意"嫁接"，学生必然不想听、听不懂，以后的课程思政肯定达不到预期的效果。

6. 课程思政要增强实践强度

在课程思政教学中，我们应充分发掘"知行合一"学说中"内化于心、外化于行"的内涵，实现传统文化的现代化和创新化，切实提高课堂实效。课程思政的最终目标是实现人的思想和行动的高度有机统一，即知行合一。因此，教师应将现实生活和思想政治有机结合起来，将学生的思想与生活实践密切联系起来，达到"知行合一"，真正发挥教育的功能。所以，课程思政不只需要教师教授，还需要学生勇于践行。社会主义现代化强国不是敲锣打鼓就能实现的，需要学生沉下身子、迈开步子去践行，只有这样，才能让学生真正成为忠实的信仰者和积极的模范践行者。只有学习和践行相结合，思想教育才会像种子一样在学生心中生根开花。当然，教师也要经常走到社会基层，走近学生身边，广泛调研，查找问题，敢于创新探索，着力提高课程思政的实效性。

7. 课程思政要提升情怀温度

站在新的历史起点，弘扬爱国主义精神应尊重和传承中华民族的历史和文化。对祖国悠久历史、深厚文化的理解和接受，是人们爱国主义情感培育和发展的重要条件。教师应当心怀国之大者，关注社会。家国情怀是传承文明、弘扬文化，会让人产生一种自豪感，由衷热爱祖国的大好山河、乡亲百姓和历史文化；家国情怀是建设祖国、复兴民族的历史责任感，与祖国同呼吸、与民族共命运、与时代同成长、与社会共前进；家国情怀还是育人育心的使命感，自觉做为学为人为事的表率，教学相长，引导广大学生厚植爱国主义热情，把爱国情、强国志、报国行自觉融入实现"两个一百年"的奋斗目标。

三、课程思政建设的现实困境

高校的专业课程体系和思政课程体系中存在明显的"两张皮"现象，而"课程思政"建设可以较好地消除该现象对高校人才培养质量带来的负面影响，但在实践层面，要更好地发挥"课程思政"建设对于提升高校人才培养质量的积极促进作用，必须解决以下现实难题。

（一）对课程思政的认识偏差和实践误区

1. 高校对于"课程思政"隐性教育的认识存在偏差

"课程思政"能够践行专业教育以外的思想政治教育，凸显社会主义教育立德树人的属性，能够以熏陶、引导、渗透的教育手法，使学生获得思想的洗礼和社会主义核心价值观的积极认同，弥补智育教育所不能涉及的思想教育与价值引领，属于"隐性教育"。所谓隐性教育，是指"利用隐性思想政治教育资源，采用比较含蓄、隐蔽的方式，运用文化、制度、管理、隐性课程等潜移默化地进行教育，使受教育者在有意无意间受到触动、震动、感动，提高思想道德素质的教育方式"。

高校教师是教育的主体，教师对于"课程思政"定位认识的准确性，将决定教学设计对思政元素的传达，直接决定思想政治教育的成果，然而部分教师并未深刻地认识到各学科、各类课程中"隐性教育"的关键内容、思政元素，以及所蕴含的立德树人的教育理念和价值内涵。如果仅把"课程思政"当作观念形态的宣传工具、说教手段，而没有挖掘出实质性的思想政治教育内涵，或者对于我国高校教育的定位、高校育人制度的认识模糊，主观认为思想政治教育是相关部门、思政课程、思政教育团队的工作任务，这种认识上的偏差将会加剧"两张皮"现象，使专业教育与思政教育处于分离状态。

2. 高校对于"课程思政"隐性教育的实践存在误区

"课程思政"隐性教育在实际教育环节中存在明显的误区，主要体现在：对于教学效果的考核方式、内容、重点往往仅局限于现行教育成果，对于课程设置中隐性教育效果的考核定位较为模糊，无法恰当考量"隐性教育"成果；教师的个人言行所产生的示范效应也是隐性教育的重要组成部分，目前部分教师存在"失德失范"行为，这对教师群体的示范教育作用造成了极大的破坏。古人云："师者，人之模范也。"教师应"吐辞为经、举足为法"，让教育者先受教育，建设政治素质过硬、业务能力精湛、育人水平高超的高素质教师队伍，这是高校建设的基础性工作，也直接决定着高校的办学能力和水平。高校应加强对教师的思想政治引导、监督，使教师能自觉抵制国外反动势力对我国教育的破坏性渗透，自觉摒弃错误的政治立场，树立良好的教师形象，用自身言行感染学生。

（二）思政元素与课程内容融合程度较低

1. 部分教师思政理论素养欠缺

教师思政素养决定了教学内容中思政元素的表达效果，决定了课程育人的效果，也决定了思政元素与课程内容的融合程度。然而，部分教师往往仅局限于专业教育部分的知识传授，因为缺乏思政教育的知识储备、专业素养而忽视课程教学在学生思想政治教育中的功能，无法充分挖掘课程内容中的精神引领、价值塑造、审美情操、理想信念、道德情感、热爱祖国、甘于奉献、服务人民等思政元素，不仅无法充分地发挥课程教育对学生崇高理想的树立、思想的塑造、价值观的引领等作用，也使思政元素与课程内容的融合较为生硬，存在互不相关的局面，破坏了专业知识教育的连贯性，影响教学过程的组织和实施。

2. 教学设计中思政元素与课程内容存在割裂现象

教师在设计教学过程时忽视了思政元素与课程内容的关系，以及大学生阶段学生的受教育重点，导致教学设计中思政元素与课程内容存在割裂现象。一方面，教师的教育过程犹如厨师烹饪，课程内容与思政元素的关系就如同食材与调料的有机结合，不能顾此失彼，"要认真研究党的理论创新成果与各学科专业理论知识的融合方式，既不能做'比萨饼'，也不能做'三明治''肉夹馍'，要做成'佛跳墙''大烩菜'，真正将习近平新时代中国特色社会主义思想融入教材之中"。另一方面，要意识到大学阶段思想政治教育应凸显"价值引领"而非机械说教，应避免将思政元素生搬硬套进教学设计，这样不仅打破了原本教学内容的整体性、融合性，也容易使学生对思想政治教育产生逆反心理，导致思政元素与课程内容割裂。

（三）课程思政的协同培养制度尚不完善

1. 高校协同培养制度构建存在阻碍

完善的协同培养制度是"课程思政"建设的基础和制度保障，规范化的协同培养制度是构建完备"课程思政"体系、优质教师队伍的先决条件。"课程思政"各学科的整体协同需要一定的制度做支撑。"课程思政"协同培养制度的构建涉及高校各部门，满足从不同学科培养方案的制定、教学过程的设计、师资队伍的思政素养培训、隐性思政教学效果的鉴定、教学成果的考核评价、资源平台的管理运营到整个协同机制的领导管理的整个过程。因此，存在育人工作中协同培养目标定位模糊、协同培养成效较差的问题，严重阻碍"课程思政"系统的协同培养效果，导致"课程思政"的建设进程受阻，教育的实际效果受到负面影响。

2. 高校教师队伍建设育人行动协同意识较差

"课程思政"不是单一的某一门课程，也不是孤立的某一项活动，需要各专业的任课教师协同育人。目前，高校教师队伍建设育人行动协同意识较差，主要表现在：首先，高校教师的队伍建设缺乏整体、协同、联动的育人路径，各学院将学科专业建设与思政育人割裂，仅把思政教育纳入思政课程或学生团学、党建活动，对专业课教师的思政教育没有量化的考评要求，使教师出现思想不统一、行动不联动的混乱局面；其次，由于各类课程教师的专业局限性，教师无法及时适应不同学生群体的精准育人定位，使任课教师在教学中忽视协调和沟通的积极作用；最后，部分教师思政教育的观念错误，仅专注于专业知识的钻研，忽略了在教育中对学生进行价值塑造和发挥引领作用。

（四）课程思政的体制机制还有缺陷

1. 完善的考核体系构建亟待加强

《高等学校课程思政建设指导纲要》强调，要建立健全课程思政建设机制，提出"把教师参与课程思政建设情况和教学效果作为教师考核评价、岗位聘用、评优奖励、选拔培训的重要内容"。完善的考核体系构建应该从内外两个层面加强，高校的考核制度属于考核体系的外围层面，涵盖考核评价、岗位聘用、评优奖励、选拔培训、荣誉评选、职称评审、人才推荐等诸多环节，因此定位明确的奖优罚劣有利于形成完善的激励制度和良好的监督环境，从外部激活教师建设课程思政的主体性和积极性；教师对于"课程思政"教育的价值认同是强化教师自觉性的内部因素，属于影响考核体系的内在维度，高校应该在课程思政教学方面形成抓典型、树标杆、推经验的浓厚氛围，加强教师的价值认同感。

2. 科学的评价机制建设有待加强

检验高校育人工作的根本标准是"立德树人"的成效。高校思想政治工作真正做到以文化人、以德育人，不断提高大学生的思想水平、政治觉悟、道德品质、文化素养，就要教育大学生做到明大德、守公德、严私德。"课程思政"建设应确立科学的评价机制，为教育发展建立正确的教育评价导向。科学的评价机制包含办学导向的科学指引、教学流程和运行系统的反馈与总结，可以形成量化的评价标准，更加科学地指导教师教书与育人、育才与育德，有了科学的外部驱动，课程思政教育计划才能避免纸上谈兵，使立德树人教育理念得到有效落实。

3.协同育人培养机制建设有待改进

课程思政涉及部门较多、涵盖学科较广、教学内容极其丰富，需要联动育人主体、教育客体，融合各类教育资源，形成协同育人培养机制。课程思政协同育人机制存在的问题，包含高校教育部门之间思政教育资源共享、教师协同等方面：一方面是各部门、教学资源、教师协同的割裂局面；一方面是课程思政、思政课程、日常思政无法落实到教师的实际教学设计中，实践路径的诸多阻碍导致"课程思政"的协同育人机制无法有效落地。

四、课程思政建设的路径设计

（一）路径设计原则

落实立德树人的根本任务，必须将价值塑造、知识传授和能力培养三者融为一体、不可割裂。全面推进课程思政建设，就是要寓价值观引导于知识传授和能力培养之中，帮助学生树立正确的世界观、人生观、价值观，这是高校人才培养的应有之义，更是必备内容。由思政课程延展为课程思政，其实就是要重新阐释高校思政课和各类学科专业课程承担的育人功能定位，全方位整合课程资源。解决课程思政建设中面临的各种难题和困境，关键在于完善决策管理制度、构建教学体系、疏通教学渠道、搭建保障平台、健全体制机制。具体改革原则如下：

（1）坚持问题导向和目标导向，梳理高校学科专业体系、课程体系、教学体系、内容体系等，研究高校课程思政的实施内容和载体、路径和方法、测评标准和指标，分析存在的问题。根据不同学科专业的特色优势和育人目标，在知识逻辑、历史逻辑、实践逻辑和需求逻辑的基础上科学合理地深度挖掘提炼各学科专业知识体系和教学方式中所蕴含的思政因子，为课程思政建设指明前进方向，提供基本遵循。

（2）新时代背景下，把握高校课程思政体系特色性、系统性、科学性的战略高度，借鉴已有理论研究和实践成果，打破思政教育资源、教育信息存在的"鸿沟"，顶层设计高校课程思政、思政课程、日常思政，使三者有效协同，形成育人共同体，将显性教育和隐性教育相统一，建立协同推进机制，优化高校课程思政体系目标协同、内容协同、方法协同、过程协同，实现优势互补、扎实推进。

（3）针对目前高校课程思政建设的薄弱环节和堵点、痛点、难点，从"时、度、效"三个维度，对高校课程思政建设质量和水平进行合理测评，找准质量定位，将常规工作评价与重点任务督查相结合，常态合格评价与阶段总结评优相结合，内部多方评价与外部专项评价相结合。为衡量课程思政协同运行状况提供评判依据，建立质量评价机制，构建可量化、可操作、系统性的评价指标体系，反馈激励，建立激励机制，激发教师持久的教学动力，形成促进课程思政建设可持续发展的内生动力。

（二）完善决策管理制度

课程思政建设是一项长期性的系统工程，高校各相关部门和教学院系要从战略高度认识课程思政建设的必要性、紧迫性，做好顶层设计、目标设计和统筹规划，结合高校特色和学科优势，培植课程思政建设的肥沃土壤，持续加大对课程体系建设的投入力度，规范、有序地推进课程思政建设。邓小平曾经指出，制度问题"更带有根本性、全局性、稳定性和长期性"的特点，"制度好可以使坏人无法任意横行，制度不好可以使好人无法充分做好事，甚至会走向反面"。高校党委在课程思政改革中应担负起政治领导的主体责任，用习近平新时代中国特色社会主义思想铸魂育人，在提高政治站位上用力，在加强组织领导上发力，充分发挥领导的核心作用。

在协同育人视角下，高校要积极回应新时代高校面临的重大课题，坚持将课程思政建设作为落实立德树人根本任务的战略举措，健全"课程思政"组织架构，建立课程思政的制度体系，构筑育人大格局，提升思想政治工作效能，形成"党委统一领导、党政齐抓共管、相关部门联动、院系推进落实"的课程思政建设工作格局。高校党委书记要切实履行高校思政工作第一责任人职责，高校校长和分管意识形态、本科教学、大学生培养工作的校领导要切实承担起政治责任、领导责任和组织责任，以相关职能部门负责人和课程思政专家为成员，统筹推进学校课程思政改革和建设工作，将"课程思政"融入课程目标设计、教案课件编写、课堂教学过程等环节，全面推进"课程思政"建设的高质量实施。

（三）建立全课程教学体系

1. 构建协同联动的课程育人体系

推动思政课程和课程思政同向同行。思想政治理论课是落实立德树人的根本任务的关键课程，在人才培养中发挥着不可替代的重要作用。高等学校各门课程都具有育人功能，都蕴含着丰富的思想政治教育资源。所有教师都负有育人职责。"课程体系是人才培养目标和高校办学使命的内在反映，是知识传授、技能培养、价值塑造的有效途径。"通过各门课程的协同育人，把思政课程显性教育和课程思政隐性教育结合起来，防止专业教育与思政教育脱节，核心目的都是提升学生的思想政治素养，唯有如此，才能更好地提升思政育人效果，落实立德树人根本任务。要打造公共基础课程、专业教育课程和实践类课程三位一体的全课程教学体系，明确各门课程知识体系中所蕴含的思想政治教育内容，注重在潜移默化中坚定学生的理想信念、厚植爱国主义情怀、加强品德修养、增长知识见识。打破学科壁垒和专业界限，以开明开放的姿态推动公共基础课程、专业教育课程和实践类课程的有效衔接与贯通融合。鼓励学生结合自身兴趣跨学科、跨专业自主选择课程，充分发挥各门课程所蕴含的思想政治教育育人元素和所承载的育人功能。此外，深化课堂教学方法改革，不断提高公共基础课的吸引力、专业教育课的渗透力、实践类课程的感染力。

2. 构建融会贯通的课程内容体系

高校各门课程尽管隶属的学科不同、体现的内容不同，但是都蕴含着思想政治教育资源。课程思政建设需要深入地挖掘课程蕴含的育人因子，深度浸润每一门课程的教学内容和方法，使思政元素与教学内容交织交融、相辅相成，起到拨动心弦、引起共鸣的作用，进而使"教书"和"育人"相互促进、相得益彰。《高等学校课程思政建设指导纲要》明确了课程思政建设的重点内容和目标要求，其中强调："课程思政建设内容要紧紧围绕坚定学生理想信念，以爱党、爱国、爱社会主义、爱人民、爱集体为主线，围绕政治认同、家国情怀、文化素养、宪法法治意识、道德修养等重点优化课程思政内容供给，系统进行中国特色社会主义和中国梦教育、社会主义核心价值观教育、法治教育、劳动教育、心理健康教育、中华优秀传统文化教育。"有效促使各门课程的思想政治教育内容有效衔接、融会贯通，实现各门课程思政教育内容的交叉融合和同频共振，使得各门课程秉承正确的政治方向和价值导向，帮助大学生掌握科学的世界观和方法论，深刻理解习近平新时代中国特色社会主义思想和社会主义核心价值观，大力传承和弘扬中华优秀传统文化，增强大学生为国家富强、民族复兴而学习的社会责任感和新时代担当精神。

（四）疏通课堂教学渠道

1. 规范课堂教学的管理

高校相关职能部门和教学学院应将课程思政的理念落实到教育教学管理工作的各环节，围绕知识传授、能力培养和价值塑造三位一体的教学目标，做好各类各项教育教学管理工作，引导并规范课程思政的建设和实施。《高等学校课程思政建设指导纲要》指出："高校课程思政要融入课堂教学建设，作为课程设置、教学大纲核准和教案评价的重要内容，落实到课程目标设计、教学大纲修订、教材编审选用、教案课件编写各方面，贯穿于课堂授课、教学研讨、实验实训、作业论文各环节。"合理制定课程思政建设标准，科学编制课程教学指南，尤其要将课程思政的内容重点和目标要求有效融入教学大纲、教学目标、学时学分、教学内容、教学方法、教学评价、教学效果等各环节，提供切实可行的建设标准和操作规范，确保课程育人实效。

2. 创新课堂教学的形式

课堂教学是课程思政建设的主渠道，要融会贯通第一课堂和第二课堂，建立第一课堂与第二课堂协同育人机制，实现不同课堂教学形式的优势互补、双向服务、相互促进、有机结合。既要充分利用第一课堂教学，开展丰富多样的理论教学、专题讲座、形势报告等，把习近平新时代中国特色社会主义思想全面融入课程教学全过程，培养学生养成严谨求实、善于思考、勇于担当的优秀品质；还要积极提炼第二课堂蕴含的思政教育因子，实现知识学习与社会实践的有机衔接，以学生为中心，创新现场教学、社会实践、志愿服务和实习实训等活动形式，让学生既在书本中增长知识、锤炼品格，又在实践中增长才干、练就本领。

3. 拓展课堂教学的方法

课程思政建设要深入开展以学生为中心的课堂教学方法改革，增强课堂教学的吸引力、说服力和感染力。例如，可以依托地区历史、自然和人文等资源，开展现场教学，以情境教学、人物讲解、历史还原等为主要方式的现场教学，帮助大学生拓宽视野、增长见识、升华情感；可以围绕专题进行集中研讨，鼓励学生发表不同意见、表达不同看法，启迪思维，拓宽思路，引导大学生形成正确的价值观。此外，挖掘课程发展史中蕴含的具有典型教育意义的人物或事件，以故事讲解的方式将其呈现在大学生面前，达到净化心灵、坚定信念的效果。

（五）构建课程平台保障

1.打造优质高效的师资团队

高校教师是落实立德树人根本任务的主体。各门课程的教师要强化交流合作意识，共同推进新时代高校立德树人工作。一方面，增强各门课程教师自身的德育意识。德高为师，身正为范。实践证明，言传身教、以德教化，是立德树人最有效的途径。教师要把好的师德融入修身律己、崇德向善等生活常规，规范言谈举止，努力做一名师德高尚、素质过硬的优秀教师，在春风化雨、润物无声中实现对大学生的思想政治教育。另一方面，提升各门课程教师的德育能力。引导教师积极参加理论学习和专项培训，熟练掌握思政教育话语体系和重点内容，提升课程思政资源挖掘能力、整合能力和运用能力。坚持运用科学的世界观和方法论，结合时政热点，帮助大学生分清是非曲直，提升大学生对错误思潮的鉴别能力，激发大学生的爱国意识。

2.搭建协同共享的课程服务平台

搭建具有协同、服务、共享性质的课程服务平台，以弥补交流不多、协调不畅、缺乏共享等课程思政建设中存在的不足。首先，根据实际需要，开展理论研究。设立专项课题，重点研究目前课程思政建设的重点、难点、热点及前瞻性问题，为课程思政建设提供有力的理论依据和实践参考。其次，开展专题学习。将课程思政纳入各类教师培训活动中，充分发挥基层教学组织和课程团队的作用，为课程思政建设提供优质的团队资源。最后，总结分享经验。定期开展集体备课、理论研讨、经验交流会，总结分享课程思政建设中取得的成功经验，积极创新课程思政的方式和方法。

（六）构建完善的体制机制

1. 构建协同机制

打造"人人协同、课课协同、部部协同"的育人共同体，是提升新时代课程思政实效的核心目标。人人协同，需要各门课程教师发挥各自学科专业专长，集体备课、协同合作、资源共享，高校其他教职员工要协同助力课程思政建设；课课协同，需要思政课程、课程思政、日常思政三者发挥各自的工作优势，实现理论、专业、实践的通力合作，把理论高度、专业深度、实践力度有机统一起来；部部协同，就是要求各级党委、部门、学院等全方位整合教育资源，探索思政课共建共享新模式，联合开发课程思政资源库，实现教学资源共享，将单一学科知识的"信息孤岛"转变为融合共享的"生态群岛"。

2. 完善评价机制

《深化新时代教育评价改革总体方案》中强调，"改进结果评价，强化过程评价，探索增值评价，健全综合评价"才能"提高教育评价的科学性、专业性、客观性"。目前，高校的"课程思政"评价体系仍处于初始阶段，仅仅关注教师在教学过程中是否实施了"课程思政"元素，但是对"课程思政"的精度、深度、效度等方面还缺乏行之有效的评价指标。学校应全面评价课程的教学目标、教学过程、教学方法、思想引导、学生身心及人格塑造等方面，特别是要全面把握和评价教师整合出来的课程内容背后的故事规律及体现出来的思政元素的准确性和科学性。此外，还要重点关注大学生对"课程思政"的满意度及"课程思政"对他们知识获得和身心塑造的影响程度。

做好课程思政建设的考核评价，要坚持把质量和效果有机统一的标准。高校既要做好课程知识传授、能力培养、素质提升的人才培养工作，又要体现课程在价值塑造和人格完善方面的思政目标和要求。引导教师将课程思政有机融入教学大纲制订、教学设计、教案编写和课件制作，有意识地在课堂教学中渗入思想政治教育。同时，要将考核评价结果综合运用于教师的绩效考核、岗位聘用、职称评聘、评优评奖等方面，引导教师主动参与课程思政建设，增强教师在授课中的思想政治教育意识。

3. 健全激励机制

激励机制是激发课程思政建设的内在动力。健全课程思政改革的激励机制，可从以下几方面着手：首先，做好精神激励。"思政课的关键在于增强思政课教师的职业认同感、荣誉感、责任感。"要健全精神激励体系，营造"课程门门有思政、教师人人讲育人"的良好氛围，不断增强课程思政教师的荣誉感、责任感和认同感；树立榜样典型，进行正面示范引导，进一步加大表彰奖励力度；为课程思政教师提供交流平台，拉近感情，开展情感激励。其次，注重物质激励。实现激励机制的最大功效，需要做到精神激励和物质激励相互配合。针对课程思政教学，高校应在绩效分配方面给予相应政策的倾斜和支持；加大课程思政教学改革专项课题、质量工程类项目的立项比例；设立课程思政工作室和人才类项目，做好充分的资源保障。最后，完善保障激励。高校要营造公平、公开、公正的教育教学环境，特别是确保一些涉及教师切身利益的绩效考核、岗位聘用、职称评聘、评优评奖等工作的有序、顺利开展；切实改善教学保障条件，改善和满足保障性因素，调动课程思政教师工作的主动性。

五、全方位提升课程思政建设水平的建议

目前，高校课程思政建设的研究涉及面较广，在众多专家学者的推动下迅猛发展，并结出了累累硕果。这些研究成果使得课程思政的内涵有了更深更广的扩展，使得高校对课程思政的理解更加深刻和全面，使得高校对课程

思政建设更加重视，进而形成了良性循环，也在一定程度上推动了课程思政建设向着更好的方向发展。同时，对课程思政的研究难以做到不遗毫发、面面俱到，必然存在需要进一步深化拓展和优化提升的空间。很多研究成果属于理论性的探讨和普及性的宣传，研究的创新性尚待加强，研究的广度尚待扩展，成果的质量与数量仍有提升的空间。这些不足之处都要求对阶段性经验进行梳理与总结，并在此基础上展开系统性研究。后续，课程思政建设可从以下两个方面进行优化和完善。

（一）理论研究

现阶段对课程思政的理论研究工作仍处于起步阶段。对于一些关键的基础性问题，学者尚未厘清并形成充分讨论后的较为统一的认识，同时，尚未构建形成一套完整的科学理论体系和话语体系。对此，我们认为，首先，要深刻领会党的创新理论，明确教育的首要问题是培养什么人的问题。中国独特的历史、文化和国情决定高等教育的根本任务是培养社会主义建设者和接班人，课程思政即落实这一根本任务的重要抓手，是新时代办好社会主义大学战略布局的重要支点。其次，在新时代背景下，思政体系改革因时而进，育人模式从平面式育人的思政课程进化为全方位和立体化育人的课程思政，这一改革必将推动教育改革回归育人初心，实现培养社会主义建设者和接班人的目标。再次，课程思政的基本理论认识，是达成教学目标的前提，也是进行实践探索的基础，这就要求学者加强对课程思政的研究：一是研究课程思政的含义、特点和理论基础等；二是研究如何使得课程思政与思政课程深度融合和协同发展；三是研究如何构建一套完整的课程思政理论体系和话语体系，以完成体制机制建设，并为课程思政的建设和发展提供充分的理论支撑。与此同时，我们也需要博采众长，国外已发展成熟的渗透式德育模式，有着完善的理论体系和丰富的实践经验，我们可通过进一步加强研究，将其融合到我国的课程思政理论研究中，推动课程思政不断完善和可持续发展。

（二）实证研究

课程思政是新时代的新生事物，多数高校都较为重视对其的实践和探索，但其涉及的主体和条件要求较多，导致课程设置难度较大。因此，思政课程须在总结前期探索经验的基础上，加强实证研究，以便进一步推动思政课程的拓展和深化。首先，通过联合攻关、现场观摩、实地调研和考察等方法，提高思政课程和课程思政融合协同发展的能力，强化课程思政的成功经验和案例的研究、宣传工作，广泛挖掘课程思政优秀资源，通过对成功经验、案例的系统性梳理和理论总结，搭建共享资料库和具有教学实践操作性的案例库，以供学习参考。其次，作为一项系统工程，课程思政亟待学校全方位统筹推动，须重点处理好五种关系：一是全流程推进与分学段、分环节突破的关系；二是推广普及与成功案例示范的关系；三是加强推广和完善考评的关系；四是教育变革与学科研究及建设的关系；五是提供平台保障和教师探索自主性的关系。体制机制创新是确保课程思政与各专业学科融合发展的重要抓手，激励学科建设与研究充分融合地域性的特色和优势，通过灵活多样的形式加大对课程思政的实践探索，丰富其内涵，并形成具有特色的教学方式。再次，围绕以学生为中心的育人理念，通过宣传、研讨和案例分享等方法，在开展课程思政方面，不断提升专业课教师的自驱意识和授课水平，通过将热点新闻与教学实践相融合，激发学生兴趣，引导学生自主学习相关理论，形成科学的思维方法，并能够科学理性地看待社会问题；通过运用现代科学技术和教育教学技术，变革和创新教学方式方法，使教学活动更富成效。此外，应结合当代大学生的特点，在坚持第一课堂为主的前提下，积极深入探索第二、第三课堂对第一课堂的必要补充功能；通过院系学科之间的协作，形成良性的系统化育人模式，以提高思想政治教育的整体效果。

第四节　思政课程与课程思政的协同机制

随着我国经济社会的不断发展变革，大学生教育规模不断扩大，传统的大学生思想政治教育不再适应新情况、新变化，如何在思政课程与课程思政的联动协同中彰显高校"三全育人"特色，将立德树人落实、落地、落细，形成大学生思想政治教育新思路，增强实效性，全面提高大学生的整体素质，成为高校面临的新的重要内容，也是一项非常迫切的任务。

本项目组坚持问题导向和目标导向，立足于高校人才培养目标和大学生思想政治教育的实际情况，聚焦高校思政课程与课程思政的协同机制，开展了以下研究内容并形成相关研究成果。

一是从课程体系、思政资源、影响因素等方面分析了高校大学生思政课程建设与课程思政落实的组织和实施现状。

二是从联动主体、课程资源、思政平台三个方面分析了高校思政课程与课程思政的协同机制及实施现状。

三是找出高校在大学生思想政治教育、思政课程与课程思政教育工作等方面存在的问题和原因。

四是建立由目标定位、内容任务、组织实施、结果考核、保障环节等要素组成的高校思政课程与课程思政的协同机制。

五是构建了由完善组织构架、搭建思政平台、建立评价体系和建设保障机制五个要素组成的高校思政课程与课程思政的协同育人体系。

六是提出了改进课程协同育人、提升思政育人实效的对策建议，以期实现与推动思政课程与课程思政交相呼应、同频共振、同向同行，为培养德智体美劳全面发展的社会主义建设者和接班人提供坚强保障。

一、高校课程思政与思政课程协同联动的时代价值

随着我国经济社会的不断发展变革、大学生教育规模的扩大，高校办学体制发生转换，大学生思想情况逐渐复杂，因此，传统的大学生思想政治教育不再适应新情况、新变化，大学生思想政治教育的内容、方法、体制等诸多方面受到严峻的挑战。认真贯彻落实《关于进一步加强和改进大学生思想政治教育的意见》和《中共中央关于进一步加强和改进学校德育工作的若干意见》精神，正确认识和掌握大学生思想政治教育的特殊性，形成大学生思想政治教育新思路，增强实效性，全面提高大学生整体素质，成为高校面临的新的重要内容。

（一）理论价值

我国教育事业的目标是"培养德智体美劳全面发展的社会主义建设者和接班人"，新时代的大学生要做社会主义核心价值观的坚定信仰者、积极传播者、模范践行者，向英雄学习、向前辈学习、向榜样学习，争做堪当民族复兴重任的时代新人。各个高校的人才培养目标和定位、开设的专业、历史传统和特色不尽相同，如何全面贯彻落实新时代高校思想政治工作的新任务、新要求，如何在思政课程与课程思政的联动统一中彰显高校"三全育人"特色，将立德树人落实、落地、落细，成为一项非常迫切的任务。高校课程思政与思政课程同向同行机制建设是一个长期的、复杂的系统工程，统筹推进思政课程和课程思政建设，发挥所有课程的育人功能，构建全面覆盖、类型丰富、层次递进、相互支撑的课程体系，是健全思政工作体系、构

建高水平人才培养体系的必然要求。

只有坚持以习近平新时代中国特色社会主义思想为指导，紧紧围绕立德树人的根本任务，把握思政课程与课程思政建设的价值内涵，整合同向同行机制内部各要素，协调同向同行机制内部各要素之间的关系，找准方向和路径，发挥其各要素共同育人的强大合力，才能真正实现和推动思政课程与课程思政交相呼应、同频共振、同向同行，发挥出最优的协同功效，实现立德树人的最佳效能，为培养德智体美劳全面发展的社会主义建设者和接班人提供坚强保障。

第一，丰富马克思主义关于"个人的全面发展"和新时代"以生为本"的教育理念。在整合思想政治教育理论课各种不同资源的基础上，统筹思政理论课核心地位与专业课育人价值的协同机制，让学生在接受专业知识和技能学习训练的同时接受科学精神熏陶，潜移默化地影响学生的思想、行为和价值选择，在协同育人的过程中丰富"个人的全面发展"和"以生为本"教育理念。

第二，探索高校思政课程与课程思政同向同行、同频共振的理论依据。注重深入挖掘高校大学生专业课中的思政元素，注重专业知识体系和思想价值导向的联动融合，探索思政课程的显性教育和课程思政的隐性教育同向同行、同频共振的理论依据。

（二）实践价值

习近平总书记在全国高校思想政治工作会议上的讲话强调："使各类课程与思想政治理论课同向同行，形成协同效应。"这为有效发挥思政课程与课程思政合力育人作用提供了根本遵循。在分析课程思政与思政课程协同的内在逻辑基础上，探讨课程思政与思政课程协同的实践要点、关键环节和条件保障，以全面贯彻党的教育方针，落实立德树人的根本任务。

落实立德树人的根本任务，需要发挥课程思政与思政课程的协同效应。我国高校数量众多、特色明显，蕴含着优势明显的思政资源，课程思政与思政课程协同具有鲜明特点。课程思政与思政课程协同有着立德树人价值指向协同、内驱力外逼力助推协同、辩证统一思维推进协同的内在逻辑。推进课程思政与思政课程协同应基于高校的特点，找准协同主体、协同资源、协同平台的实践要点，抓好以团队建设开启协同之旅，以精品推广对标协同之靶，以结果复盘增强协同之效，以系统举措确保协同之实的推进、示范、反馈和保障环节，以充分发挥课程思政与思政课程协同育人的功能。

我国高等教育要立足中华民族伟大复兴战略全局和世界百年未有之大变局，心怀"国之大者"，把握大势，敢于担当，善于作为，为国家富强、民族复兴、人民幸福贡献力量。"要想国家之所想、急国家之所急、应国家之所需，抓住全面提高人才培养能力这个重点，坚持把立德树人作为根本任务，着力培养担当民族复兴大任的时代新人。"这为新时代高校在大学生教育层次上落实立德树人的根本任务指明了方向、提供了遵循。教育部《关于加快新时代研究生教育改革发展的意见》强调，要把正确的政治方向和价值导向贯穿于研究生教育和管理工作全过程。因此，大学生教育的各类课程也都要与思想政治理论课同向同行，形成协同效应。如何全面贯彻落实新时代高校思想政治工作的新任务、新要求，为建设社会主义现代化强国提供又红又专的人才支撑，以及从行业类高校的思政课程与课程思政的关联统一中办出大学生阶段"大思政"的特色，成为当前一项亟待解决又富有重大意义的工作任务。

第一，破解"孤岛"现象，探索完善专业知识传授与价值引领相结合。破解大学生育人层面的课程相关性高、思政元素融入较少，专业体系相互独立、思政教育系统化较少，教学方法及思路单一、思政教育途径较少的"孤岛现象"与专业教育"两张皮现象"的困境，进一步增强当代大学生的使命感、责任感。

第二，做好顶层设计，探索构筑一个完整的课程育人体系。构筑优质、高效、开放的大学生思政教育与课程思政育人体系，实现把正确政治方向和价值导向贯穿于大学生教育和管理工作的全过程。

目前，项目组对新时代高校思政课程与课程思政协同机制的研究还存在很多不足，在后续的研究中，将继续增强对思政课程与课程思政的深化学习和研究，在实践中不断完善高校课程思政与思政课程同向同行机制体系建设，推进高校课程思政的发展。

二、高校思政课程与课程思政协同机制的研究现状

党的十八大以来，习近平总书记围绕贯彻党的教育方针，落实立德树人根本任务做出一系列重要论述，深刻回答了"培养什么人、怎样培养人、为谁培养人"这一根本性问题。2017年12月，教育部印发《高校思想政治工作质量提升工程实施纲要》，明确要求各高校大力推动以课程思政为目标的课堂教学改革。与此同时，学界对课程思政教学改革及其与思政课程协同育人机制的研究也越来越多，研究主题主要包括对课程思政与思政课程的同向同行进行理论阐释，对课程思政与思政课程在各地区、各类院校协同育人实践应用路径进行探索及课程思政典型案例分析等三个方面。

（一）理论研究现状

为破解高校思想政治教育存在的"孤岛"困境，彻底解决思政教育与专业教学"两张皮"问题，部分学者对"课程思政"与"思政课程"的同向同行进行了理论阐释。例如，高德毅等在《从思政课程到课程思政：从战略高度构建高校思想政治教育课程体系》一文中指出，发挥思政课的"群舞中领舞"作用，实现所有高校课程的"共舞中共振"效应；邱仁富的《"课程思政"与"思政课程"同向同行的理论阐释》一文认为，课程思政唯有与思政课程保持同向，才能为同行创造条件，最终实现结伴同行，形成协同效应；郑佳然的《新时代高校"课程思政"与"思政课程"同向同行探析》一文提

出，可从引导学生运用马克思主义立场观点方法分析解决问题、坚持以社会主义核心价值观引领大学生理想信念教育、强化实践育人与课程育人相结合三方面发力，使各类课程与思想政治理论课同向同行、协同推进；都晓的《论精准思政概念生成及与课程思政的辩证关系》一文认为，精准思政与课程思政具有一致性，但二者在问题导向、目标指向、着力方式、方法手段、评价尺度等方面存在明显差异。

（二）实践研究现状

各高校要实现课程思政与思政课程同向同行育人目标，亟须构建"思想政治理论课""综合素养课程""专业课程"三位一体的高校思政课程体系，部分学者对此进行了探索。例如，杨涵在《从"思政课程"到"课程思政"——论上海高校思想政治理论课改革的切入点》一文中指出，上海大学等高校推出的"大国方略"等特色课，为推进从思政课程到课程思政的创造性转化提供了出路；陈艳在《论高职院校"思政课程"与"课程思政"的交互融合》一文中提出，高职院校在推进思政课程与课程思政的交互融合过程中应把握好落实党委主体领导责任、转变教育教学观念、优化课程建设和评价体系、加强教师队伍建设等几个关键环节；王丽华的《高职院校"思政课程"与"课程思政"协同育人模式构建的逻辑理路探究》一文认为，思政课程与课程思政协同育人模式形成了高职院校协同育人的合力，是提升高职院校思想政治教育工作有效性的重要载体。

（三）研究内容和目标

1.研究内容

实现思政课程与课程思政的同向同行、有机融合，形成"纵向衔接、横向一致、目标统一、形式联合"的课程教学共同体，需要构建协同机制，关键因素在于：坚持问题意识和目标导向，在"生本化"理念、"层次化"目标、"结构化"内容、"多样化"实施和"多元化"评价的基础上联合发力。

机制联动的完善程度决定着大学生专业教育和思政课程同向同行的广度，机制联动效果决定着大学生专业教育和思政课程同向同行有效执行的深度。围绕思政课程与课程思政同向同行的协同机制这一主线，从四个层面展开研究，即理论基础、实证研究、体系构建、机制保障。基本研究内容如下：

第一，开展理论研究。梳理当前国家政策和前期研究成果，界定理念、概念和价值定位，厘清大学生思政课程"主渠道"与各门课"一段渠"之间的逻辑关系，挖掘各院校思政课程和专业课程在政治方向、育人方向和文化认同上的一致性。

第二，开展实证调研。坚持问题导向和目标导向，立足于相关院校的人才培养目标和大学生思想政治教育的实际情况，把握新时代高校的思想政治工作规律、教书育人规律、学生成长规律，找出当前问题症结所在，精准施策。

第三，建立课程联动教学体系，解决"同向"的重点问题。①设置课程联动教学目标。坚持"以生为本"的教育理念，紧紧围绕"四个正确认识"的根本任务，以课程建设为重点，明确大学生思政课程和专业课程层次化的建设目标。②制订课程联动教学内容。以厚植航空报国精神、家国情怀为主线，充分挖掘专业课程中蕴含的思政教育元素，梳理出结构化的重点内容和任务，联动推进"价值塑造、知识传授、能力培养"在课程建设中的全过程贯穿。③研究课程联动教学实施路径。组建课程思政混编团队、定期集体备课和研讨、创新教学方式、形成范例成果、开展实践教学等，发挥多种形式的联动作用。④进行课程联动教学质量评价，构建多元化的评价指标体系，检验课程联动教学的成效。

第四，构建课程协同机制，解决"同行"的现实难题。新时代背景下，从落实立德树人根本任务的战略高度，针对目前高校思政课程和课程思政同向同行的薄弱环节和重点难点，顶层设计协同机制的各层次、各方面的构成要素：①建立科学管理机制，实现科学决策、资源整合、目标导向、过程管理。②建立队伍保障机制，实现可持续的课程建设，不断完善高校思政课程和课程思政联动的教学内容体系。③建立政策激励机制，反馈激励，形成促进高校思政课程和课程思政同向同行的内生动力。④建立质量评价机制，构建可量化、可操作、系统性的评价指标体系，为衡量高校思政课程和课程思政同向同行的运行状况提供评判依据。

2. 研究目标

围绕新时代航空类院校思政课程与课程思政同向同行的协同机制开展研究。首先，开展理论研究。厘清大学生思政课程"主渠道"与各门课"一段渠"之间的逻辑关系。其次，开展实证调研。探索新时代高校的思想政治工作规律、教书育人规律、学生成长规律，找出当前问题的症结所在。再次，建立课程联动教学体系，设置课程联动教学目标，制订课程联动教学内容，研究课程联动教学实施路径，构建课程联动教学质量评价体系，解决"同向"的重点问题。最后，通过建立科学管理机制、队伍保障机制、政策激励机制、质量评价机制，构建课程协同机制，解决"同行"的现实难题。

3. 研究方法及创新点

（1）研究方法

第一，文献资料法。通过图书文献等多渠道搜集研究文献，查阅大量关于大学生思政课程、课程思政研究内容和研究趋势等方面的文献资料，在对文献进行仔细梳理与研究的基础上，了解学术界对课程思政的研究进展，从而探寻高校课程思政与思政课程同向同行机制的发展现状及存在的问题，为构建高校课程思政与思政课程向同行机制体系奠定基础。

第二，调查研究法。坚持问题导向和目标导向，立足于航空类院校的人才培养目标和大学生思想政治教育的实际情况。项目组为了解新时代高校思政课程与课程思政的教育现状，向郑州市部分高校授课教师和大学生发放调查问卷，根据问卷调查统计结果把握新时代高校大学生本身特有的思想政治工作规律、学习成长规律，找出当前问题症结所在并精准施策。

第三，理论分析研究法。梳理当前国家政策和前期研究成果，界定理念、概念和价值定位，厘清大学生思政课程"主渠道"与各门课"一段渠"之间的逻辑关系，挖掘各类院校思政课程和专业课程在政治方向、育人方向和文化认同方面的一致性。

第四，跨学科研究法。结合教育学、社会学、政治学等多学科的理论、方法和成果对研究内容进行综合研究，厘清高校课程思政与思政课程同向同行机制的系统性内涵，在此基础上借鉴其他学科相关的教学方式与内容，针对目前高校思政课程和课程思政同向同行的薄弱环节和重点难点，顶层设计协同机制的各层次、各方面的构成要素，建立课程联动教学体系，构建课程协同机制，解决"同行"的现实难题。

（2）创新点

研究特色在于立足高校的人才培养目标，理论结合实践，提出从"生本化"理念、"层次化"目标、"结构化"内容、"多样化"实施和"多元化"评价五个方面联合发力，构建高校思政课程和课程思政同向同行的联动教学体系，从根源上解决"同向"问题，形成对高校具有参考价值和借鉴意义的典型性教学范例和课程建设模式。

创新之处在于针对目前推进思政课程与课程思政同向同行在体制机制建设上存在的薄弱环节，通过建立科学管理机制、队伍保障机制、政策激励机制、质量评价机制，保障课程联动教学体系在目标定位、内容任务、组织实施、质量评价等方面高质量推进、落实，最终实现协同育人的教育目标。

三、高校思政课程与课程思政协同机制的实践现状

坚持问题导向和目标导向，聚焦高校思政课程与课程思政的协同机制，

分别设计了面向教师和大学生的《新时代高校思政课程与课程思政的协同机制研究与实践调查问卷》，对高校的相关教师和大学生进行了调查研究。通过开展数据分析和统计，探寻高校思政课程与课程思政协同机制和实践的现状，立足于高校人才培养目标和大学生思想政治教育的实际情况，把握新时代高校大学生本身特有的思想政治工作规律、学习成长规律，找出高校在大学生思想政治教育、思政课程与课程思政教育工作等方面存在的问题，认真分析目前制约高校思政课程和课程思政协同机制建设的影响因素。

（一）协同机制现状调查与分析

1.调查问卷的内容

（1）调查问卷的发放

为确保数据真实有效，采用匿名调查的方式对 8 所高校的师生进行了问卷调查。通过纸质调查问卷和网络调查问卷的形式，分别发放教师版和大学生版的《新时代高校思政课程与课程思政的协同机制与实践研究调查问卷》，一方面，在学生宿舍、图书馆、学校餐厅等地向大学生发放调查问卷，填写后当场收回；另一方面，通过大学生管理部门将调查问卷发送到学生的 QQ 群、微信群等网络平台，说明填写注意事项，保证调查问卷的填写数量和质量。

（2）调查问卷的主要内容

本次调查共有两类问卷，分别是大学生调查问卷和教师调查问卷。大学生调查问卷共 24 题，其中单项选择题 9 项、多项选择题 14 项、文字填充类 1 项；教师调查问卷共 24 题，其中单项选择题 11 项、多项选择题 8 项、文字填充类 1 项、排序类 4 项。调查问卷的主要内容是围绕新时代高校思政课程与课程思政同向同行的协同机制这一主线，从理论基础、实证研究、体系构建、机制保障四个层面，探究新时代高校思政课程与课程思政的协同机制研究和实践中需要改进的问题等方面的情况。根据统计分析，调查问卷反映的数据全面、翔实，可信度较高。

（二）协同机制存在的问题

1. 制约大学生课程思政建设的因素

通过分析调查结果发现，教师调查问卷第 11 题、大学生调查问卷第 21 题"您认为制约大学生课程思政建设的因素包括什么"中，教师和大学生比较一致地认为主要的制约因素有三个方面：①学校在制订培养计划时对大学生课程思政建设的重视度不够。②学科特色与差异导致不同专业大学生课程思政建设难易度有差别。③由于培养阶段不同，大学生的精力更多地集中在科研学习上，导致在大学生专业课程中融入思政元素的难度增加。在参与调研的 611 名大学生中，有超过半数的大学生认为，以上三项制约因素最严重，回答以上三项制约因素的占比分别是 53.85%、55.97% 和 60.23%（见图 3-3）。在参与调研的 248 名教师中，认为以上三项是课程思政制约因素的教师的比例分别是 68.95%、67.34%、67.74%（见图 3-4）。教师人数的比例比大学生高，也在一定程度上说明有更多的教师认识到了这些问题的严重性。

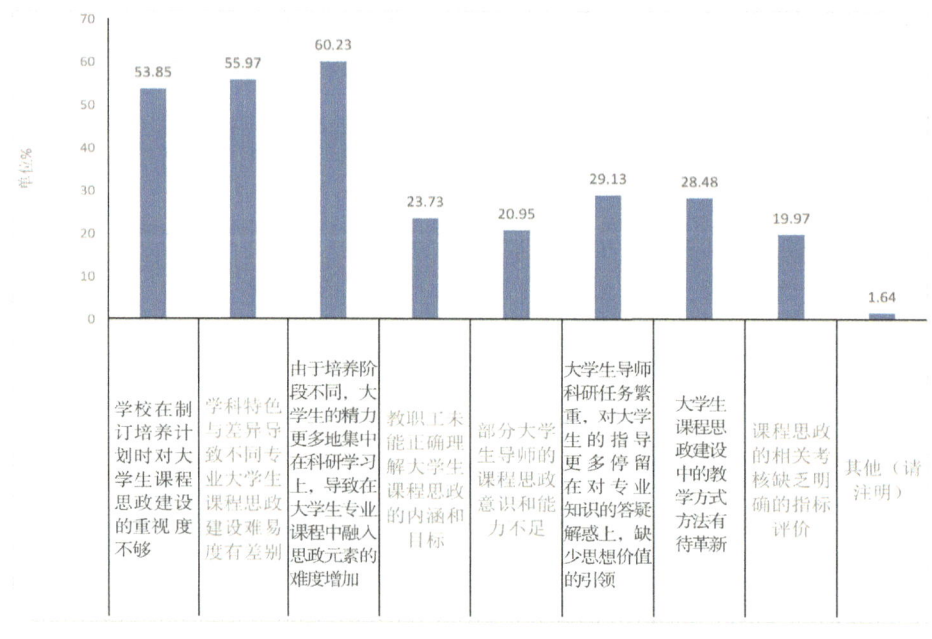

图 3-3　制约大学生课程思政建设的因素（大学生调查问卷）

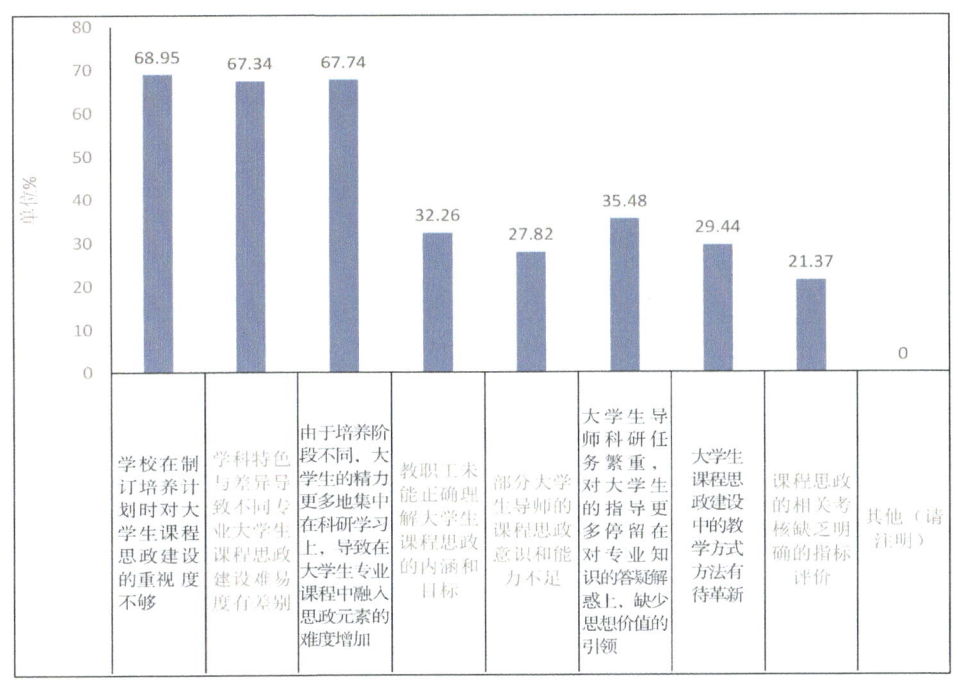

图 3-4　制约大学生课程思政建设的因素（教师调查问卷）

除了以上三个方面的因素外，调查问卷结果也显示了制约课程思政有效开展的其他原因，如教职工未能正确理解大学生课程思政的内涵和目标；大学生导师科研任务繁重，对大学生的指导更多停留在对专业知识的答疑解惑上，缺少思想价值的引领；大学生课程思政建设中的教学方式方法有待革新；部分大学生导师的课程思政意识和能力不足；课程思政的相关考核缺乏明确的指标评价等。教师和学生都认为，"大学生导师科研任务繁重，对大学生的指导更多停留在对专业知识的答疑解惑上，缺少思想价值的引领"在"其他原因"中居于首位。由此可见，大学生导师在对大学生进行专业指导的同时，要注意加强思想价值引领。可喜的是，教师和学生都意识到了这个问题。

2.协同机制现状存在的突出问题

通过分析调查结果发现，在教师调查问卷第 12 题和大学生调查问卷第

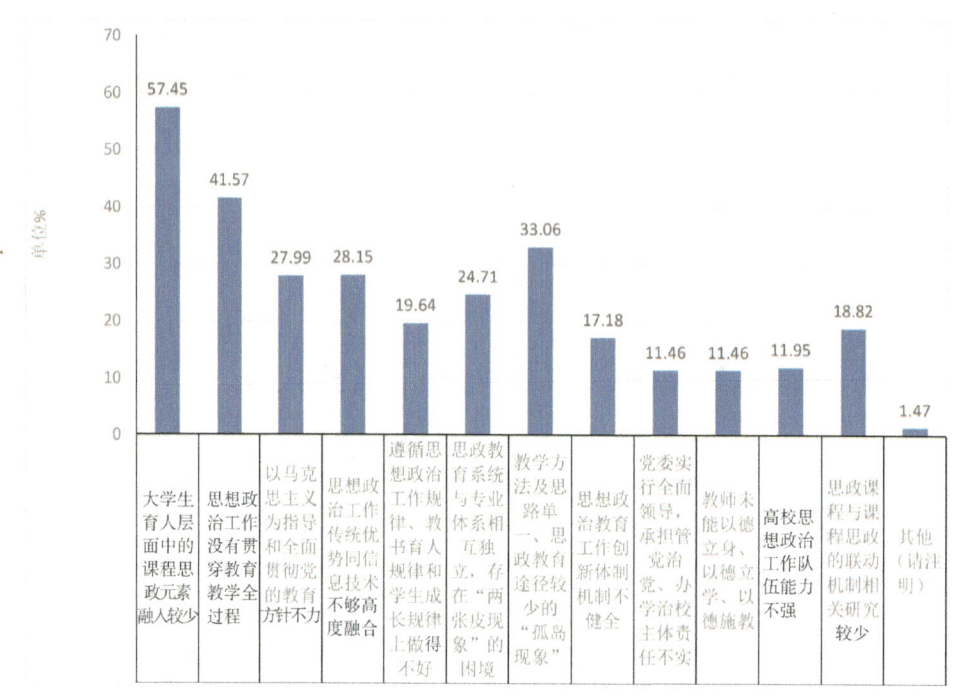

图 3-5　当前思政课程与课程思政协同机制工作存在的突出问题（大学生调查问卷）

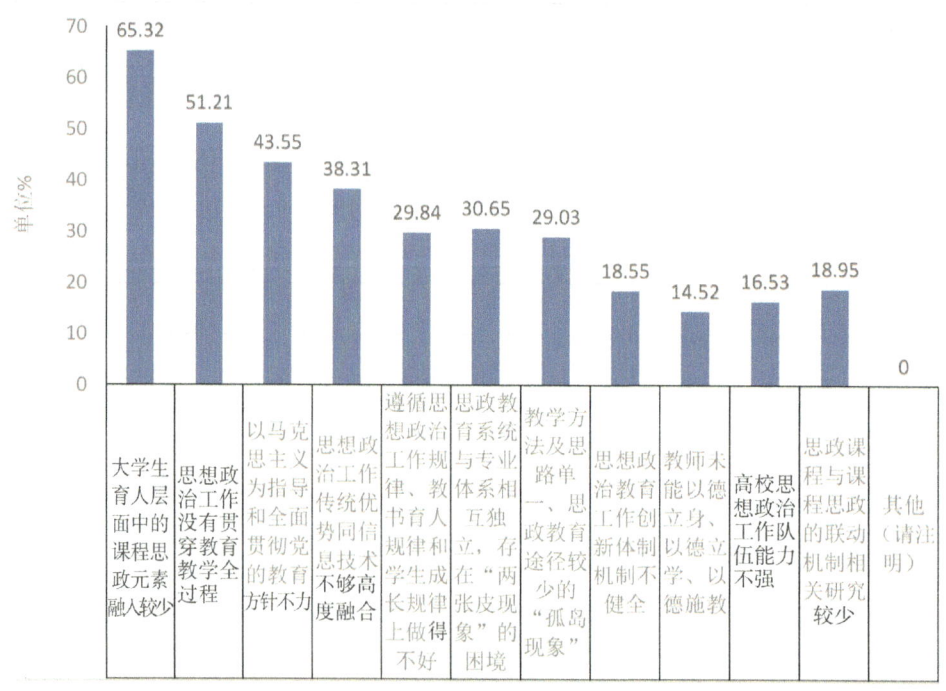

图 3-6　当前思政课程与课程思政协同机制工作存在的突出问题（教师问卷）

22题"您认为当前思政课程与课程思政的协同机制工作存在的突出问题"中，教师和大学生比较一致地认为以下三个方面的因素是突出问题：①大学生育人层面中的课程思政元素融入较少；②思想政治工作没有贯穿教育教学全过程；③思想政治工作传统优势同信息技术不够高度融合。在参与调研的611名大学生中，选择以上三个选项的人数比例分别是57.45%、41.57%和28.15%（见图3-5）。在参与调研的248名教师中，选择以上三个选项人数比例分别是65.32%、51.21%、38.31%（见图3-6）。由此可见，教师和大学生对思政课程与课程思政协同机制的教学内容、教学过程、教学媒介中存在的突出问题有明确的认识。

除以上三个突出问题以外，个别选项上也存在师生认识上的差别。比如，33.06%的大学生和29.03%的教师认为当前思政课程与课程思政协同机制工作存在的突出问题是：教学方法及思路单一、思政教育途径较少的"孤岛现象"（见图3-5、图3-6）。由此可以看出，教师对于自身教学方法、思路、教育途径中存在的"孤岛现象"认识不足，有待改进。课程思政作为一种交互的、多维的育人理念，高校应以课程思政与思政课程内在逻辑为起点，从顶层设计、联动渠道、制度保障等方面剖析其难度，提出秉承教学初心、锻造教学队伍、制定教学制度的路径。

总体而言，大部分师生对于当前思政课程与课程思政的协同机制工作存在的突出问题的看法比较一致，尤其是对"大学生育人层面中的课程思政元素融入较少"这个问题，超过调研总数半数的师生均认为其是所有问题中居于首位的，这些情况应引起重视。

3. 高校思政课程和课程思政同向同行存在的困难

高校思政课程和课程思政同向同行的现实难题，一是通过顶层设计，构建课程协同机制；二是建立一套完整的科学管理机制，实现科学决策；三是建立队伍保障机制，实现可持续的课程建设；四是建立政策激励机制，反馈激励，形成良性发展的内生动力。

在教师调查问卷第 15 题关于"您认为构建课程协同机制，解决高校思政课程和课程思政同向同行的现实难题，需要在哪些方面重点加强"这一问题中，如图 3-7 所示，59.27% 的教师认为需要通过顶层设计，构建课程协同机制；72.18% 的教师认为需要建立一套完整的科学管理机制，实现科学决策；58.47% 的教师认为需要建立队伍保障机制，实现可持续的课程设置；52.02% 的教师认为需要建立政策激励机制，反馈激励，形成良性发展的内生动力；39.11% 的教师认为需要建立质量评价机制，为课程协同机制运行状况提供评判依据。

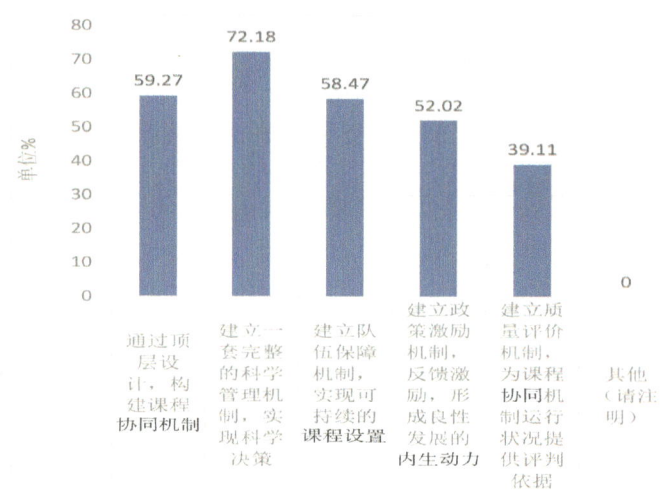

图 3-7　构建课程协同机制，解决高校思政课程和课程思政同向同行的困难，

需要在哪些方面重点加强（教师调查问卷）

综上所述，"建立一套完整的科学管理机制，实现科学决策"是调研的教师群体中普遍认为亟待解决的问题，另外超过调研总数半数的教师均认为需要通过顶层设计，构建课程协同机制；需要建立队伍保障机制，实现可持续的课程设置；需要建立政策激励机制，反馈激励，形成良性发展的内生动力。这说明高校需要重视高校思政课程和课程思政同向同行发展中的宏观问题，解决机制设置、队伍建设、反馈机制等问题。在解决人才培养路径同向同行问题上，高校要在实施课程思政、聚焦教师队伍、课程建设、课堂教学等方面，将思政元素有机融入专业课教育，尽快建立与课程思政相配套的考评机制、激励机制、督查机制等，使每一位教师都能积极主动地参与到课程思政建设当中。在人才培养体制上同向同行，构建以思政课程为主导的同向同行运行机制，解决好以思政课程为核心的课程体系，使各类课程和思政课相互配合、互相补充，充分发挥各方面与思政课同向同行的协同效应，构建思政大格局，协同实现"三全育人"和同频共振的目标。

4. 当前思想政治教育存在的问题

通过分析调查结果发现，大学生调查问卷第 17 题"您认为当前高校思想政治教育存在的主要问题"，611 名大学生中，有 65.47% 的人认为，"思政教育和学生思想需求实际联系不够紧密"处在首位，其次是"内容单调枯燥"，选择此项的大学生占调查人数的 52.86%。有 51.06% 的大学生认为教育过程存在形式主义；有 47.95% 的大学生认为理论空洞抽象，没有或很少与实践相结合；有 26.19% 的学生认为没有充分发挥对社会发展的促进作用；有 8.35% 的大学生认为是其他原因。（见图 3-8）

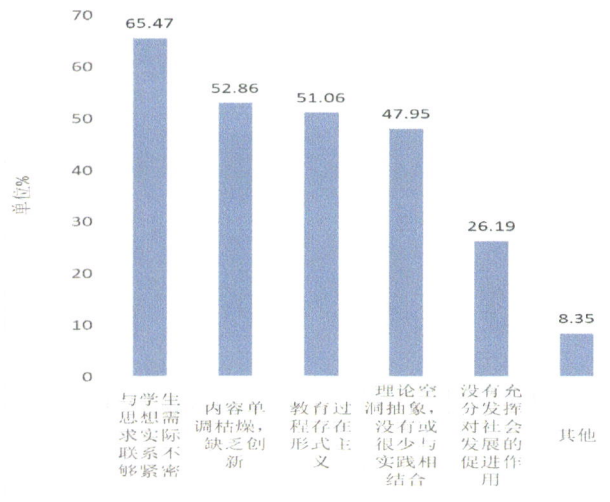

图 3-8　当前高校思想政治教育存在的主要问题（大学生调查问卷）

5. 思政课程与课程思政教育工作存在的问题

思政课程与课程思政是高校协同育人系统的两个核心要素，拥有一个共同的主旨，即"思想政治教育"。思政课程是对大学生的道德品质进行指引的关键课程与最主要的门径，这类课程一般是指思想政治理论课。课程思政则可以看作对传统思政教育方式的更新与互补，教师可利用各专业课程中的思政资源对大学生实施教育，与思政课程搭建协同育人系统，实现立德树人。随着课程思政建设理念的丰富和发展，各高校对相关探索已逐步由理论研究转向实际建设。作为相互联系、相互作用的两个要素，思政课程与课程思政有机融合才能构成具有立德树人功能的协同育人系统。

在大学生调查问卷第 20 题"您认为当前高校思政课程与课程思政教育工作存在的突出问题"中，调查结果显示，当前高校思政课程与课程思政教育工作存在的突出问题主要有以下 5 个方面：有 56.3% 的大学生认为思政元素融入专业课学习的较少；有 54.01% 的大学生认为思政课程与其他专业课程体系相互独立；有 51.39% 的大学生认为教师教学方法及思路单一；有 41.73% 的大学生认为思政教育系统化较少；有 38.46% 的大学生认为思政教育与专业教育未能融合发展。（见图 3-9）

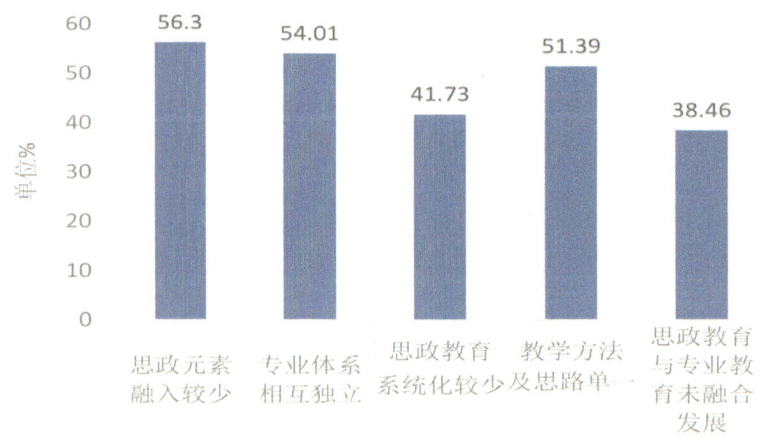

图 3-9　当前高校思政课程与课程思政教育工作存在的突出问题（大学生调查问卷）

四、高校思政课程与课程思政协同机制的问题分析

（一）制度保障不健全

课程思政与思政课程的有效融合无不是以一套运行有序、系统完善的制度做保证的，制度规定二者以什么样的方式、遵循什么样的逻辑进行融合。当前，很多高校认识到课程思政的重要性，但是仅是把其写进学校的相关文件里，比较抽象和笼统，对于如何开展"课程思政"没有进行具体规划，并未形成一套完整的保障制度，导致二者的融合工作很难持续性地取得进展。在教师调查问卷第 11 题、大学生调查问卷第 21 题"您认为制约大学生课程思政建设的因素包括什么"中，有较为明显的体现。

课程思政是一项系统而复杂的工程，需要高校的党政领导作为第一负责人，相关职能部门与二级学院分工负责、统筹推进。高校实施课程思政涉及人才培养全过程，牵涉面广，需举全校之力共为之，需要建立健全课程思政系列制度建设。但目前高校课程思政尚处于起步探索阶段，制度建设滞后，导致合力难以形成，机制合力方面有待完善，且师资培训、培养方案改革、教材内容更新、教学方式方法改革、实践教学改革、考核评价等离不开人力、财力与物力，需要一定的经费支持。

（二）管理衔接机制不健全

课程思政与思政课程协同育人是诸多相互适应、相互制约、相互促进的要素构成的有机统一体，涉及的部门多、课程多、内容多、教师多、学生多，面对众多因素，如何整合资源、优化配置、提高效率是管理者应当关注的问题。由于历史和客观的原因，目前课程思政与思政课程主体部门互不隶属、相互独立，以致无法相互协调统一。在教师调查问卷第 12 题、大学生调查问卷第 22 题"您认为当前思政课程与课程思政的协同机制工作存在的突出问题有哪些"中有较为明显的体现。

目前高校课程思政多停留在文件与各级教育工作会议上，相关的培训与指导举措不足。高校对课程思政进行相关培训、指导尚未落实到位，各级教育主管部门出台的文件，譬如《高等学校课程思政建设指导纲要》中，也只是提出宏观指导性要求，如工学类专业课程应培养学生精益求精的大国工匠精神等，公共基础课程应注重在潜移默化中坚定学生的理想信念等。各级教育行政部门相关文件对每一门课程具体的课程思政举措与方法等并没有做出具体的要求和规定，这对高校的任课教师尤其是专业课教师的思政育人能力提出了挑战，即使他们能认识到课程思政的重要性，希望在课堂教学或实践教学中融入思政元素，但由于其思政育人能力欠缺，难以掌握课程思政教学技巧，不能很好地挖掘本门课程中的思政元素与教学方法，在一定程度上影响了高校课程思政的实施效果。

（三）保障缺位，难以形成课程思政协调机制

课程思政与思政课程协同育人评价机制内含双重评价功能，该类教学评价能够充分发挥导向和激励作用，促进教师转变"重智轻思"观念，在课程中促进教学管理部门间协作、教师间合作、教学内容融合，提高学生获得感等，目的是改进协同育人中存在的问题，激励各方齐心协力，以最佳方式提高协同育人效果。由于课程思政与思政课程协同育人是新课题，目前尚处在试点阶段，相关的教学评价也处于摸索阶段，尚未形成规范评价机制。

另外，尚未构建一套科学合理的二级学院与教师课程思政考核激励制度。以教师职称评定为例，目前，教师职称评定尚未将课程思政纳入考核范围或考核权重较小，难以引起教师的重视。例如，国家对高校教师职称评审改革的相关文件也只是强调"坚持以德为先，教书育人"。目前高校对教师职称晋升的考核，更多侧重业务能力、时效及科研能力，硬性指标大多是教学工作量、论文等，而对思政教育方面没有具体的硬性考核要求。毫无疑问，这种激励考核影响了任课教师及二级学院践行课程思政的积极性，削弱了课程思政的育人效果。如图 3-10 所示，在对教师调查问卷第 20 题"您对当前工作状况满意吗"的回答中可以看出，目前学校的保障激励措施相对欠缺，只有 34.27% 的教师对当前工作状况非常满意。

要调动教师开展思政教育的积极性，激发其创造力，增强人才队伍建设，还需要构建或完善相应的激励机制。目前高校多采用评选并用物质重奖教学名师等单一方式激励教师，受益面较小、功利性强，挫伤了多数课程思政教师的积极性，需创新完善覆盖面较大的教学激励措施。

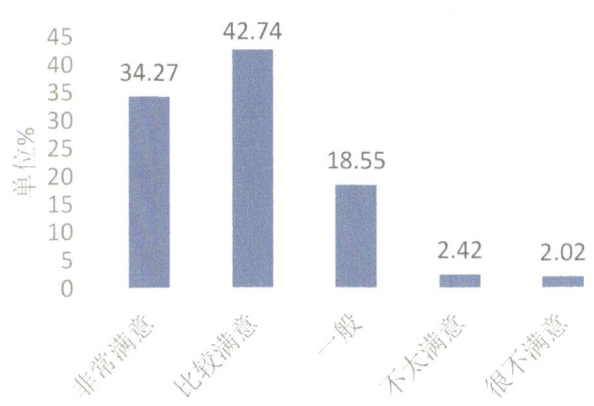

图 3-10　对当前工作状况满意度（教师调查问卷）

（四）教师综合素质的提升至关重要

目前，高校思想政治教育作用的发挥受较多因素的影响，主要有国家的重视程度、个人的认同程度、教师的教育态度和水平、内容是否丰富、形式是否多样和高校的宣传力度。学校的师资队伍、教师水平、教学条件、学生自身素质、校园文化氛围都有待提高，师资队伍也需要进一步扩充；教学水平需要进一步提高；教学条件需要进一步改善；学生自身素质需要进一步培养；校园文化氛围也需要营造得更浓厚。

高校教师在课程思政教育过程中的作用极为重要，他们的价值观念、治学理念都会对学生产生较大影响。在对大学生调查问卷第 18 题"您认为影响高校思想政治教育作用发挥的因素主要是什么"的回答中，有 69.89% 的大学生认为是国家的重视程度；有 71.36% 的大学生认为是个人的认同程度；有 68.25% 的大学生认为是教师的教育态度和水平；有 61.54% 的大学生认为是内容是否丰富；有 56.63% 的大学生认为是形式是否多样；有 46.97% 的大学生认为是高校的宣传力度。（见图 3-11）

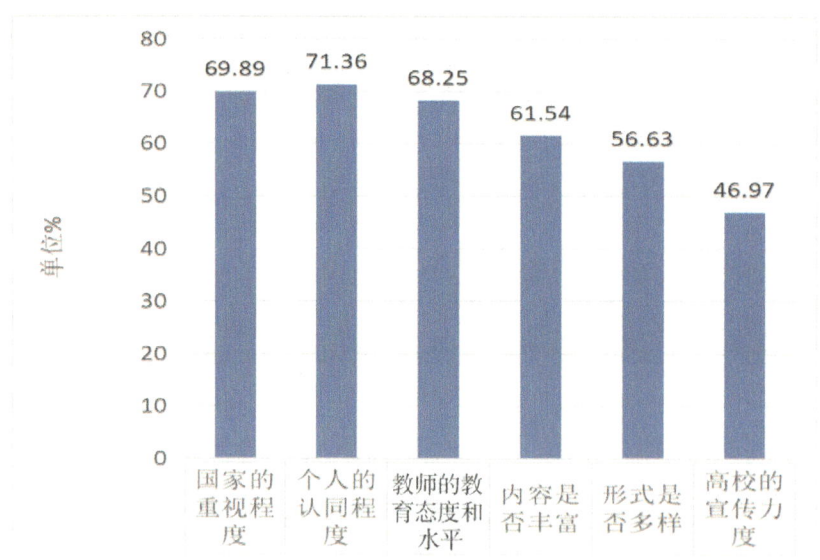

图 3-11　影响高校思想政治教育作用发挥的主要因素（大学生调查问卷）

在对大学生调查问卷第 22 题关于"您认为当前思政课程与课程思政的协同机制工作存在的突出问题有哪些"的回答中，有 19.64% 的大学生认为是遵循思想政治工作规律、教书育人规律和学生成长规律上做得不好；有 33.06% 的大学生认为是教学方法及思路单一、思政教育途径较少的"孤岛现象"；有 11.46% 的大学生认为是教师未能以德立身、以德立学、以德施教；有 11.95% 的大学生认为是高校思想政治工作队伍能力不强。（见图 3-12）

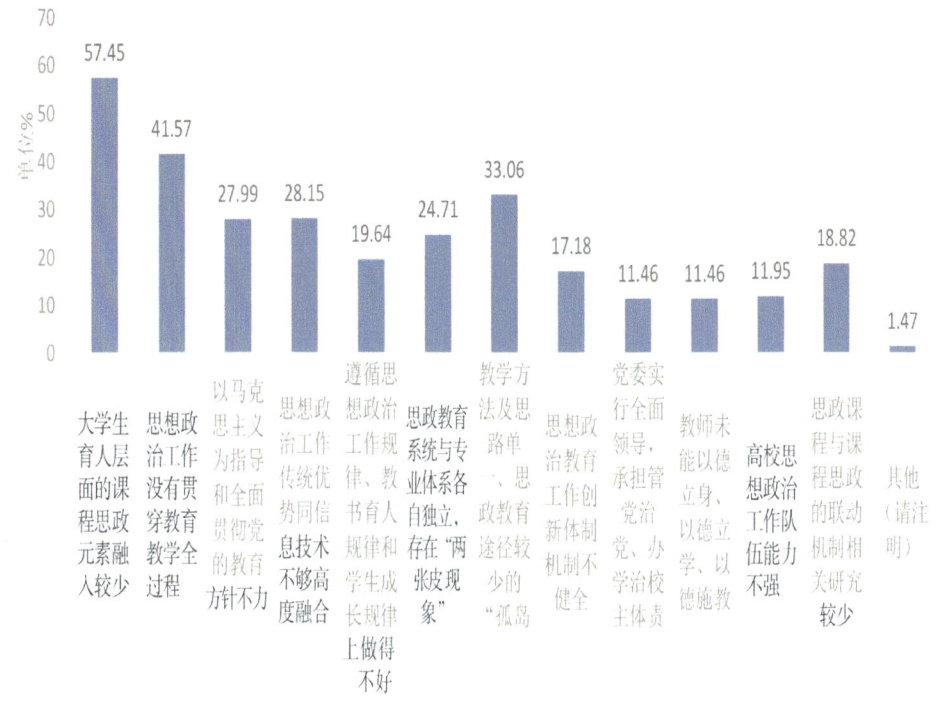

图 3-12　当前思政课程与课程思政的协同机制工作存在的突出问题（大学生调查问卷）

综上，有超过调研总数半数的大学生认为"教师的教育态度和水平"对高校思想政治教育作用发挥的影响较大，说明教师个人素质是影响高校思想政治教育作用发挥的重要因素，广大教师依然是推进课程思政建设的关键。其中"教学方法及思路单一、思政教育途径较少的'孤岛现象'""遵循思想政治工作规律、教书育人规律和学生成长规律上做得不好"是调研中大学生认为教师需要改进的地方。因此，教师要在思想上真正树立起教书育人的教育理念，改正教育态度，提高教育水平，充分挖掘和利用课程中的思政元素，在课程思政建设上达成共识，把立德树人根本任务落到实处。

（五）师生思想认识不到位

在大学版调查问卷第21题，关于"您认为制约大学生课程思政建设的因素包括什么"的回答中，有53.85%的大学生认为是学校在制订培养计划时对大学生课程思政建设的重视度不够；有55.97%的大学生认为是学科特色与差异导致不同专业大学生课程思政建设难易度有差别；有60.23%的大学生认为是由于培养阶段不同，大学生的精力更多集中在科研学习上，导致在大学生专业课程中融入思政元素的难度增加；有23.73%的大学生认为是教职工未能正确理解大学生课程思政的内涵和目标；有20.95%的大学生认为是部分大学生导师的课程思政意识和能力不足；有29.13%的大学生认为是大学生导师科研任务繁重，对学生的指导更多停留在对专业知识的答疑解惑上，缺少思想价值的引领；有28.48%的大学生认为是大学生课程思政建设中的教学方式方法有待革新；有19.97%的大学生认为是课程思政的相关考核缺乏明确的指标评价。（见图3-13）

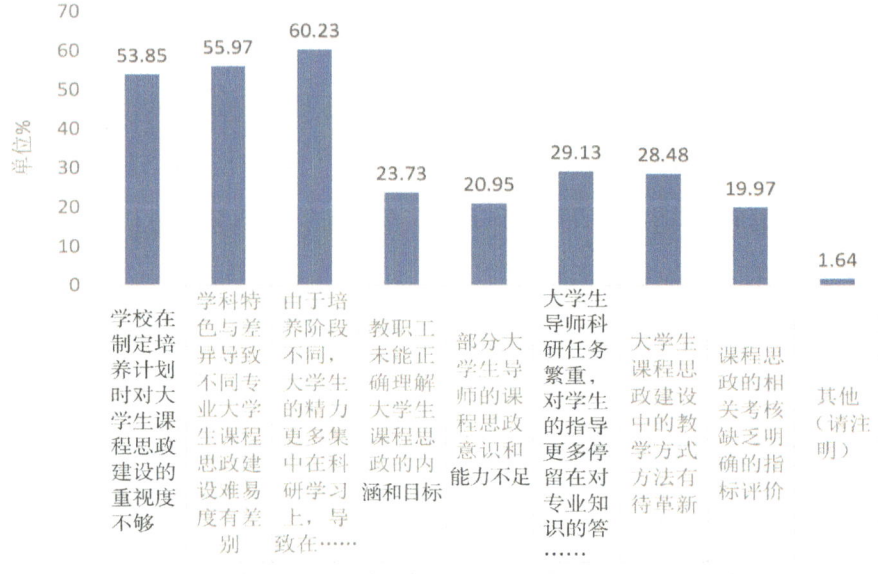

图3-13　制约大学生课程思政建设的因素（大学生调查问卷）

综上，虽然大部分大学生认为"制约大学生课程思政建设的因素"主要集中在学校的培养计划、专业差异、培养阶段上，但有近 1/3 的大学生认为，教师尤其是大学生导师对于思政意识认知不高、能力不足、缺少思想价值的引领、教学方式方法有待革新。鉴于此，加强高校教师队伍建设，提升教师的个人能力和综合素质，是大学生课程思政建设中的重要一环。

第四章

高校政治辅导员的核心素养培育

第一节 高校政治辅导员核心素养的理论内涵

党的十九大报告指出，中国特色社会主义进入新时代，我国社会主要矛盾已经转化为人民日益增长的美好生活需要同不平衡不充分的发展之间的矛盾。新时代新使命，满足人民群众对美好教育生活的向往，成为今后我国教育改革和发展的主要任务，人民群众对多样、特色、优质教育的需求更加强烈，对教师队伍素质提出更高的要求。2016 年 12 月召开的全国高校思想政治工作会议指出，高校思想政治工作关系高校培养什么样的人、如何培养人及为谁培养人这个根本问题，事关党和人民事业后继有人这个根本大计。要坚持把立德树人作为中心环节，把思想政治工作贯穿教育教学全过程，实现全程育人、全方位育人，努力开创我国高等教育事业发展新局面。这就需要从教师队伍建设入手，打造过硬的高校思想政治工作队伍。2018年1月，中共中央、国务院印发《全面深化新时代教师队伍建设改革的意见》，明确提出，大力振兴教师教育，不断提升教师专业素质能力，建设一支高素质创新型的教师队伍，配齐建强高等学校思想政治工作队伍和党务工作队伍，完善选拔、培养、激励机制，形成一支专职为主、专兼结合、数量充足、素质优良的工作力量。2019年2月15日，教育部召开介绍中共中央、国务院印发的《关于全面深化新时代教师队伍建设改革的意见》，颁布一年来全国各地贯彻落实情况及下一步教师队伍建设改革思路的发布会，会上强调："国家的发展需要高素质的人才，而高素质的人才一定离不开优秀的教师队伍。""健全教师的管理机制……打造一支政治上靠得住、师德师风好、专业水平高，适应新时代人才培养需要的高素质教师队伍。"中华人民共和国成立以来，中国高等教育70多年的发展历史充分证明，高校辅导员已经成为大学生健康成长的指导者和引路人。培养一支政治过硬、信仰坚定、高质量、高水准的高校辅导员队伍，是高校落实立德树人根本任务、培养德智体美劳全面发展的社会主义建设者和接班人的关键着力点和突破点。作为处在思想政治教育最前沿、距离大学生最近的人，高校辅导员的素养关乎高校人才培养质量，直接影响到大学生思想觉悟的高低和健康成长的水平。

近年来，"核心素养"一词成为我国乃至国际教育领域的一个热门话题，在目前全球教育视野中是一项重大的议题。在此大背景下，关于"教师核心素养"的研究逐渐成为新热点，提升教师核心素养成为高校人才培养质量的关键要素。那么，作为大学生的人生导师和知心朋友的高校辅导员，究竟应该具备哪些核心素养？这是当下值得我们深入探讨的问题。在新的历史方位上，提升高校辅导员核心素养的课题显得尤为重要。高校辅导员要责无旁贷地成为落实立德树人根本任务的责任主体和实施主体，这不仅是落实高校立德树人根本任务的重要保证，也是适应世界教育改革发展趋势、提升我国教育国际竞争力的内在需要。

一、研究价值

核心素养是当前全球教育视野中的一个新研究热点，世界各地区、各国纷纷结合各自的教育实际，加快研究制定核心素养的标准与体系。教育部颁布的《高等学校辅导员职业能力标准（暂行）》确定了高校辅导员的职业能力特征和职业守则。《普通高等学校辅导员队伍建设规定（第43号令）》进一步明确了发展目标，界定了辅导员具体身份，丰富了工作职责。虽然以上两个教育部文件从职业要求、职业守则、工作标准等层面提出了高校辅导员职业道德建设的要求，但是没有进一步凝练出核心素养标准与体系，缺乏系统化的测评方案。高校辅导员的核心素养体现的是其职业发展所需的必备品格和关键能力，对高校育人工作发挥着至关重要的作用。因此，研究新时代高校辅导员核心素养标准与体系具有十分重要的理论价值。

近年来，国家和高校都高度重视辅导员队伍建设，明确了职业化、专业化、专家化的发展方向。但是现有教育政策与提升高校辅导员素养的具体实践之间缺乏有效衔接，形成了"政策及时，措施滞后；目标清晰，路径模糊；意向强烈，驱动乏力；理想丰满，现实骨感"的困境，如何破解这一困境是当前亟待解决的现实难题。构建核心素养体系可实现教育政策的具体化，成为连接宏观教育理念、发展目标与高校辅导员工作实践的中间环节。通过核心素养这一桥梁，将政府教育政策转化为可操作的、易于理解的具体指标，为衡量辅导员职业发展状况提供评判依据。因此，探索新时代高校辅导员面向职业发展所需的核心素养标准与评价指标体系有着至关重要的实际应用价值。

二、国内外研究动态

本节从核心素养理论、高校辅导员核心素养两个方面分析国内外研究现状和趋势。

（一）核心素养理论的相关研究

"核心素养"一词是舶来品，由 1997 年国际经济合作与发展组织（以下简称"国际经合组织"）最早提出并做出较为系统的解释。经过 20 余年的理论发展，核心素养理论已成为许多国家或地区制定教育政策、开展教育改革的基础。学者们虽然对核心素养理念认知、价值定位、研究视角等存在着分歧，但普遍认为"核心素养"不同于一般意义上的素养或能力，是"能够满足个体终身发展和社会发展需要的综合品质和关键能力"，它以时代发展、社会需要及人的全面发展为取向，构成自身框架体系，又不能超越一时一地的历史文化因素影响。目前美国、英国、联合国教科文组织等 15 个国家、地区和国际组织制定了各自的核心素养内容体系和结构框架，大致分为四类：①层级并列型。国际经合组织提出核心素养的内部要素关系是并列的，表现出鲜明的层级递推关系。②整体交互型。欧盟认为核心素养的要素相互影响、交叉重叠并形成整体，核心素养是一系列可迁移的、功能多向的知识、技能和态度的集合，是每个人发展自我、融入社会及胜任工作所必需的。③系统立体型。美国提出核心素养各要素的立体型架构，其"21 世纪技能"既包含了公民的关键能力，也包含了公民关键能力的评价体系和培育过程，尤其把教师专业发展作为支持系统整合到核心素养体系中，是较为综合和成熟的结构模型。④同心辐射型。中国台湾学者蔡清田认为核心素养各要素之间呈同心圆结构排列，以核心为圆点向外辐射，其"国民核心素养体系"就把"人作为终身学习者"当作中心目标，培养三种能力，即"自主行动能力、沟通互动能力、社会参与能力"，相应地养成九项素养，在整体上重视学科知识、能力、态度的统整。

（二）高校辅导员核心素养的相关研究

我国对核心素养理论的研究起步较晚。2014 年 3 月，教育部在《关于全面深化课程改革落实立德树人根本任务的意见》中，引入"核心素养体系"概念，将其作为重要的育人目标，故研究成果多集中在学生核心素养的理论内涵、指标体系等方面。目前对教师核心素养，特别是高校辅导员核心素养的研究在理论和实践方面均处于探索阶段，所以高校辅导员核心素养体系的研究成果相对匮乏。

在中国知网上，课题组以"高校辅导员核心素养"为关键词进行文献检索后发现，以"高校辅导员核心素养"为篇名的相关文章最早出现在 2016 年 3 月，2016 年 3 月—2020 年 11 月发表的"高校辅导员核心素养"相关文献的数量并不多，共 39 篇，分别为 2016 年 1 篇、2017 年 2 篇、2018 年 9 篇、2019 年 17 篇，2020 年 1—11 月 10 篇，发表趋势如图 4-1 所示。以"高校辅导员素养"为篇名进行文献检索后，发现最早的一篇文章发表于 2006 年 12 月。2006 年 12 月—2020 年 11 月，14 年间共发表"高校辅导员素养"相关文献 392 篇，每年相关发表数量呈现不断上升的趋势，2019 年达到 64 篇之多，发表趋势如图 4-2 所示。

相关文章的理论研究主要分三类：①元要素说。该观点认为辅导员素养由最基本、最具生长性的关键要素组成，如，孟庆楠、吴井泉《从"思想"人到"思想人"——高职院校辅导员核心素养的生成路径》一文中认为"思想政治教育素养居于高校辅导员核心素养之首"。思想政治教育核心素养的价值核心就在于高校辅导员的思想，把其界定为"关键能力的工具、必备品格的资源和沟通交往的媒介"，并把"关注思想劳动、实现能力迁移、彰显实践意义"作为构建和生成辅导员核心素养的三条具体路径。②层次体系说。该观点认为核心素养体系应包含从低级到高级的若干层次内容，每个层

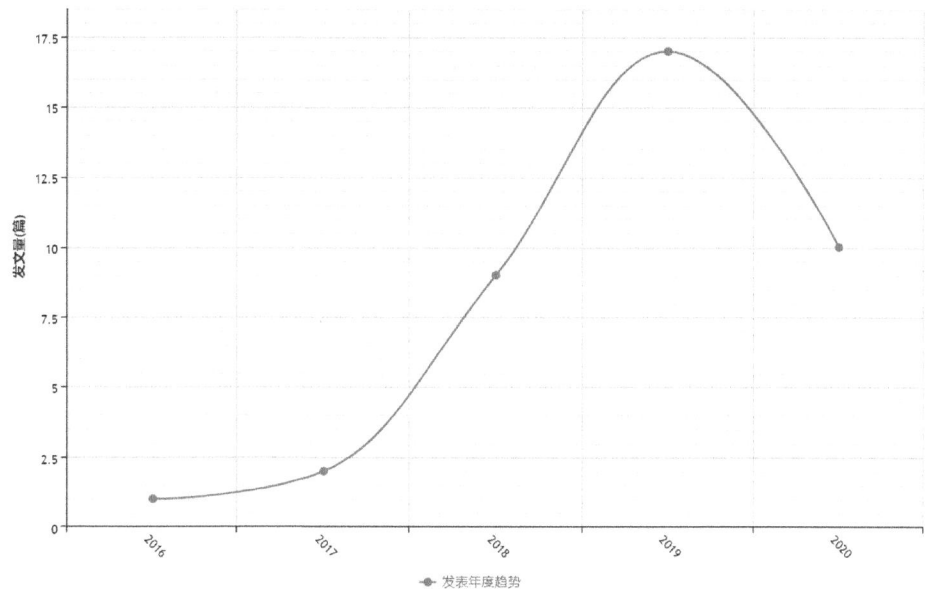

图 4-1 以"高校辅导员核心素养"为篇名的文献发表年度趋势

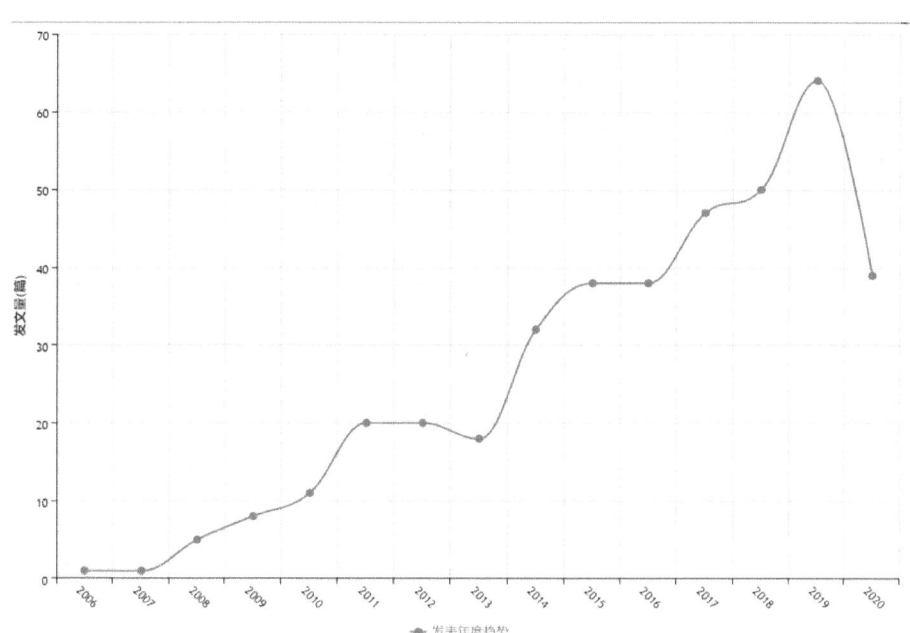

图 4-2 以"高校辅导员素养"为篇名的文献发表年度趋势

次包含不同的素养指标，形成系统立体型架构，如，王丹丹、张聪在《高校辅导员核心素养结构分析及培养策略》一文中提出职业管理素养、思想政治素养、信息与媒介素养、学习与创新素养 4 个维度和 18 项核心素养评价指标，尝试为高校辅导员核心素养培养方案的制定提供重要参考。③胜任特征说。该观点认为高校辅导员需要提高自身并胜任工作，明确自己所从事的"专业"，了解自己的专业素养，表征自己能够符合专业的要求。如，张劲、蔡新会在《思想政治教育者的专业素养分析——高校辅导员素养结构及模型》一文中通过对高校辅导员"专业化"的分析，依据国家发布的系列文件，结合高等教育的发展现实和现代管理学理论，在实证研究的基础上深入分析高校辅导员素养结构，并尝试建立专业素养模型。甚至有相当一部分学者将辅导员核心素养作为职业素养和职业能力体系中的一部分内容进行研究，还有的学者认为职业素养与核心素养的内涵与外延是完全一致的，或者仅仅是表述上的不同。

综上所述，核心素养是当前学界关注和研讨的热门话题，也是一种世界趋势，取得了一些研究成果，如在高校辅导员核心素养"概念内涵、理论结构、价值定位、评价指标、培育体系"等方面取得的原创性成果，既丰富了辅导员队伍建设和职业能力提升的理论体系，又具有实际应用价值，其所发展出来的理论和方法，为高校思想政治工作队伍和党务工作队伍建设相关问题的解决提供了新的思路和方法，也顺应了当前国际教育的改革趋势，提升了我国高校人才培养水平。

三、研究思路及方法

（一）研究思路

基本的研究思路如图 4-3 所示。

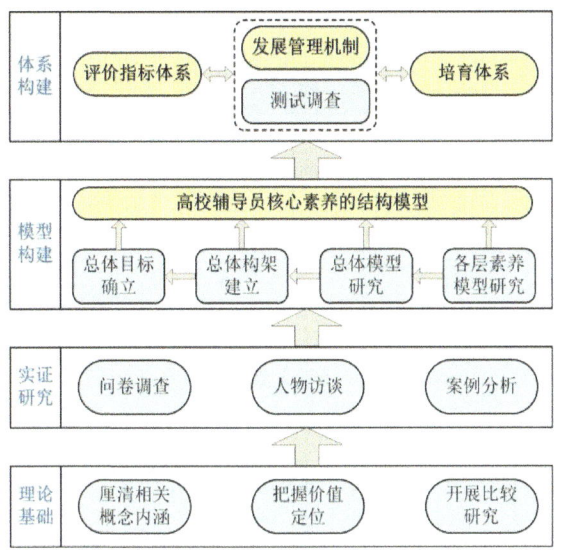

图 4-3　研究思路

　　具体来说，研究思路如下：通过基础理论研究，厘清高校辅导员核心素养的概念内涵，准确把握高校辅导员核心素养的价值定位；通过比较研究，分析与比较国际上各组织、地区和国家关于对核心素养研究的程序方法、指标体系和开展落实情况，梳理不同时期党和国家关于高校辅导员的教育管理政策，分析对该群体的总体要求；按照职业发展需求，对高校辅导员的专业素养和职业能力开展实证调查；通过定性、定量分析，建立高校辅导员核心素养的结构模型；运用规范研究方法构建高校辅导员核心素养的评价指标体系、培育体系、发展管理和运行机制，在实践中通过模拟应用加以完善。

（二）研究方法

　　主要采取了如下研究方法，如图 4-4 所示。

　　（1）文献分析法。对已经搜集到的文献资料进行查阅分析与研究，通过规范研究，对"核心素养"和"高校辅导员核心素养"的概念进行科学规范的界定，对其特征、类型、结构体系等进行准确的表述，把握高校辅导员核心素养的价值定位。

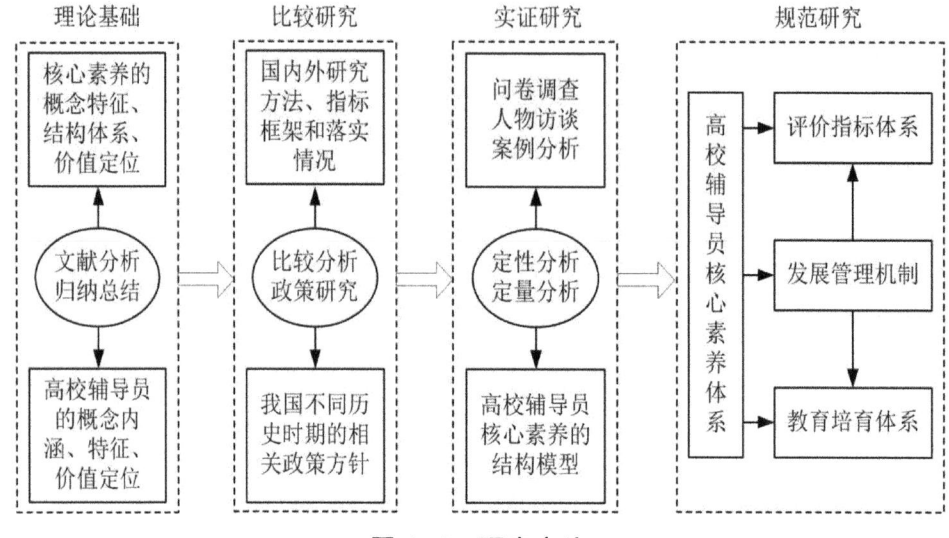

图 4-4 研究方法

（2）比较研究法。运用比较、演绎方法，比较分析国内外关于核心素养的理论成果和不同历史时期的国家教育政策。

（3）实证研究法。选取代表性高校，面向相关群体开展人物访谈、问卷调查和案例分析，多渠道采集需求数据，构建高校辅导员核心素养的结构模型，定性、定量分析总体目标和层级目标。

（4）模拟应用法。面向高校辅导员群体，对高校辅导员核心素养的评价指标体系、培育体系、发展管理和运行机制进行模拟应用，然后分析修正。

第二节　高校辅导员核心素养的内涵、特征及价值定位

一、高校辅导员核心素养内涵

（一）厘清核心素养的概念与本质

自 2014 年《中国学生发展核心素养》发布以来，核心素养就成为我国教育领域乃至全社会广泛关注的话题，学术界、教育实践领域和教育研究领域越来越重视核心素养的研究。但是，已有的研究成果对核心素养的内涵和外延有多种不同的看法和表述，如何正确理解这一概念，众说纷纭。因此，对于这一概念进行梳理很有必要。

"核心素养"这一概念来源于西方 "Key Competencies" 一词，直译为 "关键能力"，但从其所涵盖的内容看，译为 "核心素养" 更为恰当。当前学术界普遍认可的 "Key Competencies" 这一术语最早出现在国际经合组织和欧盟理事会 2003 年出版的最终研究报告《核心素养促进成功的生活和健全的社会》（*Key Competencies for a Successful Life and a Well-Functioning Society*）。国际经合组织于 20 世纪 90 年代率先总结出有关核心素养的指标体系，随后，欧盟、联合国教科文组织各自提出了核心素养的指标体系。"Key Competencies" 传入我国之后，译名曾有争议，我国台湾学者首先译作 "核心素养"，大陆学者一般译作 "关键能力" 或者 "关键素养"。直到 2013 年，意见才逐渐统一为 "核心素养"。

21世纪初，国际上有一个词"21st Century Skills"，一般译为"21世纪能力"或者"21世纪技能"，实际上，从词义讲，英文中的Competences和Skills在描述人的发展问题上并没有什么本质区别。目前，大众普遍认可的翻译是"21世纪素养"。此项研究从内容上看，与核心素养也是大同小异。关于21世纪素养的研究始于美国。2002年，美国成立的"21世纪素养合作组织"制定了《21世纪素养框架》。2007年，该组织发布了更新版本。随后，新加坡和日本分别于2010年和2013年提出本国的"21世纪素养"和"21世纪能力"。

综上分析，可以把核心素养简单概括为：为适应21世纪社会的发展和变革，人所应具备的关键素养。简而言之，核心素养即"21世纪关键素养"。

理解核心素养的概念、厘清核心素养的本质，需要把握以下几点：

第一，核心素养不等于关键能力。自2017年国家颁布《关于深化教育体制机制改革的意见》（以下简称《意见》），提出要着力培养"四种关键能力"即"认知能力、合作能力、创新能力、职业能力"之后，有人认为核心素养过时了，也有人认为核心素养和关键能力是一回事，就是"换汤不换药"。其实，关键能力并不等同于也不能取代核心素养。核心素养强调的是适应社会发展和终身发展的必备品格和关键能力，而《意见》仅对关键能力做出了说明。那么，核心素养中强调的必备品格是什么呢？爱因斯坦曾说："优秀的品格和钢铁般的意志比博学和智慧更加重要。"人的终身发展和社会发展进步不仅需要关键能力，还需要培养必备品格，如责任感、团队精神、坚强的意志等。在关键能力与优秀品格的共同作用下，核心素养才能获得综合效用。

第二，核心素养中的"核心"主要体现"关键素养"。国际上，很多国家制定的核心素养培育框架几乎涵盖人类发展所具备的全部素养。对于我国来说，核心素养主要体现"关键素养"。核心素养是人的知识、能力和情感态度的综合，是跨越学科并且高于学科知识的。马克思主义哲学认为在事物发展过程中，必须把握矛盾的主要方面，才能正确认识事物的主流和性质。人的生存与发展需要综合多种素养。面对时代发展的挑战，人所具备的各类素养需要有优先顺序，如创新能力、社会交往能力、网络媒介素养、文明素养。如同矛盾的主要方面，这些素养的优劣关系社会进步、国家发展、民族振兴。

第三，核心素养要反映共性的要求，更要体现个性的特征。"核心素养"一词来源于国外，随着全球化不断深入发展，核心素养正在全球范围内普及，世界各国各类人群的核心素养有一定程度的共性，如世界各国都很重视对于国民信息素养的培育，但是由于世界各国发展程度不同，面临的关键问题不同，各民族文化习俗、生活习惯存在很大差异，各国对本国人民核心素养的厘定和培育也有内容上的差异。就我国而言，国民有一种核心素养亟待培育，就是对创新能力的培育。我国当前对于大学生及科研领域的创新相当重视，对于基础教育创新能力培养的投入也日益增多。

（二）高校辅导员核心素养的内涵

高校辅导员的核心素养是要与高校辅导员的工作和生活情境相关联的，是知识、能力、态度应用于工作和生活情境的产物。高校辅导员的工作具有高度的专业性、政治性、灵活性和实践性，要求其具备较高的综合素质。高校辅导员应努力提高自身综合素质，不断学习和探索，为国家发展、民族振兴培养高质量复合型人才。结合上述对核心素养概念的理解，并根据辅导员的工作特点和实际情况，可将高校辅导员核心素养的概念界定为在其职业生涯发展过程中，为促进个人职业发展和学生发展所应具备的关键能力和必备品格。与一般素养相比，核心素养是影响辅导员职业生涯发展和学生健康成长的关键素养，涵盖社会价值和个人价值两方面，主要包括辅导员的思想政治素养、专业素养和职业素养。

思想政治素养是高校辅导员核心素养中最基本、最重要的方面。辅导员的首要工作职责是对当代大学生做好思想政治教育和价值引领。在新形势下，高校辅导员必须具备坚定的政治立场、较高的政治理论水平、严明的政治纪律、正确的政治方向，不断增强自身党性修养，学习科学的政治理论，这样才能够帮助当代大学生正确学习和掌握马克思主义理论，坚定"四个自信"、增强"四个意识"、做到"两个维护"，帮助大学生树立正确的世界观、人生观、价值观。

专业素养是高校辅导员核心素养中必不可少的方面。当代大学生的特点是思想活跃、接受能力强、知识更新快，但是心理状况也容易受到影响。当前高校辅导员管理的学生数量普遍较多，如何做到有效管理每个学生，对辅导员的专业素养提出了很大挑战。基于以上特点，大学生的思想政治教育工作要求辅导员必须具备扎实、广博的专业知识和业务能力。专业知识主要包括深厚的理论功底，以及管理学、心理学、社会学等社会科学文化知识。辅导员具备较高的专业素养，一方面能够正确有效引领学生价值取向，另一方面能够及时察觉学生异常的心理状况并给予及时的、专业的心理疏导。

职业素养包括爱岗敬业、高尚的道德情操、真挚的仁爱之心、优秀的心理品质、良好的组织管理能力等。职业素养需要从长期的工作中积累和沉淀而来。作为学生成长成才的引路人，高校辅导员必须具备过硬的职业素养，在思想政治素质和道德品质过硬的前提下，以饱满的热情和尽职尽责的态度面对学生。高校辅导员要紧扣时代的脉搏，不断更新教育理念，随时了解学生的思想动态，尊重、理解、宽容学生，及时解决学生的实际问题。

二、高校辅导员核心素养的特征

（一）高校辅导员核心素养的时代性

高校辅导员是大学生日常教育和管理工作的组织者、实施者和指导者，国家和社会对辅导员的角色定位决定了辅导员的核心素养具有时代性。随着社会发展和信息技术的变革，当代大学生在很多方面呈现出许多新的特点，如思维方式、生活形态、交往模式和价值观念等，这些特点表现在生活方式的网络化、价值取向的多元化、思维方式的自主化等方面。辅导员要做好大学生的人生导师，就要适应当代大学生的发展需求和群体特征。党的十八大以来，中国发展进入全新的历史方位，学生工作的载体、方式、理念、场域等方面也随之发生变化，高校辅导员的核心素养既要立足现实又要着眼未来，紧扣时代发展的脉搏。这是辅导员核心素养的起点和归宿。

（二）高校辅导员核心素养的可发展性

核心素养体系形成之后，就会比较稳定地呈现出一定的思想和行为，但并不代表这种体系是一成不变的。随着辅导员自我修养能力的提升、思想政治素质的增强、业务能力的熟练，以及社会的不断发展等各种因素的变化，核心素养也会进一步发展。由于人与人的各种能力发展不均衡，高校辅导员可以通过参加职业培训、社会实践、积累经验等方式进一步促进核心素养的培育和提升。

（三）高校辅导员核心素养的非全面性

高校辅导员的核心素养强调的是辅导员职业发展中满足个人发展和学生发展需求的关键素养，它是辅导员工作中必须具备的良好品质和关键能力，也是各种素养中起关键作用的素养，而不是面面俱到的全面素养。需要注意的是，辅导员的核心素养虽然不是全面素养，但是辅导员核心素养的三个层面却是相互联系的。马克思主义哲学认为整体和部分是辩证统一的。辅导的核心素养就如同一个整体，要立足整体，统筹全局，实现最优目标。核心的三个层面就如同各个部分，一个部分发展不好就会影响整体的功能。因此，高校辅导员的思想政治素养、专业素养、职业素养是相互联系、相互制约的有机整体。

三、高校辅导员核心素养的价值定位

（一）服务立德树人根本任务

2018 年召开的全国教育大会指出，要把立德树人作为教育的根本任务，融入高等教育各领域，管理体系要围绕这个目标来设计，教师要围绕这个目标来教，学生要围绕这个目标来学。这为高校德智体美劳全面培养教育体系的构建、高水平人才培养体系的形成指明了方向。立德树人是中华民族流传千年的教育价值追求。立德树人要先立德再树人，立德是基础，树人是目的。立德和树人是相互联系、相互促进的统一整体。高等教育的对象是人，教育的目的是培养人，教育的过程是人与人之间相互交流和沟通、共同进步的过程。高校辅导员是从事学生思想政治教育工作的一线教育工作者，是最了解学生的教育工作者，是落实立德树人根本任务的排头兵。因此，高校辅导员核心素养的培育也要以立德树人为根本目标。

（二）体现思想政治教育基本原则

高校辅导员的核心素养必须体现思想政治教育原则，这是由辅导员的工作内容及性质决定的。高校辅导员与学生接触最多，最了解学生所思所想，辅导员的工作内容涉及学生学习生活的方方面面，只有将思想政治教育与学生日常管理融合，将真情实感融入日常工作，立德树人的目标才能实现。作为高校辅导员，首先要坚持马克思主义理论和习近平新时代中国特色社会主义思想的指导，只有坚信真理并从中受益，学生才会受益。其次，思想政治教育是打造"灵魂"的大工程，辅导员必须深入浅出，春风化雨般将好的理念植入学生的灵魂，用学生想听、易懂、愿听的方式传递思想，将"高大上"的理论变成"接地气"的实践操作，这样才能使立德树人根本任务在辅导员的实际工作中张弛有度。

（三）遵循人才成长基本规律

高校辅导员核心素养体系的培育必须遵循辅导员成长的基本规律。优秀辅导员成长的过程往往既体现为思想层面的逐级深化，也体现为工作能力与工作水平的进阶，这主要是辅导员个人自我提升与外部环境的支持共同作用的结果。辅导员核心素养的设计首先要注重辅导员自我提升、充分发挥主观能动性的能力。首先，辅导员要做好职业规划、明确职业目标、制订阶段性实施计划，避免工作中的盲目被动。辅导员要充分发挥主观能动性，积极投身工作实践，不断分析大学生的思想动向，适时调整工作思路，不断掌握工作技能，持续提升个人素养。其次，辅导员核心素养的设计还要关注外部环境的激励和支持。外部环境主要包括高校管理部门出台的辅导员职级晋升制度、考评激励机制、辅导员素质能力提升培训，以及依托辅导员职业技能大赛、辅导员精品项目、辅导员年度人物等活动和平台，鼓励辅导员在实践中培养优秀品质。

第三节　高校辅导员核心素养现状调查与分析

《普通高等学校辅导员队伍建设规定》明确指出："辅导员是开展大学生思想政治教育的骨干力量……高等学校要坚持把立德树人作为中心环节，把辅导员队伍建设作为教师队伍和管理队伍建设的重要内容，整体规划、统筹安排，不断提高队伍的专业水平和职业能力……"高校辅导员围绕新时代大学生的生活、学习等各个方面开展工作，他们的工作直接关系到学校思想政治工作的具体成效。高校辅导员的核心素养直接影响学生的人生观、价值观，是影响学生成长成才的关键因素。因此，了解高校辅导员核心素养现状、直观分析现存的问题、提出行之有效的解决方案迫在眉睫。

项目组主要对高校一线辅导员的核心素养现状进行了问卷调查，通过有效可靠的数据支持，分析高校辅导员核心素养现状及存在的问题。

一、调查内容及对象

（一）调查问卷的发放

本研究采用匿名问卷调查的方式，项目组根据研究内容编制了《高校辅导员核心素养调查问卷》，通过线上线下相结合的方式进行发放。一方面，在教师办公室、教室、学生宿舍、图书馆等地向一线辅导员及学生发放问卷，填写后当场收回；另一方面，通过微信群、QQ 群等网络平台发送问卷，说明填写注意事项，保证调查问卷的填写数量和质量。

（二）调查问卷的主要内容

此次针对辅导员及学生设计不同的问卷进行调查，辅导员的问卷共设计题目20项，其中单项选择题17项，多项选择题和文字填充类各1项。问卷的内容主要结合《高等学校辅导员职业能力标准（暂行）》和《普通高等学校辅导员队伍建设规定》，围绕辅导员认为某种能力是否为高校辅导员应具备的能力，结合提升自身能力的最佳途径，形成最终问卷，供辅导员选择。调查问卷中，辅导员应具备的能力包括表达能力、组织能力、信息处理能力、自我控制能力、心理咨询能力、判断能力、思想政治认知能力、人格完善能力、责任行为能力、信息认知能力、媒体运用能力、综合知识学习能力、科学研究能力、创新能力等14项能力。学生的问卷共设计题目20项，选项设置和教师问卷一致。问卷的主要内容是关于辅导员工作和生活管理、具备的能力、应有的品质、职业素养等方面的认同情况。根据统计分析，问卷反映的数据翔实、全面，信度效度理想。

（三）调查对象

此次调查向辅导员和学生合计发放问卷1200份，回收有效问卷1102份，有效问卷回收率为91.8%。本次问卷调查涉及河南大学、华北水利水电大学、河南工业大学、河南中医药大学、河南财经政法大学、郑州轻工业大学、郑州航空工业管理学院、信阳师范学院等8所高校的辅导员及在校学生。

本次调查向辅导员发放问卷200份，回收有效问卷182份，有效问卷回收率为91%。如表4-1所示，从性别来看，男性辅导员人数占总数的56.93%，女性辅导员人数占总数的43.07%；从年龄来看，25岁及以下的辅导员占总数的25.73%，26岁至30岁的辅导员占总数的44.53%，31岁至35岁的辅导员占总数的25.02%，36岁及以上的辅导员占总数的4.72%；从学历层次来看，专科学历的辅导员占总数的3.98%，本科学历的辅导员占总数的 16.42%，硕士研究生学历的辅导员占总数的 79.60%，博士研究生学历的辅导员占比为 0；从所从事辅导员工作情况来看，专职辅导员占总数的 82.94%，兼职辅导员占总数的 17.06%。

表 4-1　被调查高校辅导员基本情况

类　别	选　项	百分比 %
性　别	男	56.93
	女	43.07
年　龄	25 岁及以下	25.73
	26 岁至 30 岁	44.53
	31 岁至 35 岁	25.02
	36 岁及以上	4.72
学历层次	专科	3.98
	本科	16.42
	硕士研究生	79.60
	博士研究生	0
从事辅导员工作情况	专职	82.94
	兼职	17.06

本次调查向学生发放问卷 1000 份，回收有效问卷 920 份，有效问卷回收率为 92%。如表 4-2 所示，从性别来看，男生人数占总数的 40.93%，女生人数占总数的 59.07%；从学生是否担任职务来看，学生干部占总数的 37.06%，非学生干部占总数的 62.94%；从政治面貌来看，中共党员占总数的 2.74%，共青团员占总数的 94.53%，其他政治面貌占总数的 2.73%；从年级情况来看，一、二、三、四和其他年级所占的百分比分别为 32.28%、31.42%、20.90%、9.70%、5.70%。

表 4-2 被调查学生基本情况

类别	选项	百分比 %
性 别	男	40.93
	女	59.07
担任职务	学生干部	37.06
	非学生干部	62.94
政治面貌	中共党员	2.74
	共青团员	94.53
	其他	2.73
年 级	一年级	32.28
	二年级	31.42
	三年级	20.90
	四年级	9.70
	其他	5.70

二、高校辅导员核心素养认知现状

（一）认同度普遍偏高，首尾相差较大

项目组将调查问卷中涉及的 14 种能力按照被调查辅导员选择同意选项（一般、同意、非常同意）的百分比进行排序，得出图 4-5 所示结果：14 种能力数值普遍高于或接近 50%，相邻数值之间起伏不大，说明辅导员对调查表中的能力认同度较高，认为作为高校辅导员应该具备问卷中涉及的能力。从个体上来看，认同度第一的能力与末位的能力百分比相差较大，相差 41.34%，这表明辅导员对于自身应具备的能力认知不同、标准不一。

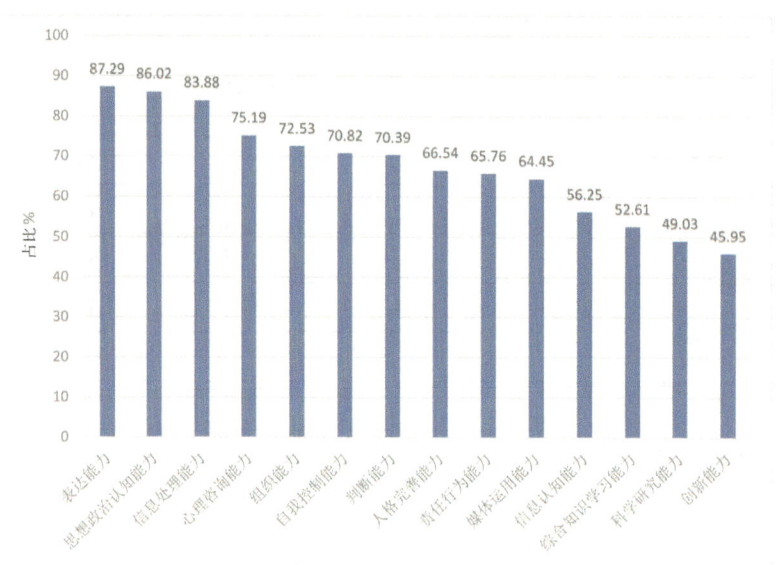

图 4-5　高校辅导员能力认同度

（二）表达能力居首位，创新能力居最末位

如图 4-5 所示，87.29% 的辅导员认为其应具备良好的表达能力，在所有能力中认同度排名第一，其次分别是思想政治认知能力和信息处理能力，占比分别为 86.02% 和 83.88%，八成以上辅导员认为上述三种能力较为重要。七成以上辅导员认为心理咨询能力、组织能力、自我控制能力和判断能力也是比较重要的能力，占比分别为 75.19%、72.53%、70.82%、70.39%。超过六成的辅导员认为人格完善能力、责任行为能力和媒体运用能力是辅导员应具备的能力，占比分别为 66.54%、65.76%、64.45%。超过五成的辅导员认为信息认知能力和综合知识学习能力较为重要，占比分别为 56.25% 和 52.61%，而认为科学研究能力和创新能力是辅导员应具备能力的被调查对象占总数不足一半，分别为 49.03% 和 45.95%。

调查显示，大部分辅导员认为从事辅导员工作最应具备良好的表达能力、思想政治认知能力、信息处理能力，其次是良好的心理咨询能力、组织能力、自我控制能力和判断能力，再次是人格完善能力、责任行为能力和媒体运用能力，最后是科学研究能力和创新能力。

随着科技的发展，媒体运用已经成为辅导员工作的重要手段，但是调查中发现还有部分辅导员对媒体运用能力的关注度不同，落后于时代的发展，不利于更好地完成本职工作。

相比而言，调查中仅有一半左右的辅导员认为综合知识学习、科学研究和创新能力较为重要，而另一半人认为这些能力与辅导员工作的相关性较弱，忽视了学习、科研和创新能力也是辅导员工作的重要组成部分。

同时，针对学生调查问卷中"您认为您心中的辅导员应该具备什么样的品质"的问题，如图4-6所示，68.08%的学生认为工作能力强是辅导员重要的品质，46.03%的学生认为辅导员应该有较高的学术科研水平，87.03%的学生认为辅导员应该有较高的思想觉悟，67.07%的学生认为辅导员应该沟通能力强、具有亲和力，59.75%的学生认为辅导员应该主动帮困助学，55.92%的学生认为辅导员应该深入学生、经常和学生打成一片，64.23%的学生希望自己的辅导员阅历丰富、能做学生的人生导师。

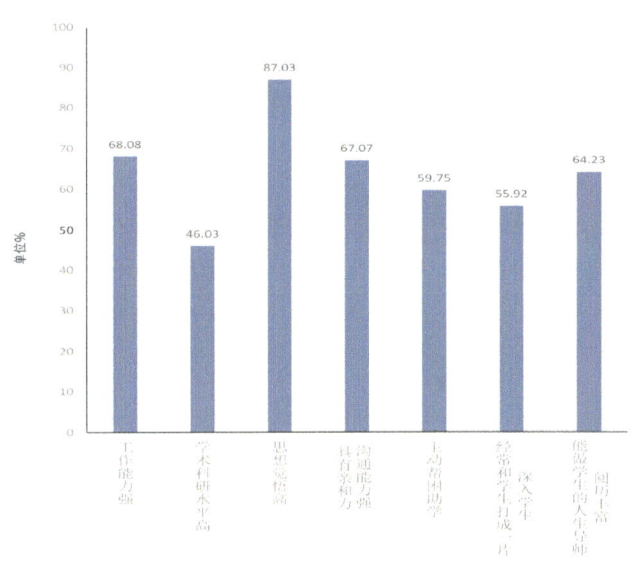

图4-6 辅导员应具备的品质

与辅导员自身认知相同，绝大部分学生也认为传统理念上的辅导员工作职能包括思想觉悟高、工作能力强、沟通能力强、阅历丰富和能引导学生是辅导员的重要品质。同时，大部分学生认为主动帮困助学和深入学生、经常和学生打成一片也是辅导员应具备的品质，但是相比而言，没有传统工作职能的品质重要。不到一半的学生认为辅导员应具备较高的学术科研水平，这和辅导员的观点是一致的，都不认为学术水平是辅导员应具备的重要能力。显然他们都没有认识到学术科研水平对辅导员自身能力提升的重要性，导致目前辅导员队伍整体的学术科研水平并不高。

三、高校辅导员核心素养认知问题分析

（一）高校辅导员组织能力、沟通能力有待提高

高校辅导员在日常工作中需要充分发挥良好的沟通能力，走进学生的内心世界，与学生沟通交流，获得学生的信任与支持，从而引导学生全面发展。同时《普通高等学校辅导员队伍建设规定》指出，辅导员是开展高等学校学生"日常思想政治教育和管理工作的组织者、实施者和指导者"。因此，良好的沟通能力是辅导员开展学生工作的前提，良好的沟通组织能力是辅导员必不可少的素质。

一方面，在关于"您的辅导员具有驾驭大型活动的组织能力"的调查中，调查结果如图4-7所示：16.18%的学生认为辅导员具有较强的组织能力，39.83%的学生认为辅导员有一定的组织能力，37.07%的学生认为辅导员组织能力一般，6.64%的学生认为辅导员组织能力较弱，0.28%的学生认为辅导员组织能力较差。整体来看，56.01%以上的学生认为辅导员能够驾驭大型活动，只有6.92%的学生认为辅导员不能够组织大型活动，这说明整体而言，辅导员的组织能力尚可。

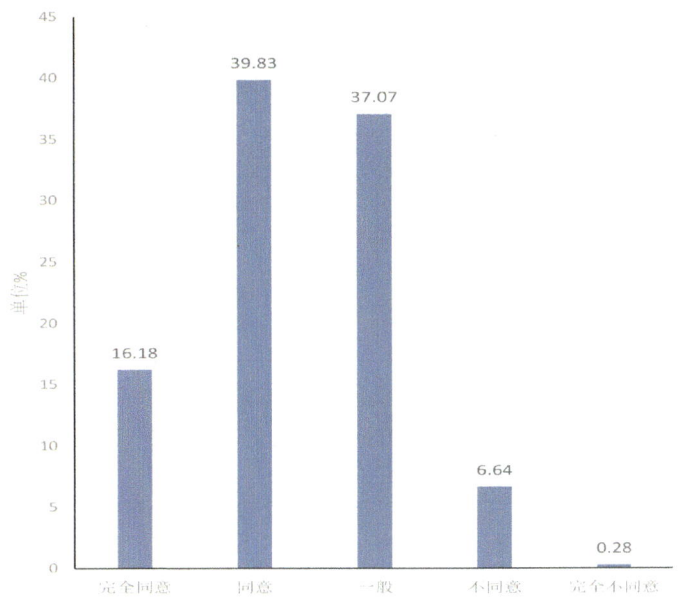

图 4-7 对辅导员组织能力认同度

另一方面，在关于"您的辅导员能与学生开展有效的交流沟通"的调查中，调查结果如图 4-8 所示：17.49% 的学生认为交流沟通非常有效，34.70% 的学生认为交流沟通有效，38.50% 的学生认为交流沟通效果一般，5.78% 的学生认为交流沟通无效，3.53% 的学生认为交流沟通非常无效。从调查结果来看，只有 17.49% 的学生完全同意自己的辅导员具有良好的沟通能力，更有 9.31% 的学生认为辅导员和自己沟通不了，这说明学生对辅导员的沟通交流能力满意度不高，辅导员的沟通表达能力有待加强。

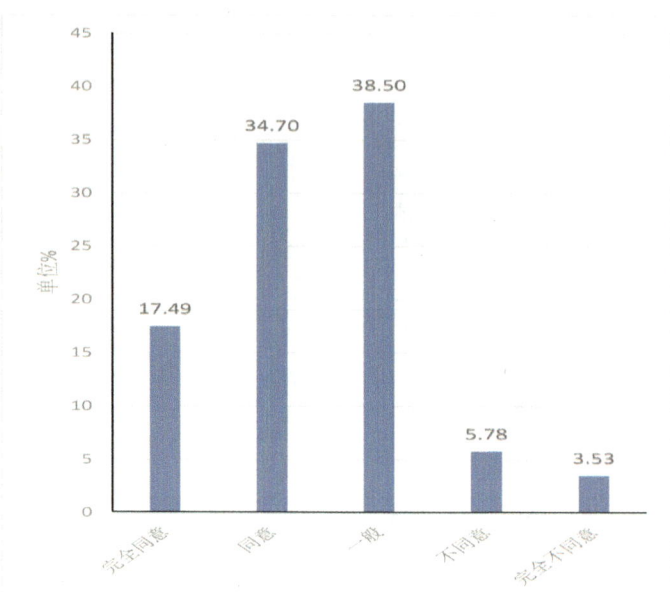

图 4-8　对辅导员交流沟通能力认同度

（二）高校辅导员涉及专业庞杂，学术水平待提高

高校辅导员工作是一项综合性比较强的工作，要求辅导员必须具备扎实且深厚的专业知识。大学生普遍思维活跃、知识面宽、敏感好问，辅导员需要关注他们的思想、政治、学习、生活、娱乐各个方面，必须具有丰富的知识储备、较高的学术水平才能胜任。

辅导员需要补充与所带学生专业相关的基础知识。在关于"您的辅导员能在学习上给予帮助"的调查中，调查结果如图 4-9 所示：9.27% 的学生认为辅导员能够很好地帮助其学习，28.49% 的学生认为辅导员能够较好地帮助其学习，30.15% 的学生认为辅导员能够提供一定的帮助，23.10% 的学生认为辅导员基本不能帮助其学习，8.99% 的学生认为辅导员完全不能帮助其学习。整体来看，仅有 67.91% 的学生认为辅导员能够帮助其学习，说明一些辅导员的专业与所带学生的专业并不匹配，辅导员在关注学生思想生活的同时，也应加强对学生相关专业知识学习上的帮助，这样才能更加有效地指导学生。

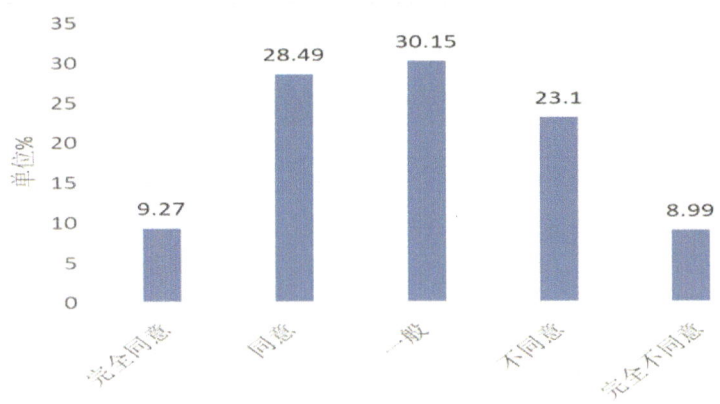

图 4-9　对辅导员能否在学习上给予帮助的认同度

辅导员应该重视加强自身学术水平。在关于"您的辅导员学术水平比较高"的调查中，调查结果如图 4-10 所示：4.83% 的学生认为辅导员的学术水平很高，13.79% 的学生认为辅导员的学术水平较高，24.69% 的学生认为辅导员有一定学术水平，44.14% 的学生认为辅导员学术水平不高，12.55% 的学生认为辅导员学术水平较差。从调查数据看，超过一半的学生认为自己的辅导员不具备较高的学术水平，这一点应该引起辅导员的重视。辅导员应不断提

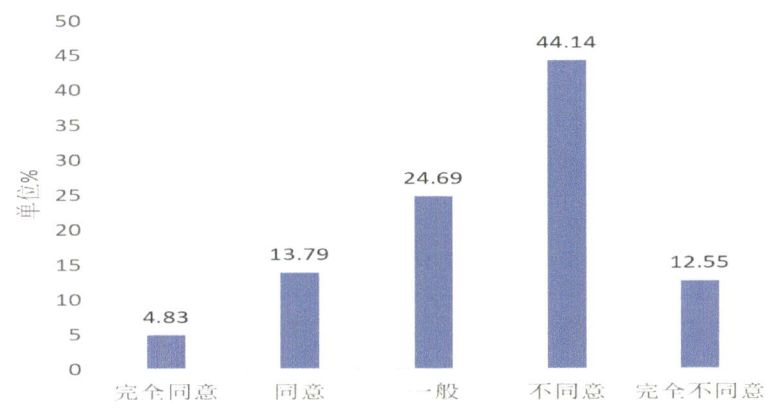

图 4-10　对辅导员学术水平认同度

高自身的学术修养，提高自身调查研究能力。

（三）高校辅导员思想政治认知有待提高，政治信念有待加强

《普通高等学校辅导员队伍建设规定》中指出，辅导员的首要工作职责是对大学生进行思想理论教育和价值引领。做好大学生意识形态工作是辅导员工作的重要任务。这就需要辅导员具备过硬的政治理论知识、崇高的理想信念，能够在思想上指导学生、引领学生。

在关于"您的辅导员能在思想上进行引领"的调查中，调查结果如图4-11所示：22.36%的学生认为辅导员能够很好地引领其思想，40.07%的学生认为能够较好地引领其思想，28.27%的学生认为一定程度可以引领其思想，8.05%的学生认为辅导员不能很好地引领其思想，1.25%的学生认为完全无法引领其思想。整体来看，有62.43%的学生认为能够受到辅导员

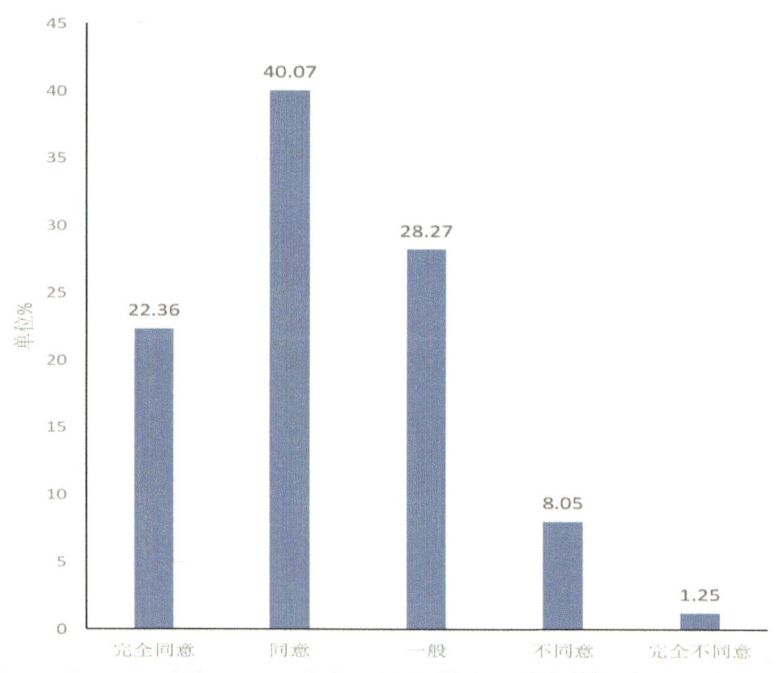

图4-11 对辅导员思想引领学生能力认同度

较好的引领，但是还有 37.57% 的学生感受到的引领程度不高，辅导员应该进一步加强自身的思想政治认知，言传身教，努力引领所有学生提高思想政治觉悟。

在关于"您的辅导员是一个有理想、有上进心、积极乐观的人"的调查中，调查结果如图 4-12 所示。

16.57% 的学生认为辅导员是一个非常有理想、有上进心、积极乐观的人，37.29% 的学生认为辅导员是比较有理想、有上进心、积极乐观的人，29.42% 的学生认为辅导员是有理想、有上进心、积极乐观的人，12.15% 的学生认为辅导员不太具有上述品质，4.57% 的学生认为辅导员完全不具备上述品质。整体来看，53.86% 的学生认为辅导员是比较有理想、有上进心、积极乐观的人，不过仍有部分学生无法从辅导员那里感受到积极向上、乐观开朗的氛围。辅导员应该进一步改善自身心态，以乐观向上的面貌面对学生，引领学生共同

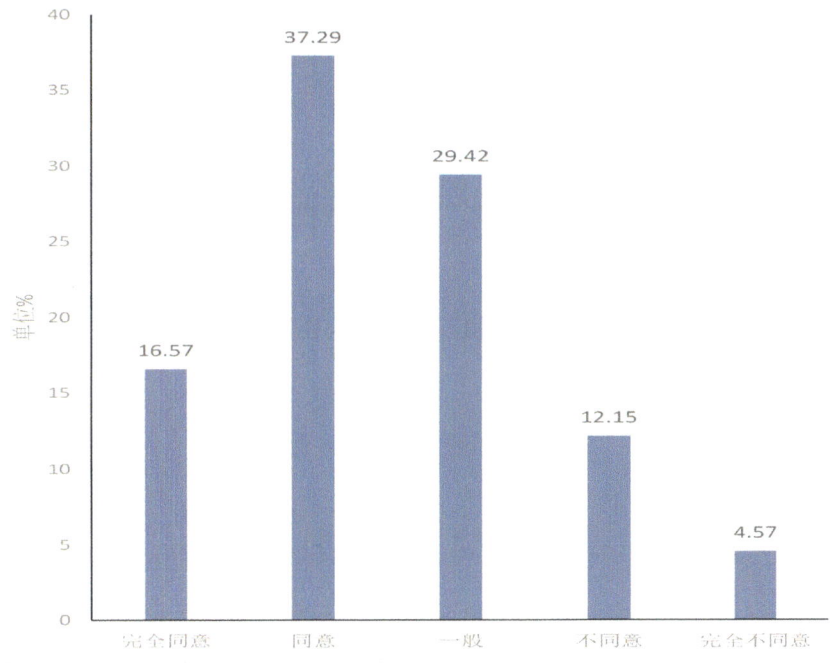

图 4-12　对辅导员是不是有理想、有上进心、积极乐观的人的认同度

进步。

（四）高校辅导员止于上传下达，信息获取和加工能力待提高

辅导员是学校各部门和学生之间的沟通桥梁，是学校各项工作的具体执行者。因此，辅导员具有良好的信息获取和加工能力，能够事半功倍。

首先，辅导员应该具备高效获取、评价信息的能力。在关于"您的辅导员能有效地和高效地获取、评价各类信息"的调查中，调查结果如图4-13所示。

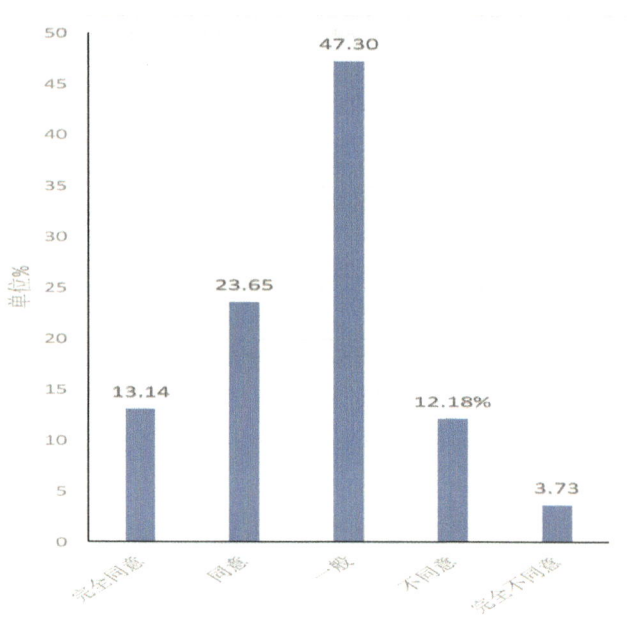

图4-13　对辅导员获取、评价各类信息认同度

13.14%的学生认为其辅导员能够非常高效地获取、评价信息，23.65%的学生认为其辅导员获取、评价信息能力较强，47.30%的学生认为其辅导员能够完成获取、评价信息的工作，12.18%的学生认为其辅导员不能很好地完成获取、评价信息工作，3.73%的学生认为其辅导员获取、评价信息的能力较差。整体来看，仅有36.79%的学生认为辅导员获取、评价信息的能力较强，而47.30%的学生认为辅导员获取、评价信息能力一般，主要原因是大部分辅导员只是被动地获取、信息并完成信息传递工作，而没有主动获取信息并进行分析提炼，导致学生有时候会错失一些获取信息的机会或者对已获取的信息产生误解。辅导员应该转变思维，变被动接收信息为主动寻找信息，高效地为学生提供有价值的信息。

其次，辅导员信息加工、创造能力有待提高。在关于"您的辅导员能精准地和创造性地加工、传达各类信息"的调查中，调查结果如图 4-14 所示：7.13% 的学生认为辅导员能够非常好地加工、传达信息，27.16% 的学生认为辅导员在信息加工、传达方面做得较好，49.79% 的学生认为辅导员能够完成信息加工、传达工作，14.13% 的学生认为辅导员不能很好地完成信息加工、传达工作，1.78% 的学生认为辅导员信息加工、传达能力较差。整体来看，34.29% 的学生认为辅导员的信息加工、传达能力较强，而 49.79% 的学生认为辅导员信息加工、传达能力仅满足其基本需求。在信息爆炸时代，如果要求每个学生都能主动地加工信息是很难实现的，辅导员应该主动承担起这项任务，利用其丰富的知识经验，加工并有效地向学生传达信息，帮助学生筛选并最终获得对其有用的信息。

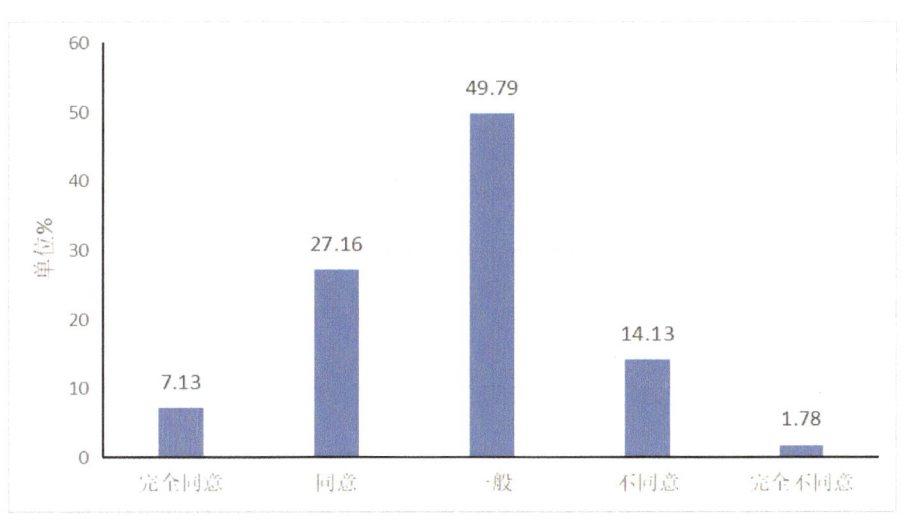

图 4-14　对辅导员精准地和创造性地加工、传达各类信息能力认同度

最后，辅导员应该具有良好的媒体运用能力。在关于"您的辅导员能很好地使用各类媒体开展工作"的调查中，调查结果如图 4-15 所示：11.76%的学生认为辅导员能够非常好地使用各类媒体开展工作，30.78% 的学生认为辅导员能够较好地使用各类媒体开展工作，40.36% 的学生认为辅导员能在一定程度上使用各类媒体开展工作，16.69% 的学生认为辅导员不能很好地使用各类媒体开展工作，0.41% 的学生认为辅导员完全没有使用各类媒体。整体来看，虽然现在各类新媒体发展迅速，但是仅有 42.54% 的辅导员能够很好地利用各类媒体开展工作，40.36% 的学生认为辅导员的媒体使用能力一般，辅导员应该与时俱进，积极学习如何运用各类媒体技术，跟上时代步伐，利用媒体更好地开展工作。

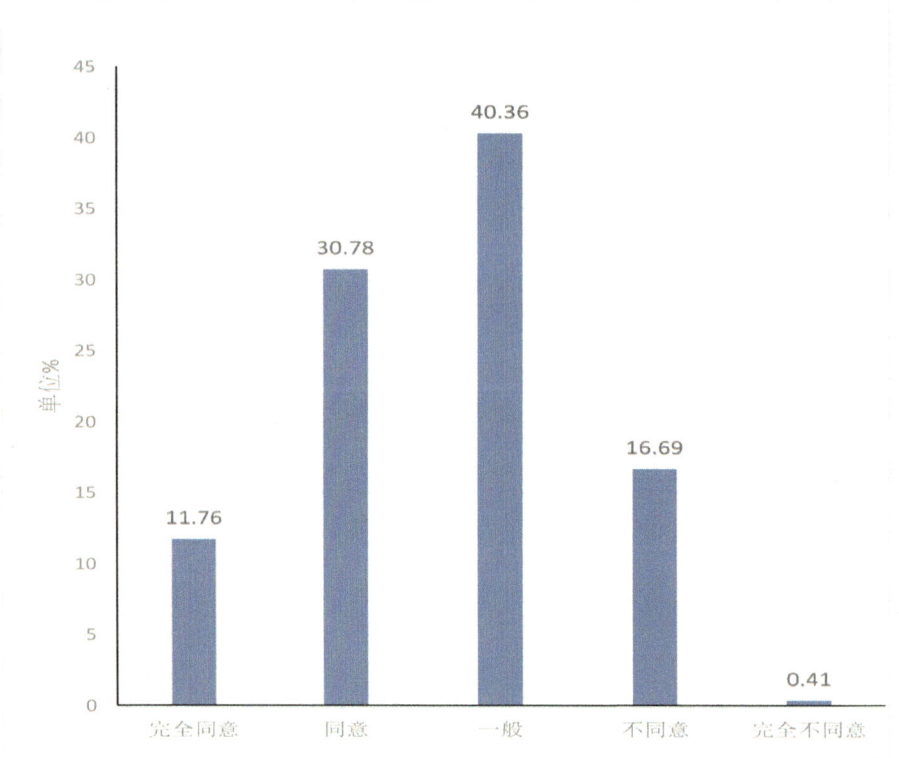

图 4-15 对辅导员使用各类媒体开展工作能力认同度

（五）高校辅导员心理学知识是短板，心理咨询能力有限

新时代大学生中存在不同的心理问题，近几年，因为心理问题退学或休学的学生人数逐渐上升。辅导员需要较全面地掌握心理学知识，在日常工作中及时发现心理异常的学生，第一时间对他们进行相对专业的心理疏通。

在关于"您的辅导员总有办法解决学生心理等问题"的调查中，调查结果如图 4-16 所示：16.71% 的学生认为辅导员能很好地解决学生心理问题，32.32% 的学生认为辅导员能够较好地解决学生心理问题，33.01% 的学生认为辅导员在较浅层面能够解决学生心理问题，10.77% 的学生认为辅导员不能解决学生心理问题，7.18% 的学生认为辅导员完全丝毫无法解决学生心理问题。随着社会的多元化发展，越来越多的学生开始出现心理问题，仅有49.03% 的学生认为辅导员能够很好地解决其心理问题，超过一半的学生认为辅导员并不能很好地解决其心理问题，甚至有 1/5 的学生认为自己的辅导员丝毫无法纾解自己的心理问题。这说明辅导员应该更加重视自身心理学知识的储备，这样在遇到有心理问题的学生时才能够有的放矢。

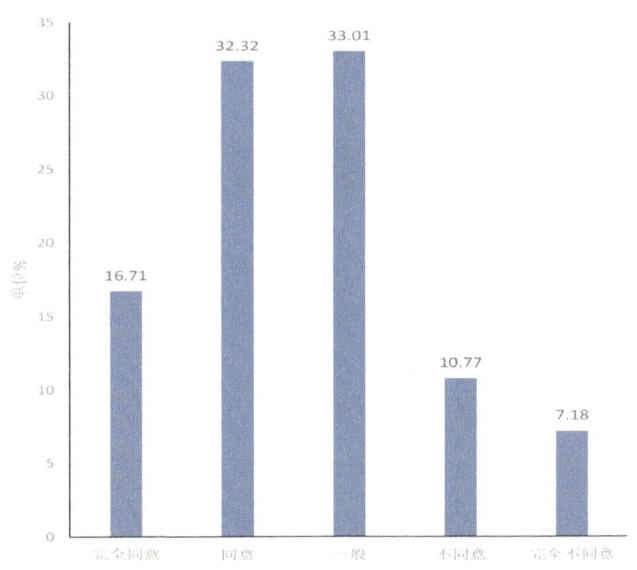

图 4-16　对辅导员解决学生心理等问题能力认同度

（六）高校辅导员创新创业经验不足，就业指导能力较弱

在关于"您的辅导员能在创新创业上给予指导"的调查中，调查结果如图 4-17 所示：12.31% 的学生认为辅导员能够为其创新创业给予很好的指导，28.82% 的学生认为辅导员能够较好地指导其创新创业，38.97% 的学生认为辅导员可以给予其一定程度的指导，18.27% 的学生认为辅导员不能很好地指导其创新创业，1.63% 的学生认为辅导员无法为其创新创业提供帮助。整体来看，仅有 41.13% 的学生认为能够较为有效地从辅导员处获得创新创业相关帮助，而余下的学生认为获得的帮助不大或者帮助很少。"大众创业，万众创新"是我国未来的发展方向，辅导员应该在关注学生就业的同时学习创新创业相关知识，鼓励学生积极参与创新创业，服务祖国未来发展。

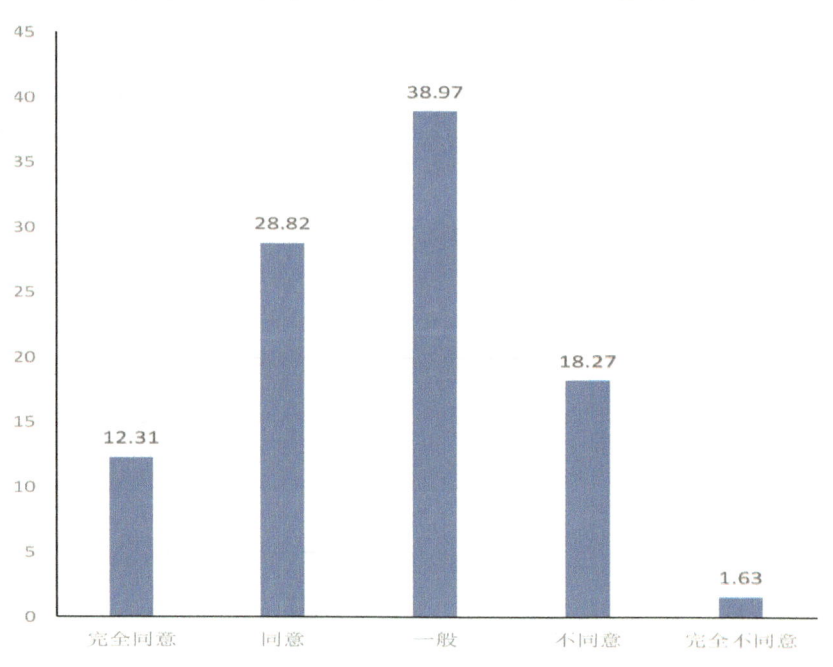

图 4-17　对辅导员指导创新创业能力认同度

第四节　高校辅导员核心素养的结构模型设计

一、高校辅导员核心素养体系建构的基础和依据

（一）高校辅导员核心素养体系的建构是对教育根本任务的遵循

"育才造士，为国之本"，高校辅导员核心素养体系建构要坚持以立德树人为主线。党的十八大报告首次提出要"把立德树人作为教育的根本任务，培养德智体美全面发展的社会主义建设者和接班人"。在新的发展阶段，高校育人工作中要注重在培养学生的社会责任感、创新精神、实践能力等方面发挥重要作用，这对高校辅导员队伍提出了更高的要求。为贯彻落实立德树人根本任务，教育部按照"立标准、建机制、提质量、促发展"的总体思路，切实提升高校辅导员队伍的科学化水平。此后，我国高校辅导员职业发展逐渐进入规范化、专业化阶段。从确保高校辅导员工资、福利等待遇的落实到建立高校辅导员考评考核指标体系，从建立高校辅导员准入制度到不断完善高校辅导员职级、职称"双线"晋升办法，从及时调整和完善高校辅导员培养培训方案到高校辅导员职业能力标准的建立，中国高校辅导员职业化、专业化发展的目标、方向、路径日渐清晰，高校辅导员的职业素质也不断提升，具有中国特色的高校辅导员职业发展体系正在逐步形成。因此，高校辅导员核心素养体系建构是对"立德树人"这一教育根本任务的遵循与发展。

（二）高校辅导员制度体系是构建高校辅导员核心素养体系的基础

高校辅导员制度体系的演进是当前研究其核心素养的主要依据和重要基础。2004年10月，国务院颁布的《关于进一步加强和改进大学生思想政治教育的意见》对辅导员队伍的工作规范、职责提出概括性要求，即辅导员要按照党委的部署有针对性地开展思想政治教育活动，要坚持正确的政治方向，加强思想道德修养，增强社会责任感，成为大学生健康成长的引导者和引路人。2005年1月，教育部出台了《关于加强高等学校辅导员、班主任队伍建设的意见》，就加强高等学校辅导员、班主任队伍建设提出进一步意见，明确指出专职辅导员"应关心热爱学生，善于做大学生思想政治工作，具备较强的组织管理能力、群众工作能力以及语言和文字表达能力""学习时事政策，学习管理学、教育学、社会学和心理学以及就业指导、学生事务管理等方面的知识"。2006年7月，教育部出台《普通高等学校辅导员队伍建设规定》，对辅导员工作要求、职责、配备、选聘、培养、发展、管理以及考核共8个方面进行了具体阐述。2006年7月，教育部办公厅制定《2006—2010年普通高等学校辅导员培训计划》，确定了高等学校辅导员培训计划，指出辅导员培训的指导思想、原则、目标及主要任务，规定培训的四大原则。2011年4月，教育部办公厅出台《教育部高校辅导员培训和研修基地建设与管理办法（试行）》，提出了辅导员基地培训、研究、咨询等3点任务，明确了培训内容与培训方式。2013年4月，教育部党组印发了《全国教育系统干部培训规划（2013—2017年）》，在原来要求辅导员队伍专业化、职业化的基础上增加了以可持续发展为导向，有计划地组织开展高校辅导员培训；同年5月制定的《普通高等学校辅导员培训规划（2013—2017年）》，在辅导员培训内容上对其专业素养、职业能力进行详细的规划与说明，明确指出"职业道德、科学文化、思想政治教育专业"3种专业素养和"思想政治教育、大学生党建、学生事务管理、心理健康教育、运用网络、职业生涯规划"6 种职业能力。2014 年 3 月，教育部发布了《高等学校辅导员职业能力标准（暂行）》，提出了高校辅导员的职业能力特征和职业守则，设置了初、中、高 3 个职业能力等级，梳理和规范了高校辅导员的 9 大职业功能，并对各个职业功能的工作内容、知识储备、职业能力提出了明确具体的要求。2017 年 9 月，教育部出台了《普通高等学校辅导员队伍建设规定》，进一步丰富和发展了高校辅导员队伍的工作职责，从"思想理论教育和价值引领、党团和班级建设、学风建设、学生日常事务管理、心理健康教育与咨询工作、网络思想政治教育、校园危机事件应对、职业规划与就业创业指导、理论和实践研究"共 9 大方面构建了高校辅导员工作职责体系。

以上制度中，最为重要的高校辅导员核心素养研究基础是《高等学校辅导员职业能力标准（暂行）》和《普通高等学校辅导员队伍建设规定》。这两个重要文件指出了高校辅导员职业发展的基础性和必要性的能力要求，进一步充实和丰富了高校辅导员核心素养的内涵，为高校辅导员核心素养培育和体系建构指出路径和方向。

二、高校辅导员核心素养体系的总体目标

（一）继承并发扬中国特色社会主义文化

近年来，我国学者在对核心素养的内涵界定、体系建构和落实实施等方面取得了一些成果，但对于建构具有中国特色、符合中国高等教育实际需求的高校辅导员核心素养体系的探索还远远不够。在分析国外核心素养体系特点及局限的基础上，我们要继承并发扬中国的传统价值观，对其中优秀的文化内核进行创新性发展，使中华文明真正走向世界，成为被全世界所认可的共同价值。就像有的学者所指出的那样："对于中国来讲，中华民族的复兴不仅需要增强物质力量，还需要为世界提供一种价值观。公平、正义、文明

是高于平等、民主、自由的普世价值观，中国具备利用传统政治思想'仁、义、礼'来建设这种价值观的文化优势。"要从战略高度来进一步认清和把握高校辅导员面向未来发展的重大问题，就需要进一步发掘中国优秀传统文化及传统价值观，从而建构既适应新的发展阶段中高等教育改革的需要，又适应新时代大学生发展需要的高校辅导员核心素养体系。

（二）符合和满足新时代中国高等教育实际需求

根据教育部发布的《高等学校辅导员职业能力标准（暂行）》规定：高校辅导员是高校教师队伍和管理队伍的重要组成部分，具有教师和干部的双重身份，是开展大学生思想政治教育的骨干力量，是高校学生日常思想政治教育和管理工作的组织者、实施者和指导者。辅导员应当努力成为学生的人生导师和健康成长的知心朋友。《普通高等学校辅导员队伍建设规定》进一步明确、丰富和发展了高校辅导员的工作职责，从"思想理论教育和价值引领、党团和班级建设、学风建设、学生日常事务管理、心理健康教育与咨询工作、网络思想政治教育、校园危机事件应对、职业规划与就业创业指导、理论和实践研究"共9大方面建构了高校辅导员工作职责体系。其中，第四条规定"辅导员工作的要求是：恪守爱国守法、敬业爱生、育人为本、终身学习、为人师表的职业守则；围绕学生、关照学生、服务学生，把握学生成长规律，不断提高学生思想水平、政治觉悟、道德品质、文化素养；引导学生正确认识世界和中国发展大势、正确认识中国特色和国际比较、正确认识时代责任和历史使命、正确认识远大抱负和脚踏实地，成为又红又专、德才兼备、全面发展的中国特色社会主义合格建设者和可靠接班人"。

（三）落实并践行"立德树人"的教育根本任务

党的十九大报告明确指出："要全面贯彻党的教育方针，落实立德树人根本任务，发展素质教育，推进教育公平，培养德智体美全面发展的社会主义建设者和接班人。"进一步明确了人才培养的根本目标。高校辅导员是"立德树人"工作的一线人员，其重要作用不言而喻。作为思想引领者，高校辅导员肩负着大学生思想政治教育的光荣使命，承载着完善大学生健全人格的重大任务；作为教育工作者，高校辅导员通过系统的方法，根据大学生成长特点，发现并总结学生学习的特点和规律，帮助他们规划大学生活的高质量开展，促进大学生的全面发展；作为学生管理者，高校辅导员对大学生进行思想政治教育和日常管理，主动统筹各种教育资源，灵活应对复杂的工作局面，有效开展各项育人工作，最终实现管理效益的最大化。高校辅导员的思想引导、教育管理始终服务于"立德树人"这一根本任务，以学生为本，加快高等教育职能由教育型向服务型转变，高校的未来发展趋势是为了满足大学生成长成才需要而不断提高高等教育服务质量，高校辅导员职业的工作重心是思想引领，当前大学生群体的主流意识形态、人格心理健康等问题逐渐凸显，决定了高校辅导员要以立德树人为根本工作遵循，不断提高自身的核心素质和关键能力，为大学生成长成才做好答疑解惑的服务工作，真正成为大学生的知心朋友和人生导师。

三、高校辅导员核心素养的结构模型

（一）高校辅导员核心素养的结构分析

高校辅导员的核心素养是其职业发展中不可或缺、关键性和最核心的素质与能力，应从思想政治、专业知识、职业能力、学习创新、教育情怀5个维度挖掘其核心内容。

（1）思想政治素养是高校辅导员核心素养体系的基石，是高校辅导员理想信念、道德情操、人格品质的综合体现。理想信念素养是指高校辅导员既要坚定对共产主义远大理想和中国特色社会主义共同理想的信念，也要坚持爱岗敬业、乐于奉献、为人师表、淡泊名利的职业理想信念。"师也者，教之以事而喻诸德者也。"高校辅导员要通过教育指导，使大学生在道德上得到启发。高校辅导员对学生施以影响，离不开其渊博的学识和卓越的能力，也离不开其为人处世、于国于民、于公于私所持的正确价值观。"欲明人者先自明，欲育人者先自育。"高校辅导员自身首先应该是中国特色社会主义的合格建设者，才能培养大学生成为合格的社会主义建设者和接班人。要想让大学生"信其道"，高校辅导员就必须以高尚的道德情操使学生"亲其师"。正确的世界观、人生观、价值观均是高校辅导员的基本品质。"学高为师，身正为范"是包括高校辅导员在内的教师队伍的基本教育理念和追求的目标。

（2）专业知识素养是高校辅导员核心素养体系的内核，是高校辅导员开展大学生思想政治教育工作所需要的合理的知识结构。大学生思想活跃、感情丰富、接受新事物快、自我意识强，因此，高校辅导员只有具有多元知识结构和敏捷思维，才能获得学生的尊重和信任，才能切实增强思想工作的针对性和实效性。多元的知识结构既包含某一学科或专业的基本知识和基本理论，又包括大学生思想政治工作所需的各门学科的系统的基础理论和专门知识。高校辅导员的多元知识结构体系主要由基础学科知识、操作性学科知识、背景学科知识三大部分组成。基础学科知识是指思想政治教育、马克思主义理论、教育学等学科专业知识，掌握扎实的思想政治教育、马克思主义理论等学科知识是高校开展思想政治工作的基本保障。操作性学科知识主要有演讲、谈心谈话、写作、实证调查等相关知识。高校辅导员还需要具备背景学科知识，这样才能增强思想政治教育的实效性。背景学科知识主要包括心理学、传播学、管理学、公共关系学等学科的知识，各学科之间的相互渗透，要求辅导员在开展工作时根据实际情况灵活运用。

（3）职业能力素养是高校辅导员核心素养的立身之本。职业能力素养中包含科学研究能力、组织管理能力和教育引导能力，最基础的素养是科学研究能力。高校辅导员的科学研究能力有助于将具体实践转化和升华到抽象理论研究，是把实践经验上升到理性层次去认识，反过来又指导实践工作更好地开展，通过"实践—理论—实践"的矛盾发展过程，完成质量互变，进行否定之否定，实现辅导员核心竞争力提升，走向职业化、专业化的道路。高校辅导员开展科学研究的范围主要涵盖思想政治教育研究、班级社团工作研究、高校资助工作研究、就业创业研究、大学生心理教育研究、辅导员队伍建设研究等6大方面。思想政治教育研究主要包含大学生理想信念教育、社会主义核心价值观培育、网络思想政治教育、意识形态教育等内容；班级社团工作研究主要包括青年志愿服务、班级与团支部建设、团员管理、班干和团干能力建设等方面；资助工作研究主要包括家庭经济困难学生认定标准及体系建构、平台开发、勤工助学、国家贷款等物质资助类研究和对大学生思想、心理、能力等非物质帮扶研究两大方面内容；就业创业研究主要包括就业指导、就业帮扶、双创教育等内容；辅导员队伍建设研究主要包括高校辅导员核心素养培育路径、职业能力建设路径、教育培训体系等方面。

（4）学习创新素养是高校辅导员核心素养的发展动力。最关键的是要培养终身学习理念和能力。一方面，网络时代和知识经济给大学生思想政治教育工作提出了新的挑战。在新的发展阶段，网络与大学生的学习和生活的联系越来越紧密，高校辅导员应不断更新自身的现代教育知识和技术手段，提高对现代化手段运用的能力，以抢占网络思想政治教育工作的先机。另一方面，大学生思想政治工作一线是锻炼人才的大熔炉，其具有挑战性的工作难度、丰富多样的工作内容、复杂多变的工作环境使其成为培养教育全才的最好平台。在新的发展时期，要做好大学生的思想政治教育工作，高校辅导员不仅需要学习基础学科知识、操作性学科知识、背景学科知识，还需要与时俱进，学习新思想、新理念、大数据技术、新媒体技术等。在复杂多变的环境下，高校辅导员要具备教育、管理、引导新时代大学生的能力，就要树立终身学习的理念，主动更新并完善多元知识结构体系，这样才能更好地为广大学生指点迷津，引导他们独立思考，指导他们合理规划人生。

（5）教育情怀素养是高校辅导员核心素养的精神支撑。发展高校辅导员的核心素养，除了专业知识、职业能力之外，还要注重培养他们的教育情怀，这样才能打造"信得过""用得上""留得住""干得好"的高校辅导员队伍。教育情怀素养展现的是一种普遍的人文情怀和高层次的生存境界，即高校辅导员对待社会、学生和自身的情感态度与胸怀气度。富有教育情怀素养的高校辅导员，不仅要具有积极的情绪、心理和体验，还应具有容纳自我与他人的不凡气度与不俗格调。这种教育情怀素养在社会、学生和自身三个向度具体表现为师德伦理、人文精神和自我关怀：①在社会向度层面，师德伦理凸显了高校辅导员职业的公共属性，强化了其承担国家使命和公共教育服务的职责过程中的价值取向与行为选择要求，体现出其高尚的道德品质和崇高的伦理意识；②在学生向度层面，人文精神的核心是高校辅导员用赤诚之心和关爱之情促进一切学生的成长成才，体现出关心学生、理解学生、尊重学生的品性涵养和情感关照；③在自身向度层面，自我观照是高校辅导员健全人格、精神独立与价值延续的应然选择与有效途径，体现出独立的教育人格与尊严、崇高的教育理想与信仰。从社会向度到学生向度再到自身向度，展现出了高校辅导员的教育情怀由他律转向自律、由规范转向德行的升华，也构成了高校辅导员前进发展的不竭精神动力和虔诚执着的崇高教育信仰。

（二）高校辅导员核心素养的结构模型设计

设计高校辅导员核心素养的结构模型的基本思路如图 4-18 所示。

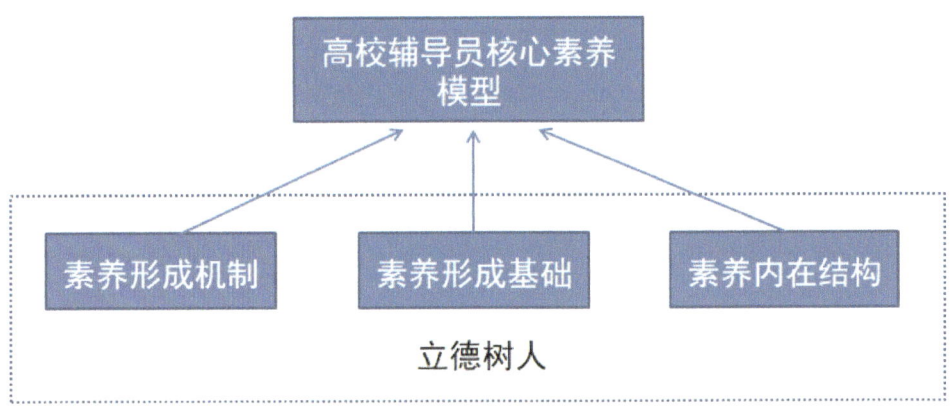

图 4-18　高校辅导员核心素养的结构模型设计思路

具体来说，设计高校辅导员核心素养的结构模型的基本思路如下：依据系统理论、能力理论、信息化理论等，坚持静态与动态相结合的原理，厘清高校辅导员核心素养的形成基础、主要依据、总体目标和核心素养结构要素的内在关系，落实立德树人根本任务，构建适合我国国情及教育发展方向的高校辅导员核心素养结构模型。基于立德树人目标的高校辅导员核心素养的形成基础、主要依据、总体目标和核心素养内在的结构要素相互作用，核心素养的价值才能得到最大的体现。

高校辅导员核心素养的结构模型主要包括 5 个维度，如图 4-19 所示。

5 个维度为：一是思想政治素养，二是专业知识素养，三是职业能力素养，四是学习创新素养，五是教育情怀素养。思想政治素养维度主要包括：理想信念、道德情操和人格完整 3 个基本要点；专业知识素养维度主要包

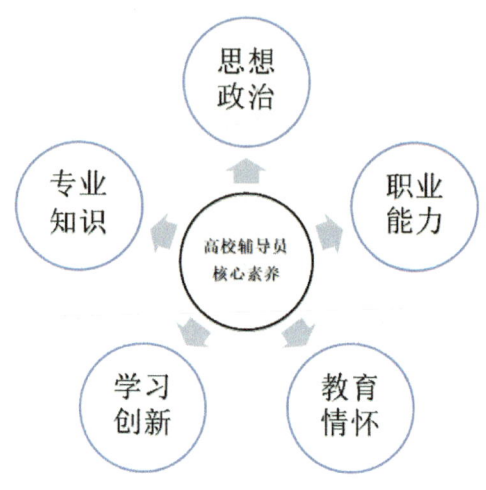

图 4-19　高校辅导员核心素养的模型

括：基础性学科知识、操作性学科知识和相关学科知识 3 个基本要点；职业能力素养维度主要包括：科学研究能力、组织管理能力和教育引导能力 3 个基本要点；学习创新素养维度主要包括：学习能力、创新意识和探究精神 3 个基本要点；教育情怀素养维度主要包括：师德伦理、人文精神和自我关怀 3 个基本要点。高校辅导员核心素养结构模型的 5 个维度，一方面从高校辅导员必备的道德品德、专业知识技能、胜任能力、职业发展和伦理责任等 5 个方面对其职业化、专业化发展的基本理念做了规定；另一方面从必要性、基础性和关键性能力角度对高校辅导员专业职业化、专业化发展做了能力发展的基本要求。高校辅导员核心素养体系构建的 5 个维度 15 个基本要点均体现为具体的表现形式，如表 4-3 所示。

表 4-3　高校辅导员核心素养模型的基本要点

维度	基本要点	表现形式
思想政治素养	理想信念	具有中国特色社会主义共同理想信念、共产主义远大理想信念和时代赋予的职业理想信念
	道德情操	率先垂范、以身作则，引导和帮助学生把握好人生方向
	人格完整	具有健全统一的人格，心理和行为和谐统一
专业知识素养	基础性学科知识	具备思想政治教育、马克思主义理论等专业知识
	操作性学科知识	具备演讲、写作、社会调查等相关知识
	相关学科知识	具备教育心理学、传播学、公共关系学等学科知识
职业能力素养	科学研究能力	具备把实践工作中的经验总结转化和升华为理论研究的能力
	组织管理能力	具备开展教育管理服务能力，指导学生开展党、团日等活动主题
	教育引导能力	掌握教育规律，发现学生潜能并给予发展性指导，培养学生可持续性发展
学习创新素养	学习能力	主动更新自身的知识库存，具备对现代化手段运用的能力
	创新意识	具备紧跟时代社会、科学技术和大学生身心发展的思想和思维
	探究精神	主动大胆尝试，能够不断完善认知结构或教育管理行为
教育情怀素养	师德伦理	高尚的思想道德品质和崇高的教育伦理意识
	人文精神	关心、尊重、维护学生的尊严和价值的品性涵养和情感关照
	自我关怀	独立的教育人格与尊严，以及远大的教育理想与信仰

第五章

高校思想政治教育的协同机制建构

第一节　高校思想政治教育协同机制的建设路径

一、高校思想政治教育协同机制建设的总体目标

习近平新时代中国特色社会主义思想是高等院校开展思想政治教育工作的根本遵循。高校思想政治教育工作者应该积极践行习近平新时代中国特色社会主义思想的重大创新成果，做好学生思想政治教育工作。做好学生的培养工作，最根本的是立德树人，其核心宗旨是培养能够实现中华民族伟大复兴、德智体美劳全面发展的社会主义建设者和接班人。

我们认为总体目标应该包括以下内容：

第一，实现高等学校思政教育协同机制的制度化实施；

第二，确保高等学校思政教育协同机制的常态化运行；

第三，做好高等学校思政教育协同机制的前瞻性研判。

（一）实现高校思想政治教育协同机制的制度化实施

目前，根据高校思想政治教育的发展形势，"制度化"发展俨然成为高校思想政治教育未来发展的趋势。制度化着重强调将主体与客体有效镶嵌到制度框架的程式内，实现其行为的有效程序化。依据此逻辑推演，高校思想政治教育制度化就应该是将高校的思想政治教育工作有效纳入制度框架，保障其主客体、构成要素、运作机理在制度框架内联动运转，并使规范性、模式性等特点在工作中呈现出来。

高校思想政治教育协同机制需要从以下三方面实现制度化。

首先，"约束"。"约束"是高校思想政治教育协同机制内部各构成要素之间的相互制约关系，依据制约与规范的方式不同，可以分为硬约束和软约束，也有学者从"有形""无形"两方面分类。硬约束（有形约束）主要依靠政策规定、行政文书直接规定在高校思想政治教育过程中哪些行为可取、哪些行为不可取，哪些事情必须做、哪些事情绝不能做；软约束（无形约束）主要是通过公共精神、公共价值的塑造间接约束行为主体的行为规范，虽然是一种间接的方式，但若软约束形成后，其约束力会更强、成效会更高。硬与软的配合、有形与无形的结合，可以使高校思想政治教育协同机制内各要素在制度框架下相互作用并有效运转。

其次，"消解"。高校思想政治教育协同机制各主体在运行过程中，会因第一步的"约束"而出现各种矛盾，如在时间一定的情况下，思想政治教育与学科专业教育在时间上存在矛盾，矛盾是普遍存在的，矛盾又是对立统一的，我们既要看到高校思想政治教育协同机制各构成要素之间的矛盾，也要看到它们的统一。我们可以充分发挥主观能动性，将对立面努力转向统一，如将专业课教育与思想政治教育有效融合，既增强专业课教育的思政化，也增强思政教育的专业化，达到共赢，实现消解。

最后，"程序化"。这是高校思想政治教育协同机制制度化的第三步，继"约束"和"消解"之后，在高校思想政治教育协同机制沿着既定目标向前推进的前提下，要科学有效地推进高校思想政治教育协同机制运作过程的程序化。正是因为要"约束"，所以需要程序化来实现"约束"，也正是因为有"消解"，所以需要程序化去完成"消解"，在程序化上，遵循客观事实，整理客观规律，在程序化设计上展现出"约束"的力量、凝练出"消解"的规律。

（二）确保高校思想政治教育协同机制的常态化运行

高校思想政治教育协同机制常态化和制度化相辅相成，有着密切联系，常态化建立在制度化的基础之上，常态化也是制度化实施的一种模式化体现。高校思想政治教育协同机制制度化的是基本，高校思想政治教育常态化则是更高的状态，这种状态是必须且必要的。大学生是国家的希望、民族的栋梁，肩负建设祖国的使命。大学生正处于世界观、人生观、价值观形成的关键阶段，其思想政治教育工作必须是常态化的，不能搞"一阵风"。这种常态化机制设计能确保在高校思想政治教育过程中，各主体、相关要素能有效联系、积极影响、科学制约，使高校思政教育机制兼具长效性与实效性，使其在确保稳定的基础上培育出生命力与活力。

高校思政教育机制常态化运行需呈现出金字塔式的三个等级。最下层为过程稳定化，中间层为效果常态化，最上层为超越递进化。根基是运行稳定的基础，高校思想政治教育协同机制在各主体要素的矛盾统一互动过程中形成，其结构具有一定的稳定性，稳定性有利于结构的运作和功能的发挥。因此，稳定是高校思政教育机制常态化的前提和基础，实现效果常态化是核心，而高校思想政治教育协同机制的常态化，不只是停留在稳定化层面，其追求的是长效和实效，即实现效果常态化。高校思想政治教育协同机制能否实现决定了其功能效果的好坏，且两者往往具有正相关的关系，其机制实现得越好，功能性发挥得就越好。相反，如果其实现的效果差，那么在功能性的发挥上就会差。因此，可以肯定的是机制实现的常态化是功能发挥稳定、常态的关键。高校思想政治教育协同机制不是一个简单的循环反复的过程，而是呈现出螺旋式前进的特点。高校思想政治教育协同机制在发展中能够随着当前情况发展变化，并不断地超越之前的水平，进而达到更高的水平，总体呈现出由简到繁、由低到高的发展趋势。总之，高校思想政治教育协同机制的常态化运行要在稳定运行的基础上，结合具体情况稳步递进发展。

（三）做好高校思想政治教育协同机制的前瞻性研判

高校思想政治教育协同机制随着各构成要素之间互动、协调运转，在完成制度形塑、框架搭建的基础上实现良性运转，但事物是在不断变化发展的，不是一成不变的，因此，高校思想政治教育工作还要不断实现前瞻化的预判。前瞻化指的是思想政治教育协同机制内各主体、不同构成要素之间的科学联系和积极影响，在其相互制约形成系统的同时，其发展运行中还要依据时间空间变化的特定要求，对高校思想政治教育协同机制是否在预设的发展轨道上进行判断，以确保其朝着既定的方向灵活运行。综上可见，高校思想政治教育协同机制中的"三化"存在内部的一致性，具有辩证统一的关系。首先，前瞻化以制度化和常态化为基础，制度化和常态化就像运行的轨道，在此轨道上，高校思想政治教育协同机制才能跑得快、跑得稳，没有高校思想政治教育协同机制制度化和常态化这两个前提，谈其机制的前瞻化就显得没有根基、难以实施；其次，保证高校思想政治教育协同机制在制度化和常态化两方面的有效运转，还需要根据具体情况及发展趋势不断调整路线和方向，这就需要高校思想政治教育机制前瞻化来做好提前预防，并在实施过程中进行监督。由此可见，高校思想政治教育协同机制前瞻化既是高校思想政治教育协同机制的本质使然，又是高校思想政治教育协同机制不断攀升，体现时代性、创新性、科学性的重举。

高校思想政治教育协同机制的前瞻性是对高校思想政治教育协同机制未完成时状态的一种描述，充分体现了高校思想政治教育协同机制形成最终完美结果之前的一系列过程或者状态。预测是结合高校思想政治教育协同机制的建构，在当前高校思想政治教育协同机制的具体实施过程中，对其已经出现或者可能出现的、明显的或者潜在的不稳定因素的抓取。预测是将潜在的不稳定因素确定之后进行科学剖析，评估发生概率，预判危害大小的一系列过程。其反映在高校思想政治教育协同机制运转中就是对那些矛盾产生的原因、可能产生的后果等进行分析。预警是在预测分析之后，对危险因素进行判定并发出危险信号。若高校思想政治教育协同机制出现问题，预警信号的发出会及时引发我们停止教育活动，进行检测和思考。真正解决问题的是第三步，即预防，预测侧重于发现问题、预警旨在提醒鉴别问题，那么预防就是及时纠错，减少损失。预防是凭借快速地反映科学分析高校思想政治教育协同机制建构和运行过程中出现的不科学、不和谐、不稳定因素，并进行妥善处理，目标是实现高校思想政治教育协同机制系统有效运转并高效前进。预测、预警、预防，借鉴危机管理的概念，做到高校思想政治教育协同机制的超前性和前瞻性，以长远的目光消减现实的困境。

二、高校思想政治教育协同机制建设的路径设计

习近平新时代中国特色社会主义思想，既为高校的发展指明了正确的政治方向，又是实现"立德树人"发展目标的基石。高校应积极学习贯彻习近平新时代中国特色社会主义思想，不断深化思想认识，加强领导，构建工作体系，整合教育资源，推进工作队伍建设，创新工作方法。目前，高校思想

政治教育工作在开展过程中还存在诸多问题，如缺乏系统性和协调性，没有形成凝聚力，等等。此外，高校思想政治教育整体上缺乏引领力，这主要表现在工作体系不完善、工作思维方式缺乏创新、部分领导干部存在理论水平与工作水平不一致的情况，这些问题在实际的高校思想政治教育工作中应当重视并加以改进。

（一）扎实推进立德树人政治责任的落实

高校思想政治教育的发展要结合时代的发展，在新的社会环境下，教师不仅要扛牢责任担当，还要树立理想信念意识，把国家命运放在第一位，个人发展主动结合时代和国家的发展趋势，提升自身能力，在国家的发展中成就自己的青春梦想。那么，近年来，就如何扎实推进立德树人的根本任务，通过不断地探索和尝试，我国坚持把高校思想政治教育作为灵魂工程，在组织构架、制度体系、工作机制等方面不断完善，形成了一体化推进高校思想政治教育的格局。省委高校工委书记由一名省委常委兼任，负责联系指导教育工作。省委常委会每年至少要召开两次学校党建和思政教育的研究会。民办高校方面，由省委向其派驻党委书记，主抓民办高校思想政治教育工作，以确保高校培养的人才始终是社会主义事业的建设者和可靠的接班人。全国各省级领导干部走进学校，与学生面对面交流，以报告、讲座、讨论等形式进行思想教育引导，讲述习近平新时代中国特色社会主义思想的内涵，通过典型事迹的分享，帮助当代大学生树立正确的人生观与价值观，受到师生广泛好评。

（二）推动高校思想政治教育工作体系建设

第一，构建相应的学科体系。做好高校的思想政治教育，必须以一定的理论为支撑，构建相应的学科体系是非常必要的。习近平新时代中国特色社会主义思想、社会主义核心价值观、马克思主义理论均是开展此项工作所需要的理论。

高校应重视哲学科学的育人功能，把哲学科学的发展与"立德树人"的培养目标结合起来。构建完善的学科体系，坚持正确的价值导向，把哲学的理论研究与高校思想政治教育的实际结合起来，补充哲学学科的内容，丰富哲学学科的育人功能，营造良好的学科育人环境，鼓励教师到一线的高校思想政治教育工作岗位进行调研，了解思想政治教育工作中的实际需求，完善学科内容。此外，要设置该学科科学的培养方案，在对学生的考核中做到理论与实际相结合；要设置相应的实践环节，从多个方面完善哲学社会科学的学科体系，同时从多个方面发挥哲学社会科学在高校思想政治教育中的作用。

第二，改进工作方法，协同育人。充分发挥学生的主体地位，利用好学生的主战场，重点关注与学生相关的课堂、宿舍、活动、日常事务等。这就要求教师改进教学方法，结合课程思政的要求，把专业知识教育与思想政治教育结合起来，利用多种教学资源和教学平台，增加学生的学习兴趣，既保证学生专业知识的学习，又对学生进行思想教育。把高校思想政治教育融入专业知识，有利于达到专业教学的最大效果，为国家和社会培养需要的人才。辅导员也应改进自己的工作方法，与时俱进，以宿舍、活动、班级、党支部等为阵地，开展丰富多样的学生活动，结合当下意识形态领域的新动态，充分利用新媒体平台，做到线上与线下相结合。同时，抓好学生党员和学生干部两支队伍，突出其在学生群体中的先锋模范作用，形成传帮带效应，以扩大思想政治教育的育人范围。学校各个行政部门要贯彻落实学校党委决策部署和工作要求，在正确的政治导向中开展各项工作，尤其是与学生相关的工作，要通过潜移默化的作用营造良好的育人环境，强化服务育人的理念，让大学生感受到自身的主体地位。高校思想政治教育要想达到理想的效果，就应在全校各个方面形成合力，改进工作方法，营造良好的风气，协同育人，共同为大学生的健康成长努力。

（三）构建多方协同育人体系

育人育才是一项复杂的系统工程。以新时代大学生的思维方式、行为习惯为出发点，从增强高校思想政治教育的针对性、系统性、整体性、有效性入手，构建符合青年特点的高校思想政治工作体系，深入落实立德树人的根本任务，使之能够体现在高校思想政治教育的实际工作中，不仅要在思想政治理论课中有所体现，在大学生的社会实践中也要体现。

要全员参与、全方位育人。高校思想政治教育工作要杜绝仅仅依靠思政课教师单独开展思想政治教育的现象，更要杜绝只有思政课一个阵地的情况。因此，着力构建思想政治教育学科教学体系，促使思政课程与课程思政同向而行，深化思政课与育人的结合，做好课程思政，把思政课与专业结合起来，初步形成以思政课为核心、以专业课中的课程思政为支撑、其他素质课为补充的体系。同时，加强对在校大学生的素质培养，把思政课堂与社会相结合，在社会实践、志愿服务、实践训练等环节中融入思想政治教育。

注重红色精神教育，积极组织建设"红色育人基地"，加强高校基层党支部建设，通过"全国样板党支部建设""省高工委先进基层党支部评选"等活动，充分发挥基层党支部的育人功能，通过榜样引领示范的作用，丰富高校的思想政治教育工作。共青团的力量是党建工作的重要环节，共青团作为青年大学生的重要阵地，在发挥立德树人教育中具有重要的优势，要充分利用共青团的组织功能和育人功能，创新党团理论工作落实办法，以重大重要事件为节点，开展主题丰富的活动，激发大学生的兴趣和参与度，同时形成"院—校"两级思想育人框架，以"青马工程"为出发点，成立"校—院"两级青年马克思主义培训班，加强对学生的思想政治教育，形成思政育人的有效衔接。

（四）创新高校思想政治教育的工作方法

结合新时代大学生的特征及校园文化环境，创新高校思想政治教育的工作方式。转变传统的以管理为主的教育方式，以学生为中心，突出学生的主体地位，在课堂、课外活动、文体比赛中，从德智体美劳等多方面融入思想政治教育，教师、辅导员和行政人员都要转变自身的工作方式，结合学生实际，从马克思主义理论出发，以"立德树人"为培养目标，增强思政育人意识，充分发挥学生的主体地位，让学生以主体的身份参与学习、活动、实践。

一要在思想政治教育的内容上有所创新。高校应在教学内容上有所创新，把中国优秀的传统文化、习近平新时代中国特色社会主义思想、"四史"等作为高校思想政治教育工作的新内容。

二要以高校党委引领各部门协力推进高校思想政治教育的开展。高校党委要统筹和谋划思想政治工作，形成从高校党委到各二级单位再到各基层组织的模式，层层推进，有指导、有反馈地落实各项任务，同时在高校党委的带领下，学校全员参与，共同做好高校思想政治工作。

三要运用主流线上平台，以高校思政教育为核心，创新工作方法。转变以线下教学为主的传统方式，线上教学和线下教学相结合，一方面有利于学生自主安排思政理论学习时间，另一方面有利于扩大思想政治教育的覆盖面和监控度，同时可以通过线上和线下两种方式加强师生之间的联系，增进师生感情；辅导员可借助新媒体平台对大学生的思想道德、职业规划等开展形式多样的育人工作，改变传统的育人方式，结合当前信息化手段，提高大学生的思想认识；学校行政人员利用新媒体平台优化日常事务的处理方式，缩减烦琐的细节，突出学生中心和思政育人意识，在保质保量的前提下提高效率。

四要保证高校思想政治工作的有效进行，保证学校、社会和家庭三方全面配合。作为大学生思想政治教育主阵地的高校，要积极发挥主体作用，从组织机构建设、规章制度、人才队伍、教学科研、校园环境等多方面为思想政治教育的开展创造条件；从社会方面来说，必须坚持正确的价值导向和舆论引导，营造良好的社会氛围，弘扬社会主义核心价值观的基调，为大学生提供健康的外部成长环境；家庭是学生的第一课堂，对个人的人生观和价值观的形成具有非常重要的作用，家庭教育应帮助大学生树立正确的人生目标并对其价值观的形成给予正确的指导。同时，要发挥家庭教育在大学生德育培养方面的作用，结合学校的教育和管理，家庭教育在对大学生的励志教育、诚信教育、爱国教育等方面具有非常重要的价值。因此，要重视学校、社会、家庭三者的协调配合，在以家庭为基础、学校为核心、社会为外围的基础上，三方协同共进，为大学生的成长成才提供支持和服务，进一步推动高校思想政治教育工作的开展。

高校思想政治教育协同机制是按一定方式有规律运行的动态系统，是思想政治教育各构成要素的总和。思想政治教育协同机制功能的有效发挥既要依赖于各相关因素功能的耦合，也需要各构成要素之间的相互衔接、协调运转及各要素功能的健全。对新时代高校思想政治教育协同机制进行深入研究，围绕高校思想政治教育协同机制构建这一主线，从四个层面展开研究，即理论基础、实证研究、模型构建、机制构建。通过理论基础研究，厘清相关概念的内涵，准确把握新时代高校思想政治教育协同机制的价值定位，指出新时代高校思想政治教育协同机制构建及运行的关键因素在于制定正确的决策方向，汇聚高效的协同合力，实施规范的过程管理，设置科学的评价指标；开展比较研究，梳理不同时期国家的有关教育政策及相关文献资料，总结研究现状和发展趋势。对高校思想政治工作模式和存在的问题进行实证研究，有针对性地分析和解决问题；通过定性、定量分析，建立高校思想政治教育各层次要素及系统结构模型；运用规范研究方法构建高校思想政治教育的科学决策机制、协同推进机制、过程管理机制和质量评价机制，在实践中通过模拟应用加以完善。

以上重点解决两个问题：其一，针对高校思想政治教育工作的"时、度、效"三维度，对高校思想政治教育工作质量和水平进行合理测评，为衡量高校思想政治教育各构成要素协调运行状况提供评判依据，建立质量评价机制，构建可量化、可操作、系统性的评价指标体系，并加以模拟应用、反馈完善，持续推进高校思想政治教育工作的可持续发展；其二，把握高校思想政治教育的系统性、全局性、科学性的战略高度，顶层设计高校思想政治教育各层次、各方面的要素，建立科学的决策机制，进而优化高校思想政治教育工作的全过程，以切实做到工作决策中的科学组织、资源整合、信息共享。

第二节　新时代高校思政课程与课程思政协同机制

落实立德树人根本任务，需要发挥课程思政与思政课程的协同效应。我国高校数量众多、特色明显，蕴含着优势明显的思政资源，课程思政与思政课程协同具有鲜明特点。课程思政与思政课程协同内蕴三重逻辑：一为指向逻辑，即立德树人价值指向协同；二为动力逻辑，即内驱力、外逼力助推协同；三为展开逻辑，即辩证统一思维推进协同。推进课程思政与思政课程协同应基于高校的特点，找准协同主体、协同资源、协同平台的实践要点，抓好以团队建设开启协同之旅，以精品推广对标协同之靶，以结果复盘增强协同之效，以系统举措确保协同之实的推进、示范、反馈和保障环节，以充分发挥课程思政与思政课程协同育人的功能。

一、构建课程思政与思政课程协同的内在逻辑

课程是高校培养人才的重要载体，思政课程和课程思政协同是现实要求。共同的价值指向是构建两类课程协同的逻辑前提，破解两类课程长期各自为营所暴露出的问题是构建两类课程协同的逻辑动力，以辩证统一的逻辑思路构建课程思政和思政课程协同，是推动高校内涵式发展的必然要求。

（一）指向逻辑——立德树人价值指向协同

我国的大学是社会主义性质的大学，这就决定高校应坚持社会主义办学方向，把为党育人、为国育才、培育德智体美劳全面发展的社会主义建设

者和接班人作为开展教育工作的基本价值指向。正是基于这一价值指向，高校要始终坚持立德树人，培养堪当民族复兴重任的时代新人。高校课程体系协同迈进能共担立德树人的育人使命。一是思政课程承担着主要职责，发挥着主渠道的作用，按照集中、系统的教学安排，对学生进行世界观、人生观、价值观、政治观、道德观、法治观、是非观的教育。二是专业课程在立德树人过程中发挥着重要作用。专业课程主要是根据学科和专业的性质进行设置，这类课程在深入挖掘专业课程内的思政元素的基础上，在向学生传授专业理论、专业技能和专业价值的过程中，担负着渗透和实现思想政治教育、价值观引领和人文精神激励的责任。例如在航空航天类高校中，航空航天类专业设置、航空航天类思政资源挖掘、航空航天史、航空航天人等成为突出的特色，这是综合性高校和其他高校不具备的优势。通识类课程以汇集古今、中西、文理各类课程为基本特征，通过引导学生用多方位、多视角和多学科的思维方式认识自己和所学专业，进而培养学生健全的人格，以达到立德树人的目的。尽管思政课程和课程思政在功能定位和教学方法上存在差异，但在育人目标上都指向立德树人，二者协同的逻辑起点和逻辑终点是一致的，这是协同的前提和基础。

（二）动力逻辑——内驱力、外逼力助推协同

为适应我国经济发展新趋势，高校在教育改革中开始树立教育高质量发展理念，并不断推进学科和专业内涵式发展，课程思政和思政课程协同发展在此过程中被提上日程。

第一，思政课程、专业课程和通识课程为适应教育改革自身求变，是课程思政和思政课程展开协同的内部驱动力。思政课程是高校根据中宣部、教育部等上级部门要求，为巩固马克思主义在高校意识形态领域指导地位而开设的公共必修课程。长期以来，"高校思想政治教育存在'孤岛'困境，思政教育与专业教学'两张皮'现象未能根本改变"。为扭转这种局面，思政课程应立足学校实际，主动了解学生和学生所学专业，以学生已有认知和学科期望点燃学生学习思政课程的热情。与其他课程协同是思政课程掌握学情的捷径。专业课程是学生在校学习的核心课程，是高校重点开设的课程，担负着引领行业发展的重任。但如果学科生态相近且集中，学科优势、行业优势和地缘优势在强化学生专业素养的同时也会形成专业茧房，学生视野会因此局限在本学科、本行业中，这样不利于学生、学科和学校的长远发展。为拓宽学生视野、提升学生的综合素养，专业课程需要放低姿态，积极与其他课程协同，用多学科视野缓解学生疲惫的精神和有效避免专业课程单一化的情况。通识课程是在促进人的全面发展的价值定位上开展的课程，是高校培养学生多学科视野的主要课程。通识课程致力于在现代多元社会背景下，为不同人群提供共通的知识和价值观，以此减少多学科交流的基础性障碍。但通识课程内容浩如烟海，人文底蕴深厚，高校开设的通识课程在课时和课型上很有限，通识课程涵养学生人文素养、培养学生多学科视野、增强学生实践能力的功能在短时间内难以生成。通识课程要在有限的时间内实现育人目标，就必须对传授的内容做好取舍。深刻把握时代发展潮流、中国特色社会主义伟大实践及学生专业发展趋势，是通识课程甄别和筛选的原则，而课程思政和思政课程协同是实现这一过程的重要途径。

第二，国家发展的新特征、行业发展的新需求和高校发展的新困境共同从外部倒逼课程思政和思政课程展开协同。党的十八大以来，在百年未有之大变局和中华民族伟大复兴的战略全局背景下，我国在政治、经济、文化、社会和生态文明建设等方面取得了历史性成就，其蕴含的思政资源深深地影响着学生，这也与每门课程和每个学校息息相关，旗帜鲜明地讲清楚中国正在谋划的大局与所取得的成绩，既能激发学生的学习热情，又能厚植其奋斗报国的情怀。同时，供给侧结构性改革和创新驱动战略对行业发展提出了更高的要求，也寄予了更高的期望，而行业发展要突破本行业局限并跻身世界前列的关键在于从业人员具有扎实的行业知识、全球性视野和开拓创新精神，这些能力仅靠学习专业课程难以达成，还需要增强学生的专业归属感、职业荣誉感、社会责任感和创新意识，这需要课程思政和思政课程协同完成。同时，随着我国改革开放、社会主义市场经济体制改革的不断深入，培养德智体美劳全面发展、能够担当民族复兴大任的人才成为当务之急。高校培养的人才是践行中国式现代化道路的中坚力量，深刻领悟中国式现代化的丰富内涵、创新推进中国式现代化步伐，需要高校不断调整单一的课程体系，通过课程思政和思政课程协同发展开拓多学科视野，拓宽学校发展前景。

（三）展开逻辑——辩证统一思维推进协同

高校的思政课程和其他课程在目标定位、教学内容、教学方式及教学效果等方面存在差异，不同课程有各自的重点任务和主攻方向，但这些课程都有培养担当民族复兴大任的时代新人的共同目标。因此，高校课程思政和思政课程之间是辩证统一的，以辩证统一思维推进二者协同，有助于达成协同育人目标。

第一，以守正和创新的辩证思维推进课程思政和思政课程。一是思政课程在二者协同过程中要守住思政课程在立德树人过程中的重要地位，育人方向是高校的立校之本。2015 年，中央宣传部、教育部联合发布的《普通高校思想政治理论课建设体系创新计划》把思政课程明确定位为："落实立德树人根本任务的主干渠道，是进行社会主义核心价值观教育、帮助大学生树立正确世界观人生观价值观的核心课程。"无论是哪种类型的高校，都必须理直气壮地守住思政阵地，这是其他课程无法取代的。二是高校在两者协同过程中要守住专业课程在行业内的优势。专业优势是高校的兴校之要。尤其是高校，有着很强的行业背景、完备的学科背景和集中的人才保障，其中有不少学科在国内和国际上处于领先地位，这些都是高校的核心竞争力，专业自信和学科自信是高校要坚持的。三是思政课程和课程思政都要走出舒适圈，用创新思维和协同思路走上多学科共建之路，否则就会失去相对优势。

第二，以主导和多样的辩证思维推进课程思政和思政课程。在整个课程体系中，思政课程仍是实施思政教育的主渠道，该课程旗帜鲜明地在课程建设和课堂教学中对大学生进行马克思主义基本立场观点方法、马克思主义中国化理论成果、理想信念、社会主义核心价值观、国家发展战略等内容展开教育。但思政课程并不是实施思想政治教育的唯一途径，客观来讲，在高校的整体课程结构中，思政课只占了很小的比重，再加上大学生"三观"的养成是极其复杂的工程，仅靠思政课往往不够，因此，思政课程需要其他课程的支持和补充。高校其他课程中同样蕴含着丰富的思政教育资源，但其分散在不同的章节和专业内容中，具有多样性和隐含性，其育人功能往往是自发的、随机的，需要挖掘提炼、准确把握，这样才能发挥其育人作用。因此，思政课程需要发挥引领作用，引领其他课程在传授专业知识理论的同时发挥育人责任，使专业类课程沿着正确的方向前行。思政课主导作用的发挥，需要建立在与资源丰富多样的课程思政有机互动的基础上，在价值正确导向的基础上鼓励专业课程和通识课程，把分散其中的形式多样且零散的思政内容和要素提炼出来，并有机融入各类课程学习之中。

第三，以外显和内隐的辩证思维推进课程思政和思政课程。理工科高校的部分学生对政治不敏感、对国家发展规划关注度不够，极易受到西方不良思潮的干扰，进而导致其丧失理想信念、崇尚利己主义。为避免上述情况的出现，思政课在课堂教学和课程内容表述方面，"必须理直气壮、旗帜鲜明、刚强有力、有棱有角，绝对不能含糊其词、模棱两可、羞羞答答"。比较而言，其他课程的思政育人作用具有间接性，这些课程不是直接系统地进行思政理论教育，而是通过挖掘和利用各种各样隐含的思政元素、思政素材发挥作用。通过对课程中的思政育人元素进行挖掘、整理和提炼，把其中隐含的如政治认同、家国情怀、理想追求、道德品格、法治意识、人文关怀、创新精神、进取精神等思想、价值、功能和作用凸显出来，并与专业知识理论有机融合，实现知识传授与价值引导的统一。因此，把思政课程的外在显化引领教育与课程思政的隐性间接渗透教育进行有机统一，能够实现育人功能最大化。

二、找准课程思政与思政课程协同的实践要点

协同机制的有效运行有赖于各个主体、各种要素、各种中介的相互配合，形成高效的协同系统，以系统驱动机制长期有效。构建课程思政与思政课程协同的系统需要找准制约协同系统有效运行的基本条件。高校在建构协同系统的过程中，要在诸多制约条件中找准协同主体、资源和平台这三个实践要点，用核心要素架构起协同系统。

（一）打破专业圈层，筑牢主体意识

课程思政和思政课程协同育人效果的实现最终要靠教师这一主体去执行，而要实现协同育人效果最大化，必须使思政课程教师和课程思政教师在思想上实现高度统一。为此，需要从打破各类专业的研究圈层、共享各自的学科范式开始。

第一，各类课程教师率先实现内部思想统一，是课程思政和思政课程展开协同的关键一步。高校的学科和专业差异较大，各类课程和各门专业必然在学科范式、分析框架、具体内容、效果反馈等方面存在差别，相应地，在教学目标设定、课程实施过程和教学具体策略等方面存在差异，课程育人效果也会因资源、教学风格差异而千差万别。尽管每门课的课程思政设计和开展方式不同，但每位专业课教师的做法和经验必然存在互补互通之处。各类课程教师内部定期展开交流、分享经验，有助于打破各类课程内部的隐形壁

垒，提升课程整体育人的效果。同时，开放办校理念要求各类课程教师跳出校内束缚，加强校际专业课教师联动，特别是与专业内认可度较高的同类院校的联动，因为这类高校掌握着该学科、该专业的前沿动态，能从学术前沿层面引导教师在思想层面的统一。

第二，课程思政与思政课程教师持续互动是课程思政和思政课程展开协同的关键。专业课程教师大都精于自身的专业领域，对于思政教育的理论和方法不够了解，要充分挖掘和利用好专业课程中的思政资源，就需要专业课程教师与思政课教师在强化交流过程中了解并掌握思政教育特有的育人价值导向，熟悉并遵循思政学科的教学规律和方式方法，以此提升课程思政教师的思政素养，并增强思政课程和课程思政的教育时效性。当前，很多高校在不断尝试完善课程思政的展开逻辑，无论是在学校课程体系架构时，还是在各专业课程设置时，均有专业的思政教师参与。同时，高校思政课程是教育部为落实立德树人根本任务和实现铸魂育人目标所开设的公共课程，从这个角度出发，基本素质合格的思政课教师可以胜任任何一所高校的思政教师岗位。但高校行业优势突出，学科集中，如果思政课程教师对该类学校的创校背景、特色及专业领域不熟悉，就无法将各个专业领域的特点与思政教育有机融合，育人目标也难以达成。有关高校的历史、专业背景和前景恰恰是专业课程教师的优势，这就要求思政教师在实施教育活动前对接专业课程教师，汲取行业类专业课程中的思政元素，结合专业特点进行教学，不断拓展思政教育的路径，以此提高思政课的育人针对性和时效性，从而实现思政教育价值的最大化。

（二）打包思政元素，深挖协同资源

各类课程中蕴含的思政元素是思政课程顺利走进大学生内心的重要依据，思政课程中与专业课程相关联的内容是其他课程展开思想政治教育的重要资源。高校实现课程思政和思政课程协同发展，必须对二者各自所需要的元素和资源在深入挖掘的基础上分类整理，以综合打包的思维夯实两者协同的资源基础。

第一，思政课程要主动走进其他课程。一是立足和深挖校史与专业史。深挖校史与专业史的资源有助于学生树立正确的历史观，并进一步坚定理想信念，这些正是思政课程所追求的育人效果。二是立足高校现状。各高校发展至今，基本形成了自身独有的校园文化和专业特色，其中蕴含的爱国主义精神、艰苦创业精神、科学求实精神、奉献精神和创新意识都是激励大学生的重要素材。这些精神力量与社会主义核心价值观在本质上是一致的，这些资源也是思政课程撼动学生心灵的重要素材。三是展望高校未来。从 2017年开始，国内一大批高校抢抓"双一流"建设机遇，不断革新办学理念，积极向世界领先高校和行业领先专业看齐，不断实现高校高质量内涵式发展。在此过程中，思政课教师可提前了解同类高校、同类专业的差距点，在实施思政课程过程中，以目前学校和国家在某些方面的差距点激发学生的求知热情和创新意识，由此唤醒学生自主学习、奋斗报国的意识，增强育人效果。例如，在航空航天类高校，思政课教师在讲述我国的航空航天工业发展史时，不仅要着眼于行业本身发展的历史演变，更要结合中国共产党领导人民建设新中国的奋斗史、改革开放的奋进史，以及中国特色社会主义的发展史、中国共产党百年奋斗史进行融合式讲解，让学生在宏大的历史背景中深刻认识到中国航空航天工业发展的艰辛，以史为鉴，引导学生进一步树立家国情怀，进一步坚定"四个自信"；在讲述航空航天行业文化时，要融汇"两弹一星"精神、探月精神、载人航天精神，把航空航天人不怕苦、不怕累、勇于拼搏、甘于奉献、淡泊名利的高尚情操，以及精心探索、不断精进的工匠精神，科研报国的人文情怀和科学素养讲好讲透，以此增加课程思政的底蕴，丰富课程思政的内涵，提升课程思政的感染力。在讲述行业发展时，可向学生讲透航空航天工业发展的形势、趋势和走势，以及我国在航空航天事业发展中的优势与不足，让学生树立更加明确的奋斗目标，增强创新意识和创新精神。

第二，其他课程也要主动走进思政课程。一是从课程建设高度将思政要素融入课程全过程。各专业课程要根据政治性和学理性、价值性和知识性相统一的要求，根据各个学科的专业性质对课程思政元素和内容展开挖掘筛选和提炼整理。同时，建立协同的课程教学大纲、课程资源库及课程思政人才培养方案，探索建立思政课教师和专业课程教师协同备课的机制与平台，致力于实现思政课程内容、价值导向和专业课程的思政资源内容之间的有机结合，使二者相互补充、相互强化。二是从教材建设角度，将思政要素贯穿于教材全方面。在思政课教材中配套建设专业素材支撑体系，有效融合专业资源基础，充分发挥专业资源对思政教育的实践支撑。同时，及时把新思想、新理论、新形势、新任务等植入专业教材编写之中。

（三）打通载体阻隔，重构协同平台

校内课程和校外实习是高校展开人才培养的重要载体。当前，校内课程存在内部衔接不自然，校外实习存在联动失效、反馈失真等问题。要真正发挥课程思政和思政课程协同育人效果，就必须重构协同平台。

第一，协同第一课堂和第二课堂，打通知识传授和实践体验的阻隔。第一课堂是高校按照专业人才培养方案和课程计划设定的目标体系、课程体系和内容，进行有计划、有步骤的课堂教学。第二课堂是指学校以课外校园文化活动为依托开展的各类素质教育课程，是第一课堂的拓展活动。第一课堂和第二课堂在育人重心和育人方式上存在差异：第一课堂重结果，以系统性、理论性的知识，旗帜鲜明地告诉学生课程目标，并以单一的评价标准测量育人结果；第二课堂重过程，以特色化活动让学生在课外活动中学习、感悟和成长，其测量标准是多样的。尽管如此，两种课堂有着统一的育人目标。从第二课堂的定义中可以看出，第二课堂作为第一课堂的拓展，是第一

课堂所传授的知识的实践体验场所。两种课堂如何相互补充、衔接，是重构协同平台的重要任务。这就需要按照 OBE（Outcome Based Education，基于学习产出的教育模式）教育理念，以人才需求为基础，梳理人才培养目标，以此探索第一课堂与第二课堂的具体融合途径。

第二，协同学校、学院和实习单位，打通知识运用和场域局限的阻隔。高校以培养应用型人才为主，实验基地和实习单位是高校学生运用所学理论知识具体展开实验和生产的场域，实验和实习环节的展开有助于学生在具体实践活动中把握行业动向，感悟自身差距。校外实验实习活动本身就是一门真实感十足的思政课程，学生在这个过程中会刷新对专业课程和思政课程的认知，也会明白课程思政和思政课程协同推进的深刻意义。同时，学生与实验基地、实习单位的相互评价与客观反馈会反作用于专业课程和思政课程，这些宝贵的意见建议会为课程思政和思政课程协同提供丰富的素材，进而为下一轮的协同打下坚实基础。

三、抓好课程思政与思政课程协同的主要环节

找准课程思政和思政课程协同的实践要点，可初步架构协同系统，为让系统功能长期有效，必须对影响系统整体效果的关键部分进行优化。抓好课程思政和思政课程协同的主要环节，有助于该系统释放出最大的协同育人效果。

（一）推进环节——以团队建设开启协同之旅

教师是育人的主体和"第一负责人"，教师队伍的建设和打造是落实立德树人中心任务和贯彻全员、全程、全方位育人方案的基础与前提。伴随课程思政理念的提出，思政课育人工作的承担者由原先的思政理论课教师或行政管理人员转变为全体教师，"教师共同体"的观念日益凸显。这就需要打

造跨学科协同运行"团队"，以推动教师队伍育人目标和方式的转型，形成立德树人教师共同体。

第一，团队建设要强化各类教师思政育人的思想自觉性，形成较为一致的思想价值理念。专业课教师既要正确把握专业教育和思政教育的关系，充分认识专业课程蕴含的思政教育功能，又要自觉、全面、系统地学习马克思主义理论，并结合学科和专业实际、行业发展实际，加深理解认知，切实增强政治自觉、思想自觉和行动自觉。思政课教师也同样需要强化协同育人意识，不断进行教学创新，结合专业及学生实际，提升教育成效。

第二，团队建设要致力于提升各类教师思政育人的教育教学能力和水平。对于专业课教师而言，要立足专业培养实际，深度挖掘课程体系中蕴含的思政资源和元素。对于思政课教师而言，要加强对学生专业背景的深度挖掘，在精准把握学生认知规律、发展需求的基础上，有机整合教育教学资源，创新教学方式方法，提升课程思政的育人能力。

（二）示范环节——以精品推广对标协同之靶

课程思政必须有优质的课程载体，精品课程和名师工作室发挥着价值引领和操作示范等特定功能，以各类精品推广带动各级各类学校调整课程思政和思政课程的协同方向与方式，是实现二者良性协同的重要环节。

第一，打造具有思政目标导向的"金课"。"金课"是指以"高阶性、创新性和挑战度"为衡量标准，具有高度政治性、学术性、知识性、价值性和实用性的优质课程。对于高校而言，要依托学科专业特色优势，结合学校定位和人才培养目标，着力实现课程思政教育由泛在化向品质化、特色化、体系化发展。通过打造具有特色的课程思政校本课程，实现课程思政特色化发展，发挥更大的思政教育效能。以航天航空类院校为例，可以开发"航空航天概论""航空航天发展专题"等特色校本课程思政，在特色校本课程思政中融入"四史"教育、社会主义核心价值观培育、创新精神培育等内容。

第二，打造思政课名师工作室。思政课名师工作室是发挥"头雁效应"与"领头羊效应"的重要举措。思政课名师在教学科研、做人治学方面有经验、严要求，在教学上应多提携栽培青年教师，确保教学队伍后继有人；在科研上要多"传经送宝"，让青年教师少走弯路，"扶上马送一程"，将有限的精力更好地用于教学科研。同时，青年教师应崇敬名师、尊重名师、学习名师，向思政课名师看齐，以他们为榜样，在教学和科研上多向名师请教、学习，以名师为标杆，充分发挥自身优势，积极参与思政课名师工作室平台建设，在实践中增长才干。

第三，打造课程思政示范中心。充分发挥各种资源优势，把课程思政示范中心这一平台建设成为课程思政与思政课程协同发力的"试验田""演兵场""集散地""示范区"，成为各方面教学科研人才向往与深耕的教学科研高地。例如，航天航空类高校要发挥好科技发展史、理工科事业特征、科学家精神等特色优势，对它们进行整理筛选和提炼归纳，按照历史脉络、事件脉络、人物脉络、文化脉络等不同维度，生动阐释"两弹一星"精神、探月精神、载人航天精神、新时代北斗精神、工匠精神等，切实推动这些精神进课堂、进学生头脑，营造思政课程与课程思政同向同行的良好校园文化氛围。

（三）反馈环节——以结果复盘增强协同之效

教育作为一种能动性活动，仅以一轮知识传授是很难达到教育效果的，也会导致授课因脱离特定场景而失效。课程思政和思政课程的协同也是如此，两者致力于培养学生的综合素质，期望学生以较高的综合素质去应对复杂的生活难题。这就要求思政课程和课程思政在协同过程中重视反馈环节，以强化教育效果。

第一，注重对前期协同结果的总结推演。高校课程思政和思政课程协同中需要正视过程中的失误、经验的传承和能力的提升，更需要总结协同规律和固化协同流程，这些都需要从对已实施的协同过程进行总结推演来获取。具体而言，高校课程思政和思政课程需要以量化和质化相结合的方式对协同目标实现程度进行评估，并对已经发生的协同行为和结果进行描述、分析和归纳。在该过程中要注重对重要时间节点、关键资源要素和演绎过程的总结。除了对已经发生的行为和结果进行总结外，还需要对未发生的行为进行虚拟和探究，预测在接下来的课程思政和思政课程协同过程中可能会出现的情况，并从中找到新的解决方法和途径，从而提高协同效能。

第二，加强对后期协同规划的调整优化。课程思政和思政课程协同育人的效果绝不是实施一次或几次课程就能实现的，而且育人效果究竟如何也绝不是靠一次考试就能看出的。课程思政和思政课程协同应贯穿学生学习生活全程，协同对象应覆盖学生全体，协同的常态化和持续性是调整优化后期协同规划的重要依据。以高校为例，这些高校因学科生态相近且集中，课程思政和思政课程在协同过程中的素材和逻辑相通，因而在协同目标上具有一致性，但不同学科、不同专业本身也有不同之处，这就要求在后期具体的实施过程中对协同的具体细节和具体目标策略进行调整。同时，高校发展是与国家发展战略和行业发展需求高度一致的，当国家发展战略和行业发展需求发生变化时，就要求高校在人才培养方案上做调整。在这个过程中，课程思政和思政课程协同的后期调整优化要与时代发展潮流、中国特色社会主义伟大实践、行业变革方向及学校的转型升级相契合。只有这样，课程思政和思政课程的协同才变得有意义，才能真正实现为党育人和为国育才的目标。

（四）保障环节——以系统举措确保协同之实

自改革开放以来，为适应社会经济发展，高校纷纷对学科布局进行了调整和优化，拓宽了学科覆盖面，但基础理论学科薄弱、特色学科缺少相邻学科支撑、学科间交叉融合不够等问题依然是大部分高校面临的困境。因此，实现高校思政课程与课程思政的协同需要强化条件保障。

第一，强化组织领导机制。高校课程思政与思政课程协同的有效运行，关键是要解决协同的组织机制问题。强化组织领导，可以克服协同层次低、协同力度弱、协同意识差、协同行动不到位等制约因素。按照教育部《高等学校课程思政建设指导纲要》要求，各高校要建立党委统一领导、党政齐抓共管、教务部门牵头抓总、相关部门联动、院系落实推进、自身特色鲜明的课程思政建设工作格局。这一工作格局要求从顶层设计上谋划"路线图"，制订"任务书"。

第二，完善资金支持保障。高校思政课程与课程思政协同体系的构建和协同机制的运行涉及场地空间、技术支撑、设备采购与维护、协同平台建设、师资培训交流、协同活动组织等一系列的支持，这些都需要资金保障。因此，必须设立专门经费预算，进行专项资金支持。有的高校正在探索加大经费支持的力度和广度，鼓励教师申报课程思政建设项目并设立专项经费，设立专栏对优秀的课程思政和教学团队进行表彰，定期邀请思政建设专家来校举办讲座，学习校外的先进经验，已然取得较好效果。

第三，整合资源规范政策。高校思政课程与课程思政协同体系的构建，需要整合各类资源，从而打破固有的思想壁垒和制度障碍，推动该项工作的良性运行。为此，需要制定相应的政策规范，为二者的协同发展提供制度保障，把思想政治工作贯穿于教育教学全过程。具体来讲，可以建立课程思政的课程改革制度、完善思政课程的课程建设标准、培育课程思政与思政课程协同育人体系。可以适当增加通识课的可选择性，合理设置专业课程结构，并调整专业知识与思政元素的比例，适当增加实践类课程，提高学生接受思政教育的主动性和积极性。

第四，实现部处职能联动。实现高校思政课程与课程思政的协同发展，必须建立相应的体制机制，确保各职能部门的相互配合，在教育教学、学科建设、人才培养、科研立项、社会实践、经费保障等方面的政策和措施上发力。例如，党委组织部要和宣传部合作沟通，把高校思想政治工作纳入党建工作和意识形态培养工作；教务处要协调马克思主义学院与其他学院在课程建设上的联动，与社科处做好相关学科建设、项目支撑等方面的沟通合作；学生处应与各二级教学单位建立密切联系，及时推进学生思想反馈与各学科教学工作的有效调整，协同成效。

第五，建设激励考核机制。高校思政课程与课程思政协同机制的建设是一项久久为功的长期任务，需要建立导向明确、系统完善的评价机制，突出各高校的普遍性与特殊性的统一，这样才能取得协同实效，避免流于形式。要加强督查，建立教学检查和督导的工作机制，确保思政课程与课程思政协同机制在课堂教学、师资交流、协同活动、管理组织中的顺利实施；建立完善的考核评价机制，高校要将协同育人建设及实施状况作为重要考核指标，将其纳入学校党建工作和思想政治教育工作及教育教学工作的评估体系，并作为专业建设、课程建设、教学质量和水平的重要考核指标；强化激励约束引导，把协同育人实效作为教师岗位聘任、职称评定、绩效考核、评优评先等的重要参考依据。同时，对协同机制建设运行中不作为的主体，应予以相应的惩戒。

第三节 构建高校辅导员核心素养评价指标体系

一、高校辅导员核心素养评价指标体系的确定

（一）高校辅导员核心素养评价指标体系的内容设计

明确当下高校辅导员的核心素养的基本构成，建立科学合理的评价指标体系已成为当务之急。采用层次分析法和对偶加权法，能够在高校辅导员核心素养评价指标权重的确定过程中减少主观偏差。由于该模型采用层次分析法设计评价指标体系及其权重，并对所在层级的权重进行严密的一致性检验，克服了传统量化计分考核的弊端，保证了对高校辅导员核心素养考核评价的公平性和科学性。该模型适用于对高校辅导员工作的考核评价，因而具有较广阔的应用前景。层次分析法是指将一个复杂的多目标决策问题作为一个系统，按总目标、各层子目标、评价准则直至具体备选方案的顺序，将其分解为若干层次结构，在此基础上进行定性和定量分析的决策方法。层次分析法比较适合用于目标值难以定量描述的决策问题，为定性问题做定量分析提供了简洁实用的方法。将高校辅导员核心素养的各个结构要素用求解判断矩阵特征向量的办法，求得每一层次的各结构元素对上一层次某一要素或维度的优先权重，最后再采用加权和的方法递阶归并各备选方案对总目标的最终权重，此最终权重最大者即为最优方案。

构建高校辅导员核心素养评价指标体系，采用文献检索法、层次分析法、专家访谈法和调查咨询法等，关键是要解决各级指标存在定性与定量并

存的情况和评价对象差异性因素的问题。因此，要把复杂的目标问题层次化，将其分解成各个组成因素，再将这些因素按支配关系构成递阶层次结构，最终确立针对高校辅导员所需的核心素养的指标体系，如表 5-1 所示。

表 5-1 高校辅导员核心素养评价指标体系

目标	一级指标	二级指标	三级指标
高校辅导员核心素养评价	思想政治素养（20）	理想信念（40）	马克思主义的科学信仰（40）
			共产主义的远大理想和中国特色社会主义共同理想（30）
			作为高校辅导员的职业理想（30）
		道德情操（30）	明大德（30）
			守公德（30）
			严私德（40）
		人格完整（30）	积极向上的态度（40）
			百折不挠的意志（30）
			独立思考的能力（30）
	专业知识素养（20）	基础性学科知识（40）	马克思主义理论专业知识（50）
			思想政治教育学专业知识（50）
		操作性学科知识（30）	语言交际相关知识（40）
			文字创作相关知识（30）
			社会调查相关知识（30）
		相关学科知识（30）	教育心理学知识（40）
			传播学知识（30）
			所带专业的背景知识（30）
	职业能力素养（20）	科学研究能力（40）	具备学生工作相关的创新能力（50）
			具备学生工作相关的科研能力（50）
		组织管理能力（30）	具备教育管理服务能力（40）
			具备协调学生事务能力（30）
			具备处理突发事件的能力（30）
		教育引导能力（30）	具备把握社会主流意识形态的能力（50）
			具备理解学生对象身心发展的能力（50）
	学习创新素养（20）	学习能力（40）	具备终身学习理念（50）
			乐于接受新事物和新挑战（50）
		创新意识（30）	坚持解放思想（50）
			坚持与时俱进（50）
		探究精神（30）	立足实际，勇于实践（100）
	教育情怀素养（20）	师德伦理（40）	高尚的思想道德品质（50）
			崇高的教育伦理意识（50）
		人文精神（30）	尊重学生（40）
			理解学生（30）
			关心学生（30）
		自我关怀（30）	友善地对待自己（40）
			坦然面对不完美（30）
			平衡处理负面情绪（30）

它包含四层结构：第一层（目标层）为高校辅导员核心素养，第二层（一级指标）为高校辅导员核心素养的五个维度，第三层（二级指标）为高校辅导员核心素养的各个基本要点，第四层（三级指标）为高校辅导员核心素养的各个结构元素。一级指标由思想政治素养、专业知识素养、职业能力素养、学习创新素养、教育情怀素养五个维度组成。每一个一级指标下设有三个二级指标，每一个二级指标下又分设了若干三级指标，这样就形成了一个递阶层次结构的指标体系。

（二）高校辅导员核心素养评价指标权重的确定

对偶加权法是一种简单易行又科学严谨的指标权重确定方法，因此，本书采用了对偶加权法，对不同指标利用对偶加权例表得出指标并依据其重要性进行排序，具体操作程序是，首先将各个评价指标分别列入首行和首列，将"行中的每一项评价指标"和"列中的每一项评价指标"分别两两比较，计分原则为：行中评价指标的重要性大于列中评价指标的重要性得 1 分，行中评价指标的重要性小于列中评价指标的重要性得 0 分；比较结束后，统计各个评价指标的分值，按照每个评价指标的分值大小进行重要性排序，得到评价指标体系权重表，如上表 5-1 所示。

我们通过对部分高校的实践，认为这个基于层次分析法的高校辅导员核心素养评价指标体系及相关参数的设定，对高校辅导员核心素养的评价是比较客观、全面和公正的，减少了传统评价标准的主观因素，实现了定性与定量相结合的较科学的评价。高校辅导员核心素养的评价体系是高校辅导员实施育人工作的基础和关键，对于提升高校辅导员的育人素养和能力、稳定及优化高校辅导员队伍具有极其重要的意义。

二、探索高校辅导员核心素养的培育路径

高校辅导员身居高等教育工作一线，承担着大学生学业职业的规划、道德品质的塑造、心理情感的疏导等重担，是大学生人生道路上的领路人。所以，建设一支业务熟练、政治过硬、信仰坚定、高水平、全方位的高校辅导员队伍，关乎高校立德树人根本任务的落实与教育高质量发展的成败。高校辅导员应具备的核心素养不是浅尝辄止的"基本素养"，而是影响高等教育质量、扩大具有核心竞争力的人才产出"关键素养"；不是聚焦于单方面技能的提升，而应是对专业知识、管理能力、应变能力等进行多方面综合；不是静态的，而是与时俱进、不断创新、不断发展的；不仅要涵盖辅导员自身发展需求，更要符合社会发展需求。中国特色社会主义进入新时代，社会主要矛盾发生变化、国际政治格局出现新调整，建设教育强国，树立中国特色社会主义道路自信、理论自信、制度自信、文化自信，对高等教育提出新的要求与挑战。面对环境的变化，基于高校辅导员核心素养的内涵与特征，对高校辅导员核心素养培育应从以下几个方面着手。

（一）确立高校辅导员核心素养的培养方案

对高校辅导员核心素养的培育要有详细且可行的培养计划，包括高校辅导员核心素养要素培养的目标、原则、过程等一系列内容。

明确立德树人的培养目标。教育的根本任务是"立德树人"，中国共产党在教育方针的制定与实施中，反复提出"要培养德智体美劳全面发展的社会主义建设者和接班人"；党的十九大报告对教育提出新要求，即"培养担当民族复兴大任的时代新人"；2018 年 9 月召开的全国教育大会指出，要在党的坚强领导下，全面贯彻党的教育方针，坚持马克思主义指导地位，坚持中国特色社会主义教育发展道路，坚持社会主义办学方向，立足基本国情，遵循教育规律，坚持改革创新，以凝聚人心、完善人格、开发人力、培育人

才、造福人民为工作目标，培养德智体美劳全面发展的社会主义建设者和接班人，加快推进教育现代化、建设教育强国、办好人民满意的教育。党对教育提出的目标与方向就是辅导员的工作使命，辅导员始终肩负着贯彻、保证、强化党对学生思想政治上的领导，保障学生全面发展的责任与使命，办人民满意的教育、以文化人、以德育人，理所当然成为高校辅导员核心素养培育的目标。

加强政治引领、业务能力全面提升的指导原则。随着国内外形势的变化，我国在经济成分、社会组织方式等方面发生变化。加上网络技术的发展，学生的生活方式、交往方式、价值观等都发生了一些变化。切实加强和改进高校学生的思想政治教育，是确保教育事业发展的基石。"正人先正己"，高校辅导员自身首先要有过硬的政治素养，坚持马克思主义理论的指导地位，认真贯彻落实习近平新时代中国特色社会主义思想。高校辅导员工作涉及学生的生活与学习，要扩展自己的知识面，培养宽口径、全方位的技能，才能应对学生生活学习中复杂不定的问题。

以专家引领、理实结合、任务驱动、成果导向逐步推进。高校辅导员核心素养的培育不是一蹴而就的，而是有方法、有步骤地逐步推进，这一过程包括但不限于专家引领、理实结合、任务驱动、成果导向等方法，循环反复推进，每一轮培育实施完，要思考所取得的成果经验与失败教训，带着经验与问题开启下一轮核心素养的培育。

（二）完善高校辅导员教育培训机制

高校辅导员核心素养的培育计划需要以立德树人为目标，以政治引领、宽口径业务提升为原则，以专家引领、理实结合、任务驱动、成果导向逐步推进。在设计好培养计划后，具体的培育机制设置中要围绕思政素养、专业素养、职业能力素养和学习创新素养能力的提升来进行。

（1）以思政素养提升为基石。依照《高校辅导员职业能力标准》中的论述，高校辅导员应灵活运用马克思主义中国化相关原理解决日常生活中遇到的问题，用马克思主义的观点去看待问题，用马克思主义的方法论去解决问题。高校辅导员应不断加强对习近平新时代中国特色社会主义思想的学习，深刻领会其思想精髓，做到融会贯通，学以致用，通过辅导员自身的学习行动增强学生对马克思主义中国化理论成果的情感认同、理论认同和政治认同。

（2）以专业素养提升为依托。高校辅导员需要具备一定的教育学、管理学、心理学专业素养。高校学生工作细致烦琐，高校辅导员思政工作和管理工作双肩挑，并且身兼组织者、实施者和指导者多重角色，必须具备良好的组织管理能力。首先，要具备高水平的活动组织策划能力，能抓准时机开展丰富多样的主题教育活动，能充分考虑院系专业和学生发展需求，举行文体活动；其次，要有指导学生进行自我教育和自我管理的能力，抓好高校辅导员队伍建设；最后，在面对危机事件时能临危不惧，及时、有效地对危机事件进行管理。

（3）以职业能力提升为支撑。除了教育能力、管理能力的专业能力，高校辅导员还需要具备一定的职业能力素养，包括心理疏导能力、信息搜集能力、语言表达能力。在对高校辅导员心理学知识的培育中，要注意双导向。一方面，辅导员要能运用心理学知识去解决学生的心理问题。随着时代的发展、国际局势的变化，外围环境对国内就业市场产生了一定的冲击，毕业生容易在找工作中碰壁，心理上也会产生挫败感，辅导员应及时进行疏导；大一新生离开父母，也会面临心理上的不适应；一些大学生经常会遇到抑郁、焦躁等心理问题，辅导员应具备对这些问题的解决能力。另一方面，心理培训要将对象转向辅导员自身，学生工作琐碎细致，辅导员在工作中难免会出现职业倦怠等不良情绪，对辅导员开展定期的心理辅导，帮助辅导员排除心中的不良情绪，是确保其稳定开展学生工作的保障。辅导员同学生的接触最为密切，要有洞察学生动向的能力，获取学生日常生活情况、心理变化的能力，最传统的方式就是加强和学生的联系，其次就是可以运用计算机、大数据等高科技，对学生关注的热点、焦点进行搜寻，因此，有必要对辅导员的信息搜集能力进行培训与提升。语言的力量是精细且锐利的，辅导员应善于运用语言的力量打开学生的心扉，运用语言的艺术发挥最具有征服性的作用。对此，可以从以下方面着手：第一，语言的表达要有清晰的思路，辅导员跟学生谈话时，要有清晰的思路，循序渐进，以润物细无声的方式慢慢渗透自己的想法和观点，强硬的灌输学生不易接受，即便当下表示赞同也很难产生持续、积极的影响。第二，语言表达要尽可能生动，贴近学生生活，才能产生共鸣，结合教育场合和情景，把大道理变成易感知的小道理，说到学生脑里，道进学生心里。第三，要注意语言表达的艺术性，语言的本质是区分善与恶的。某件事做得比较好时，接收到的是鼓励、赞美；而某件事做得不好时，接收到的大多数是批评或唾骂。但语言的艺术是可以将恶念转变为动力的，有可能不经意说出的鼓励带来的就是莫大的支持；但如果恶语相向，哪怕只是一个简单的字，也可能带来打击。

（4）以创新能力提升为补充。高校是最具活力的，新鲜事物能激起学生的兴趣，互联网时代产品的更迭频繁，市场讲究用户体验，大学校园更是如此。思想政治教育工作基本同通识教育、专业教育相分离。新时代，追求学习体验的大学生对思想政治教育工作有更高的要求，思政教育要有吸引力与感染力，才能有效开展，这就给辅导员提出了新的要求。辅导员在思想政治教育的过程中要有创新精神与创新能力，充分考虑学生的学习体验，善于结合日常生活情境，选择好的教育载体，去开展具有吸引力的、高品质的教育形式，以新感觉、新惊喜去吸引学生对思政教育的新期待。

（三）加强高校辅导员考核激励机制

在高校辅导员核心素养提升过程中，除了"育"，还要有一定的考核激励制度，考核指标体系要全面体现辅导员的思政素养、专业素养、职业素养及学习创新素养，激励方式也要包括正向激励与反向激励，要奖罚有度、赏罚分明。

（1）构建综合全面的考核指标体系。对辅导员的考核要全面，既要包含专业技能，也要包括政治素养；既要体现维稳水平，也要考量创新能力；既要体现结果成效，也要衡量过程引导。指标考核体系要充分围绕辅导员的理想信念、道德情操、扎实学识、仁爱之心，以"四有好教师"的标准为导向，划分细致、可操作、便于量化的考核评价体系。

（2）以正向激励点燃干事热情。正向激励是通过褒奖等方式对高校辅导员那些符合"四有好教师"的行为进行正面强化，使辅导员在工作中保持愉悦的心情，充分调动工作的积极性。奖励的形式也要多样，依据马斯洛需求层次理论，人的需求包括最基本的物质需求及高层次的精神需求，物质的获得、精神的满足都会增加人的满意度，所以对辅导员的工作进行奖励时，既要有物质上的奖励，也要有信任、表扬、提拔等精神奖励。在正向激励实施时，还要增强辅导员对实现目标的努力程度，也就是增强辅导员追求核心素养提升的主动性。一方面是核心素养提升后所获得的奖励高低，物质奖励、精神奖励的"诱惑度"；另一方面是获得物质奖励、精神奖励的"可得度"。因此，辅导员核心素养考核指标体系的设置要全面，达标后的奖励要兼具"诱惑度"与"可得度"。

（3）以负向激励严厉惩戒约束。负向激励是对人的行为进行负方向的强化，采用批评、责怪、处罚等强制性、威胁性的方法，杜绝某类行为的发生。对高校辅导员一些不良行为要进行严格的约束管理，对工作中的失职行为进行批评教育，对违反师德的行为要进行严厉的查处，对违反国家法律规定的行为要进行更为严格的处罚，依法追究责任，以硬性制度约束任何有悖于师风师德建设的行为。

（四）建设高校辅导员学习共同体

学习共同体是在一个相同的环境中，学习活动的参与者围绕着一个共同主题，营造相同的文化氛围，努力构建一个完整的知识脉络动态体系。基于学习共同体的概念，我们认为高校辅导员学习共同体应该是努力营造高校辅导员的学习意愿、规划学习远景、构建学习团体。

（1）构建高校辅导员与大学生的学习共同体。高校辅导员与大学生之间不是对立关系，而是一种合作共赢的伙伴关系。辅导员可以组织大学生进行线下学习，带领学生一起在图书馆学习；可以组织线上学习，利用新媒体形式，如钉钉、学习通等进行知识共享。这种伙伴关系可以营造良好的学习氛围，使学生和辅导员双方受益。辅导员与学生构建学习共同体，可以在日常的共同学习中了解学生的想法、动向，也便于在潜移默化中帮助学生塑造符合马克思主义的政治观、人生观、历史观。

（2）构建高校辅导员与专职教师的学习共同体。高校辅导员承担学生的思想政治教育工作，专职教师负责专业知识的讲授，两者在较长的时间内一直保持着相互分离的状态。若辅导员同专职教师进行联系，构建学习共同体，一方面可以加深专职教师对本专业的认识，在学生的就业实践中发挥更好的指导作用；另一方面，当前的职称评定体系需要辅导员有一定的科研能力，如数据搜索能力、数据处理能力、模型计算能力、结果分析能力等，专职教师可以在这些方面给辅导员一定的帮助，运用科学的研究方法对学生工作中存在的问题进行研究。反过来，辅导员同专职教师学习共同体的构建，对专职教师也有很大的帮助，一方面，辅导员同学生接触最为密切，专职教师可以通过辅导员来了解学生的需求，了解学生在课下学习的动态；另一方面，当前大力推行课程思政的改革，要求专职教师与辅导员打破以往的分离状态，建立密切的联系，在专业知识教育与思政教育之间架起桥梁。

（3）构建辅导员之间的学习共同体。各个学院专业学科背景不同，学生的性格特征、思想观念也有所不同，各个院系的辅导员之间也可以依靠学习共同体的搭建去共享经验。不同的学科背景下对学生工作的经验交流，可以拓宽辅导员的创新思维，以新的立场和想法去思考解决遇到的问题，甚至会有峰回路转、柳暗花明的效果。

（五）搭建良好的交流与实践平台

辅导员是知识群体，是高校教师队伍与管理队伍的重要成员，对学生的学习成长、高校的发展起着重要的作用。高校辅导员的自我发展很重要，做好辅导员的职业发展规划、减轻辅导员的职业倦怠、增强辅导员的职业满意度，对学生工作、思政教育工作都有较大的意义。依据马斯洛需求层次理论，人具有社会性，人的需求有最基本的物质需求、安全需求、社交需求、尊重需求及自我实现需求。人不能单独生活在社会当中，需要进行关系的往来、自我的成长，因此对高校辅导员核心素养的提升过程中，要努力搭建良好的交流与实践平台。

（1）构建高校辅导员交流网络。人是社会人，需要通过与他人的联系进行信息的沟通、经验的交流，也需要在交流中受到同行业者的肯定。现在全国已经开展了较多的辅导员交流学习研讨会等，但这些交流会门槛比较高，并不是每个辅导员都能参与其中。在经费支持有限的情况下，可以充分运用线上沟通的方式，定期举办高校辅导员交流大会，让有需求的辅导员都能以最低的成本参与进来，工作中遇到的困难与问题能在平台上进行讨论，寻找答案，成功案例也能及时在平台上分享，搭建一个准入门槛低、交流次数频繁、交流效率高的辅导员交流平台。

（2）拓宽辅导员实践平台。要围绕辅导员思政素养、专业素养、业务能力素养、创新能力素养，开展多种形式的实践。比如，能增强组织协调能力、应急能力的素质拓展训练，锻炼辅导员坚毅的品质；组织辅导员深入社会和企业调研，深入基层、了解企业、了解社会；选派辅导员挂职，扩宽工作视野，通过在不同地区挂职学习，帮助辅导员深入了解社会和专业特点，更好地开展学生教育工作；开展辅导员示范岗，成立辅导员工作室，鼓励辅导员进行工作创新，通过辅导员示范岗的激励作用，达到作风改进、能力提升、思路创新、工作实效的效果，在高校辅导员工作室中对学生事务管理工作遇到的问题进行整理，疏导高校辅导员出现的心理问题。

（3）营造良性的工作创新氛围。"00后"已经成为大学校园的主体，独立、自我发展的特征在他们身上尤为明显，讲究务实，反感形式主义，对信息的获取量更强，对事物的包容性也更强，这些都给高校辅导员的工作带来新的挑战，工作方式、处事理念都需要进行不断地创新。高校辅导员需谨遵时代性，在新形势下以马克思主义的方法论科学地把握事物规律，增强实效，不断创新。辅导员要贴近学生实际，以马克思主义中国化为指导，以学生的成长发展为本，增强个人感召力，获得学生认同，以形势的变化来创新工作思路、方法，时时关注学生的思想动态，成为合格的导师与领路人。在制度层面上，高校及相关部门要对辅导员的创新进行支持与鼓励，对创新的优良事迹进行表彰，营造良好的创新氛围。

参考文献

中文专著

［1］马克思恩格斯全集：第3卷［M］.北京：人民出版社，1960.

［2］马克思恩格斯选集：第1卷［M］.北京：人民出版社，2012.

［3］毛泽东选集：第四卷［M］.北京：人民出版社，1991.

［4］习近平谈治国理政［M］.北京：外文出版社，2014.

［5］习近平谈治国理政：第二卷［M］.北京：外文出版社，2017.

［6］习近平谈治国理政：第三卷［M］.北京：外文出版社，2020.

［7］骆郁廷.思想政治教育原理与方法［M］.北京：高等教育出版社，2010.

［8］习近平.高举中国特色社会主义伟大旗帜　为全面建设社会主义现代化国家而团结奋斗［M］.北京：人民出版社，2022.

［9］中共中央文献研究室.习近平关于全面深化改革论述摘编［M］.北京：中央文献出版社，2014.

［10］习近平.论党的宣传思想工作［M］.北京：中央文献出版社，2020.

［11］中共中央宣传部.中国共产党宣传工作简史（下册）［M］.北京：人民出版社，2022.

［12］全面小康热点面对面——理论热点面对面·2016［M］.北京：学习出版社，2016.

［13］人民日报社理论部.深入学习习近平同志重要论述［M］.北京：人民出版社，2013.

［14］田克勤，李彩华，李婧等.中国特色社会主义理论体系新论［M］.北京：人民出版社，2016.

中文期刊

［1］黄蓉生.习近平关于高校思想政治工作重要论述的价值意蕴［J］.马克思主义理论学科研究，2020,6（5）:37-46.

［2］张伟.习近平关于高校思想政治工作的重要论述［J］.学理论，2020（12）:123-124.

［3］周丽芳.论新时代高校思想政治教育观的逻辑蕴涵［J］.闽江学院学报，2021,42（1）:85-91.

［4］林巧萍.习近平思想政治教育观及其当代价值［J］.西安石油大学学报（社会科学版），2018,27（4）:62-66.

［5］罗洪铁，陈淑丽.论思想政治教育机制的内涵、功能及价值［J］.思想理论教育导刊，2014（3）:85-89.

［6］单文鹏.论思想政治教育机制的内在逻辑［J］.高校马克思主义理论研究，2019（4）:80-88.

［7］张文强.新时代构建高校思想政治教育协同机制研究［J］.国家教育行政学院学报，2019（12）:75-80,89.

［8］蔡立彬.论应用型本科高校思想政治教育机制创新［J］.学校党建与思想教育，2019（24）:69-71.

［9］杨恒.立德树人视域下高校思想政治教育协同育人机制研究［J］.南京理工大学学报（社会科学版），2020,33（6）:76-81.

［10］秦在东，肖薇薇.高校思想政治工作协同机制研究述评［J］.学校党建与思想教育，2017（11）:92-94.

［11］李臻，刘志侃，王礼芳.新时代大学生日常思想政治教育机制优化的三个维度［J］.陕西理工大学学报（社会科学版），2021,39（6）:65-70.

［12］吴正国，侯勇.新时代高校思想政治教育制度化建设探究［J］.思想教育研究，2019（9）:31-36.

［13］巩克菊，张国岭.美好精神生活需要视域下大学生思想政治教育方法创新［J］.山东青年政治学院学报，2020,36（1）:60-65.

［14］耿步健，葛琰芸.论思想政治教育内生机制的形成［J］.南京理工大学学报（社会科学版），2019,32（6）:32-36,51.

［15］韩宪洲，孙瑞婷.高校贯彻落实习近平总书记关于思想政治工作的重要论述探析［J］.北京联合大学学报（人文社会科学版），2021,19（2）:30-35.

［16］赵浚.思想政治教育机制的发展进程和现状评述［J］.湖北社会科学，2018（5）:158-166.

［17］王胡英，彭丽娟.研究生思想政治教育合力育人模式及其构建［J］.杭州电子科技大学学报（社会科学版），2021,17（3）:40-44.

［18］张智.思想政治教育治理体系现代化的价值要义与基本特征［J］.广西社会科学，2021（12）:198-202.

［19］牛茵.试论高校思想政治教育机制的特点及其建设策略［J］.中北大学学报（社会科学版），2018,34（3）:153-156.

［20］郭超，王习胜，韦凤.大数据时代思想政治教育决策科学化论析［J］.

广西社会科学，2017（12）:191-196.

［21］王易，单文鹏.思想政治教育机制研究的缘起、现状与思考［J］.马克思主义理论学科研究，2019,5（1）:139-148.

［22］龚莉红.基于动机理论的思想政治教育内生机制探析——兼与孙其昂教授商榷［J］.思想政治教育研究，2016,32（1）:105-109.

［23］曹海燕.组织视域下新时代高校思想政治教育路径优化［J］，江苏高教，2022（2）:121-124.

［24］邓卓明，宋明江.新时代思想政治教育质量评价的六个维度［J］.思想理论教育导刊，2020（9）:139-144.

［25］胡俊.新形势下创新高校思想政治教育的多重维度［J］.长春师范大学学报，2020,39（5）:12-14.

［26］李科.在反思中构建思想政治教育理论阵地——兼评《思想政治教育:反思与构建》［J］.中国高教研究，2017（3）:后插1.

［27］申文杰，赵晗.习近平总书记新时代高校思想政治教育重要论述的话语体系探究［J］.高校马克思主义理论研究，2021,7（4）:36-41.

［28］郭一.自媒体时代高校学生思想政治教育工作创新探究［J］.学校党建与思想教育，2017（6）:63-64,70.

［29］黄钰晶，冯基聪."95后"艺术生思想特点与工作机制创新研究［J］.河北工程大学学报（社会科学版），2017,34（2）:60-62.

［30］石书臣.思想政治教育主客体关系的目的性阐释［J］.思想教育研究，2017（2）:17-21.

报刊文献

［1］习近平.建设教育强国是中华民族伟大复兴的基础工程[N].人民日报，2018-07-15（5）.

［2］习近平.在全国高校思想政治工作会议上强调：把思想政治工作贯穿教育教学全过程，开创我国高等教育事业发展新局面[N].人民日报，2016-12-09（1）.

［3］习近平.在全国宣传思想工作会议上强调：胸怀大局把握大势着眼大事努力把宣传思想工作做得更好[N].人民日报，2013-08-21（1）.

［4］习近平.用新时代中国特色社会主义思想铸魂育人　贯彻党的教育方针　落实立德树人根本任务[N].人民日报，2019-03-19（1）.

［5］习近平.在全国高校思想政治工作会议上强调把思想政治工作贯穿教育教学全过程 开创我国高等教育事业发展新局面[N].人民日报，2016-12-09（1）.

［6］中办国办印发《关于深化新时代学校思想政治理论课改革创新的若干意见》[N].光明日报，2019-08-15（1）.

［7］徐晓明.持续提升思政工作的政治引领力[N].光明日报，2021-01-19（2）.

［8］冯刚.新时代思想政治教育的创新发展[N].滨海时报，2018-09-11（8）.

［9］冯刚.构建新时代高校思想政治教育治理体系[N].中国教育报，2021-09-13（6）.

［10］赵猛，唐湘岳.推动高校思想政治教育实践走深走实[N].光明日报，2021-08-10（6）.

［11］习近平在中国人民大学考察时强调坚持党的领导传承红色基因扎根中国大地 走出一条建设中国特色世界一流大学新路[EB/OL].[2022-04-25].http://www.news.cn/2022-04/25/c_1128595417.htm.

［12］教育部等十部门关于印发《全面推进"大思政课"建设的工作方案》的通知[EB/OL].[2022-08-10].http://www.moe.gov.cn/srcsite/A13/moe_772/202208/t20220818_653672.html.

［13］杜尚泽."大思政课"我们要善用之[N].人民日报，2021-3-07（1）.

［14］章华明，张燕.面向"大思政课"育人改革的红色档案叙事转向——以校史资源为例［J］.档案学通讯，2023（4）:14-21.